光明社科文库
GUANGMING DAILY PRESS:
A SOCIAL SCIENCE SERIES

·经济与管理书系·

投资者决策机理及优化方案研究
以大数据为背景

邓浏睿 ┃ 著

光明日报出版社

图书在版编目（CIP）数据

投资者决策机理及优化方案研究：以大数据为背景 /
邓浏睿著 . -- 北京：光明日报出版社，2024.8.

ISBN 978 - 7 - 5194 - 8200 - 8

Ⅰ. F830.59

中国国家版本馆 CIP 数据核字第 2024H2F414 号

投资者决策机理及优化方案研究：以大数据为背景

TOUZIZHE JUECE JILI JI YOUHUA FANGAN YANJIU：YI DASHUJU WEI BEIJING

著　　者：邓浏睿			
责任编辑：李壬杰		责任校对：李　倩　李学敏	
封面设计：中联华文		责任印制：曹　净	

出版发行：光明日报出版社

地　　址：北京市西城区永安路 106 号，100050

电　　话：010-63169890（咨询），010-63131930（邮购）

传　　真：010-63131930

网　　址：http：//book. gmw. cn

E - mail：gmrbcbs@ gmw. cn

法律顾问：北京市兰台律师事务所龚柳方律师

印　　刷：三河市华东印刷有限公司

装　　订：三河市华东印刷有限公司

本书如有破损、缺页、装订错误，请与本社联系调换，电话：010-63131930

开　　本：170mm×240mm

字　　数：285 千字　　　　　　　印　　张：15

版　　次：2025 年 1 月第 1 版　　　印　　次：2025 年 1 月第 1 次印刷

书　　号：ISBN 978 - 7 - 5194 - 8200 - 8

定　　价：95.00 元

目 录
CONTENTS

第一章

绪　论

大数据指巨量数据，其所涉及的数据量在短时间内无法用常规工具获取、分析以及整理。2008 年 9 月，大数据这一概念正式被美国《自然》杂志提出，但在此之前诸多学者就针对这一方向发表了相关论文，这些前人的研究以及技术的不断发展为"大数据"正式提出奠定了基础。

在本章的内容中，一方面，我们在第一节中，对大数据背景下投资者决策机理及优化方案这一理论研究诞生的时代背景进行了详细的介绍，从各个维度详细地阐述了这一研究所蕴含的理论意义与现实意义。另一方面，在第二节中，我们通过研究国内外现有学者的相关文献，致力于深入探究大数据对中小投资者及机构投资者的影响，对国内外相关文献进行整理与归纳，以进一步完善这一研究的学术背景，补充其理论研究价值。

第一节　研究背景及意义

一、研究背景

（一）大数据作为时代潮流势不可当

"十四五"时期，我国正处在经济社会数字化转型的关键期，数字经济呈蓬勃发展态势，数据作为一种新的市场生产要素，如何充分释放数据要素的价值，成为数字经济新时代的重要命题。作为数据的集合，麦肯锡全球研究所（Mckinsey Global Institute）将大数据的特征归纳为"4V"，即海量数据（volume）、数据多样化（variety）、快速处理（velocity）、价值量高（value）。数据的存储单位从一开始的 GB、TB、PB，通过不断发展与积累，现在已步入以 EB、ZB 为单位计量的时代，源源不断生成的数据正以指数级飞速增长，据 IDC 报告估计，全球数据将在未来 10 年内达至另一高峰。届时，已有的 IT 架构对这海量的数据而言，将无法继续发挥稳定的数据存储和处理功能。基于这一现实背景，大数据技术、云计算和区块链等新技术逐渐步入大众视野，深度服务于大数据采集存储、加工分析等各类商业计算和学术研究需求。大数据时代除数据生成量大、数据生成速度快以外，对数据的加工处理和数据分析的速度也有相当高的要求，以此来保证数据的时效性。随着数据存储的不断扩容，如何高效地对数据进行加工处理与分析是各个主体，无论是中小投资者、企业或上至国家均需考虑的，在市场中获得竞争优势的关键技术问题。特别是在互联网金融领域，如移动端的股票市场交易业务等，数据快速处理的高效性是护航股票市场、债券市场等线上金融市场交易安全稳定运行的首要条件。大数据多样化这一特征来源于在大数据时代这一背景下，云计算、物联网、区块链和社交网络等信息技术的广泛应用和普及孵化了"万物互联"这一新诞生的概念，从各个不同类别的数据终端收集的数据汇集起来，使数据具有了多样化的特征。人与人、人与物、物与物的交互信息，工商业的交易信息、商品信息、物流信息丰富而多样。海量的大数据资源背后潜藏的丰富的经济意义和丰厚的经济价值，对于金融行业至关重要，其在推动传统金融业创新性变革、推进传统金融向互联网金融数字化转型过程中起到关键作用，革新了金融业务模式。同时还大幅提升了投融资市场上的信息预测能力，对市场中存在的信息不对称现象有所缓解，提高市场透明度，对于改善由信息不对称问题所引起的道德风险和逆向选择问题有重要意义。充分挖掘并发挥大数据背后潜藏的价值，对于进一步释放经济活力有重要意义。

大数据产业是新兴的战略性产业，大数据产业以数据为中心，以数据的生成、采集、存储、加工、分析以及数据服务为拓展，作为重要产业高地，对数据要素市场的培育与发展有着重要意义。目前，国内光纤用户比例已经达到 94%，移动宽带网络在居民中的普及率已不低于 108%，互联网协议第六版（IPv6）激活用户数量更是超过了 4.6 亿，"村村通宽带"也已全规模覆盖，5G 网络在乡镇镇区的覆盖率达到 40% 以上，而在县城城区的覆盖率则已接近 98%。在光纤平均下载速率上，乡村与城市已达到同一水平，都不低于 100Mb/s。① 根据国家统计局数据测算，大数据行业规模年均复合增长率已达到 30%，2021 年已不低于 1 万亿元，正逐步发展成推动我国经济社会发展的主力行业。党中央、国务院对大数据产业发展给予了高度重视，在国家战略层面对于推动大数据

---

① 数据来源：《第 25 次中国互联网络发展状况统计报告》。

战略的实施数次做出相关部署，构建了推动大数据应用部际联席会议机制。习近平总书记也在大数据发展战略部署上做出重要指示，致力于加强大数据和数字经济产业关联性，推动大数据产业发展。

总体而言，我国在国家战略层面上已经出台的大数据相关政策文件不少于20份。具体到地区落地实施层面，各地方根据国家要求与地方特色，因地制宜，已有的大数据政策已超过300项，大数据管理除了在计划单列市落地外，也在省区市和副省级城市共39个城市设立了相关机构，有效依托地区特色，高效推进形成央地协同、各地区均能有效联系的大数据成长制度。2021年工信部印发的《"十四五"大数据发展规划》（简称《规划》）提出，要着力发展大数据产品和服务体系，积极鼓励推进各领域大数据融合应用。《规划》对未来三年大数据产业的发展规模、发展速度、发展结构均做出了详细的预期规划，2026年年初前，大数据行业市值不低于3万亿元，复合年均增长率稳定在25%上下，力求早日建成有关大数据的现代产业体系。

基础信息化设施建设的完善则为数据的采集和加工提供了必要且优越的技术环境。基于信息技术发展的大数据深入应用，与如今高速增长的数字经济密不可分，其发展关键也正是数字化信息的应用。大数据的广泛应用带动数字经济的形成与繁荣。从数字经济的规模来看，中国的数字经济规模在2005—2020年已增长了10倍以上，从2.6万亿元增长到39.2万亿元。其GDP贡献率从2005年的14.2%增加到2020年的38.6%。2020年，我国数字经济总规模不低于1万亿元的省份已多达13个，还有其他8个省份超过5000亿元。① 由此可见，数字经济对于我国国民经济的稳步发展的贡献作用在近15年间显著提升，作为推动局部经济发展的发动机，其也对各省市、乡镇的经济增长和同级别地域间的平衡发展有着重要影响。在数字经济的发展速度上，我国在2020年就已经达到了9.7%，比同期GDP名义增速高6.7%，而同期GDP名义增速此时才1.5%。在严峻的疫情防控形势下，数字经济依然保持加速发展态势，顶住了经济下行压力，作为我国经济增长新的突破口，其为经济社会的平稳增长提供了新动能，也是我国经济、社会正常运行的一大助力。

面对新一轮的科技革命和产业变革，我们要进行战略思考，勇于发展数字经济。在大数据这一时代背景下，数字经济是国家综合实力的重要体现，世界各国对于数字经济的发展高度重视，纷纷依据自身国情出台各项战略规划，打造数字时代下的国际竞争新优势，在世界经济社会体系变局中抓住机遇，重塑

---

① 数据来源：《中国数字经济发展白皮书》。

国际新格局。目前从世界各国数字经济的规模来看，根据 2020 年数据，美国仍然位于全球榜首，其数字经济总量达到了 13.6 万亿美元，中国以数字经济总量 5.4 万亿美元居于世界排行榜榜眼。① 2020 年，新冠疫情这一突如其来的世界范围内系统性风险对全球经济市场、国际分工与合作造成巨大冲击，其加强了全球经济的下滑趋势，世界经济环境更是变得复杂多样，但此时中国数字经济的增长速度仍位居世界第一，展现出其在数字经济领域的巨大潜力。我国应该充分发挥体量巨大的国内市场潜力，利用所具备的良好的大数据产业条件，抓住新机遇，实现新发展，继续深化数字经济应用，大力促进经济高质量发展，维护社会稳定，有效利用这一在工农业经济发展后的新经济范式。2021 年，《"十四五"数字经济发展规划》在国务院的主持下出台，其对我国"十三五"期间数字经济的发展阶段进行了有效概括，2020 年数字经济核心产业增值占我国 GDP 的比例已不低于 7.8%。并从国家发展战略层面对于数字经济发展提出了新愿景、新要求，预期用 4 年的时间，使得数字经济迈入大规模高速增长阶段，核心产业增值所占比例从 7.8% 增长至 10%，数字化创新持续有效发展，现有生产、建设数字化水平有效增加，数字化应用与实体经济的关联契合更为有效，发展机制更为全面高效，从而使得我国数字经济的正外部性持续有效提升，占国际社会一席之地。

（二）大数据时代下的金融科技发展

大数据、云计算、区块链、移动互联等关键信息技术早已与金融息息相关，衍生出移动支付、大数据信贷、智能投资顾问、金融云、数字货币等一系列新兴金融业态，依托于大数据技术的金融科技近年来呈蓬勃发展之势，在数字经济领域内欣欣向荣、独领风骚。金融科技作为金融业发展的重要战略方向，是服务实体经济的重要金融保障，在理论和实践中均呈现出促进实体经济发展的关键能力。

在全球范围内，金融科技投资的增速也令人瞩目，2021 年全球金融科技投资活跃程度达到新高峰，共实现高达 2100 亿美元的金融科技投资额，总计实现 5684 笔投资交易。② 世界各国纷纷对于金融科技这一拉动国民经济的新引擎、新动能给予了高度重视，美国 2014 年颁布了《数字经济议程》，确定要推动数字经济成为经济高速增长、企业高竞争能力的关键，德国、英国、日本、法国依据自身国情也分别颁布了《数字化战略 2025》《英国数字战略》《"互连产

---

① 数据来源：《全球数字经济白皮书》。
② 数据来源：《数实共生·2022 金融科技十大趋势展望》报告。

业"：东京举措2017》《数字法国2020》等系列政策文件，从国家战略层面对金融科技的发展提出要求，金融科技的发展进程在世界范围内不断加速。

我国紧跟发展潮流，把握时代脉搏。数据显示，2018年我国金融科技投资已达到280.2亿美元，受严峻复杂的新冠疫情冲击，2020年金融科技投资大幅下滑，2021年有所回升，仅2021年上半年就达到980亿美元。[①] 2019年年初，中央银行首次界定了金融科技的基本定义，并对金融科技的发展做出了规划，旨在促进金融科技在生产生活中的有效应用，这也是首次将金融科技的发展列入中国未来重要的发展规划当中。2022年伊始，中央银行又对金融科技的发展做出了第二轮规划，总结了几年来金融科技发展已取得的成效，并对金融科技的持续健康发展做出了进一步要求，充分发挥金融科技推动数字化转型的加速作用。此举表明我国金融科技的发展在前一轮统筹规划后，金融科技赋能作用得到有效体现，正成为我国经济高质量发展的一大助力，服务实体经济"脱虚向实"，稳中求进。金融科技作为驱动金融业发展与变革的重要引擎，承托着有效解决金融科技发展不平衡、不充分等问题的高度期望，肩负着推动健全治理体系、监管体系，金融与科技进一步融合、持续稳定发展的重要职责，对于满足新时代数字经济的新要求、新任务有重要意义。

技术是金融科技的有效驱动力，随着移动互联网的普及和数字化创新的发展，科技因素对传统金融的冲击与影响越来越大。[②] 在国家的进一步号召和鼓励下，金融机构正朝着数字化转型，其金融科技服务也正向着产品多样化、高效率化、高包容性逐步发展。大数据以互联网为依托，将个人网页浏览足迹、网上消费记录和聊天记录等软信息进行整合分析，为消费者精准画像，从而提供个性化服务。各类科技手段也正以传统金融行业为载体，通过提供金融科技产品服务，有效降低传统金融机构的运营成本，提升其业务效率。金融机构利用金融科技能够充分挖掘资金需求方的信息，提高风险识别和预警能力，对于金融交易难题的破解、减少源于信息不对称的各类问题、提高金融服务实体经济的深度与扩展金融服务实体经济的广度、综合提升经济社会运行效率均具有重要现实意义。

从国内外的实践情况看，各大机构越来越注重数据获取和技术创新。摩根大通、瑞银集团等国际领先金融机构纷纷积极进行科技创新战略布局，强化科

---

① 数据来源：毕马威《2021年上半年全球金融科技投资报告》。

② 王达. 论全球金融科技创新的竞争格局与中国创新战略［J］. 国际金融研究，2018（12）：10-20.

技在创新金融业态中发挥的作用，获得竞争优势，从而更好地适应同业与跨界竞争。

摩根大通首先与金融服务创新中心展开合作，建立广涵金融科技人才的实验室；瑞银集团则在重要战略部署中多次强调"创新与数字化"优先。我国大型商业银行对大数据和金融科技的资金投入已过千亿，同比增长 10% 以上。2020 年，中国银行业的信息科技总投入达到 2078 亿元，其中中国建设银行等 6 家国有大型银行的投入接近 1/2，占银行业科技资金总投入的 46%，巨额投入的金融科技专项经费足以表明国有大型银行对于金融科技在未来经济发展中的战略作用十分重视。[①] 其中，中国工商银行所投入的科技专项资金最高，达238.19 亿元，相较于 2019 年增长了 45.47%，增幅令人瞩目，这一巨大的资金投入变化与央行首次颁发的金融科技发展规划息息相关，体现其对于中央政策优秀的解读与落实能力。兴业银行等资本实力雄厚的商业银行也通过成立金融子公司加强了和中小银行在金融科技方面的合作。借助金融科技，传统金融机构能够更便捷、高效地获取更详细、全面、实时的企业信息，降低与企业之间的信息不对称，提高金融服务效率和质量，拓宽信贷资源覆盖面，使更多有融资需求的企业获得资金支持。

（三）大数据时代投资环境与模式发生深刻变化

数据的爆炸式增长和大规模聚集蕴含着巨大价值，大数据时代的到来不仅意味着数据规模之大量，更重要的是对于原始数据的加工处理与分析能力进入一个崭新的阶段。爆炸式增长的多样化、动态化的海量数据逐渐渗透至各个行业、各个领域，数据在生产效率提升上的乘数效应不断被强调，它是当今时代最具特色、最具代表性的生产要素，对人们的生产生活方式的改变产生了深远的影响。大数据时代下，科技创新与金融相结合，推动了传统金融行业金融产品、金融服务、运营方式和业务流程的创新，深刻影响了传统金融业的支付、信贷、投资等服务，有效地对金融行业的服务质量和效率进行了提升。大数据技术推动金融科技的创新，充分发挥数据要素作用，从多方面、多维度、多层级深刻影响了中小投资者和机构投资者的投资决策行为。

对中小投资者而言，传统的金融机构囿于时间和空间的限制，无法提供满足其需求的风险金融投资标的。此外，以往资本市场基础设施建设不发达、不充分，专业门槛过高的现象也堵塞了一般家庭的风险投资渠道，使得存量资产难以释放。一方面，大数据降低了个人投资于金融产品的门槛和难度，同时也

---

① 数据来源：《2021 年中国数字银行白皮书》。

使原本得不到正规金融服务的弱势群体能够获得金融服务。个人投资者借助金融科技拓宽了投资范围，为投资者提供了新的投资组合方向，在一定程度和范围上解除了仅限于机构投资的新资产类别或证券限制。① 并且投资者能以更低的成本享受更为便利的金融服务，数据分析平台可以对财务信息进行高效、快速的数据处理和分析，并为用户提供最合适的投资管理方案。② 还可以通过大数据、人工智能和 BT 等前列信息技术，根据各类投资者不同的风险偏好，为其推荐最佳的投资组合决策。③ 另一方面，通过充分发挥数据要素价值，提供了丰富的投资理财方式，能够提高居民资产组合的有效性，增加了财产性收入，分散了投资风险，既提高了中小投资者的投资能力，也对其投资意愿有充分的提升作用。在新冠疫情暴发以来，受限于线下金融服务的可得性下降，通过金融科技手段进行线上金融投资极大地便利了投资交易活动。另外，由于新冠疫情的暴发，股票市场、债券市场震荡频发，随着基于网络的数据越来越多，投资者还可以基于网络的文本数据实时提取投资者情绪，将投资者情绪纳入股票投资价值，以此来预测股价的未来走势。Nardo 等总结了使用在线消息预测股市走势的相关研究，实证结果表明，网络信息在一定程度上可以用来预测金融活动。④

对机构投资者而言，金融科技的发展能通过融资渠道和公司财务渠道来提升公司投资效率，利用大数据技术有效减少投资决策制定中由于信息不对称衍生的信贷约束、信贷歧视和资源错配问题，拓宽投融资渠道，被视为解决数字鸿沟和竞争失衡问题的一把"利剑"。在投资决策的后续管理中也能通过实时监督投资对象来降低投资风险，同时还能借助机构自身对大数据的运用提高投资对象的经营水平，从而提高自身投资收益。对数据来源进行拓展，有效利用信息采集优势，充分发挥数据处理能力，释放数据要素价值，有助于缓解小微企业在融资市场上面临的信贷歧视，强化反垄断，促进市场公平竞争。⑤ 陆岷峰和

① BOLLAERT H, SILANES F, SCHWIENBACHER A. Fintech and access to finance [J]. Journal of corporate finance, 2021 (2)：101941.

② SUNG J, HANNA S D. Fctors related to risk tolerance [J]. Financial counseling and planning, 1996 (1)：11-19.

③ DENG L, LV Y, LIU Y, et al. Impact of Fintech on bank risk-taking：Evidence from China [J]. Risks, 2021 (5)：99.

④ NARDO M, PETRACCO-GIUDICI M, NALTSIDIS M. Walking down Wall Street with a tablet：A survey of stock market predictions using the web [J]. Journal of economic surveys, 2016 (2)：356-369.

⑤ 刘满凤，赵珑. 互联网金融视角下小微企业融资约束问题的破解 [J]. 管理评论，2019 (3)：39-49.

虞鹏飞提出，商业银行可通过深入挖掘在对企业和个人投资过程中积累的海量数据资源，推动商业银行转型，提升拓展业务能力和决策判断能力。同时大数据还能帮助银行更进一步了解客户行为和生活方式，准确绘制出客户在整个生命周期内的价值曲线，有效分析客户流失的原因，从而制定更有针对性的客户经营策略，提升投资效率。① 另外，通过建立数字化业务管理系统，对企业的业务管理水平和资金运转效率进行有效提升，从而缩短受资金约束企业的投资滞后期数，进而促进投资的发生并提升投资效率。②

此外，在我国向现代化国家新征程大步迈进的新阶段，充分释放数据要素价值这一极具时代特征的生产要素是我国经济数字化转型的必然要求。数字化服务符合人民对实现美好生活的技术需要，其能够减少时空的局限，拓宽普惠金融的应用，从而更好地方便我国居民的生活需要，满足居民的公共私人需求，能够有效协调社会平衡与发展，是解决我国社会现阶段主要矛盾的一大利器。杨波等通过实证研究验证得出数字普惠金融通过数字支付渠道促进了家庭信贷获取，尤其是低收入人群和女性群体。③ 数字普惠金融在农村的发展，能够充分发挥金融在资源配置方面的优势，促进城乡平衡发展，这一发展需要也在2021年的《关于全面推进乡村振兴加快农业农村现代化的意见》中得到了体现。到目前为止，电子移动支付已在全国广泛应用，各大银行网上银行业务的陆续开通以及第三方支付平台的畅行使基本金融服务在全国范围内覆盖，极大地便利了城乡居民生活，有效助力了乡村治理数字化进程。

目前，围绕大数据服务的中小投资者和机构投资者在进行投资决策的研究时多停留在定性分析层面，分析角度较为单一，通常对于主体的关注范围较为狭窄，同时对作用机理缺乏系统且深入的阐述。在世界范围内科学技术爆炸式增长、全球经济形势亟待注入新活力趋势下，以及我国正处于经济数字化转型这一关键时期的大环境、大趋势、大潮流下，本书聚焦于大数据时代，中小投资者以及机构投资者等不同主体的决策机理，并探究大数据技术如何对不同主体的投资决策进行优化。这一研究对于深入应用数据这一新兴生产要素，从微观角度努力推进数字经济的"脱虚向实"具有重要理论及现实意义。

① 陆岷峰，虞鹏飞. 互联网金融背景下商业银行"大数据"战略研究：基于互联网金融在商业银行转型升级中的运用 [J]. 经济与管理，2015 (3)：31-38.
② 邓浏睿，赵伊雯. 融资约束下金融科技对投资和公司价值的影响 [J]. 湖南大学学报（社会科学版），2022 (4)：68-76.
③ 杨波，王向楠，邓伟华. 数字普惠金融如何影响家庭正规信贷获得？——来自CHFS的证据 [J]. 当代经济科学，2020 (6)：74-87.

二、研究意义

随着科技的发展，大数据分析和应用已不再局限于信息技术行业，它现在已遍及所有行业和学科，包括商业和金融。同时，大数据的概念和应用最近得到了发展，并引起了学者和从业者的关注。① "大数据"定义一般是指容量大、增长快速且种类多样化的一类信息源。然而，目前已有的处理方式并不能帮助我们正确地处理和使用大数据。因此，我们更需要创新出新的方式满足处理和使用容量大、增长快速且种类多样化的信息源的要求，才能进一步地得到处置数据的决策权。有学者认为"大数据"是涵盖巨量数据的数据集，数据规模大到主流软件无法对其进行有效处理，但也正因如此，该数据集才能够在反映模式、趋势和相关性等方面发挥重要作用。而另一方面，从数据范畴的定义来说，"大数据"则是指信息，它不仅对与传统信息特征不一致的超出正常处理范围和大小的数据集进行定义，还借用其特性要求用户更新自身处理数据集的方法。近年来，大数据已成为第四次工业革命流动的重要基础。这些第三方数据集的可用性降低了投资者获取信息的成本，因此，投资专业人士已开始在投资策略中使用这些数据。与此同时，金融投资行业目前也专注于与大数据相关的研究，超越了传统的金融工程理论。特别是在金融公司和金融科技等金融领域，积累了高质量的数据并对其进行高度利用，有望与相关行业一起创造新的投资机会。而大数据分析则通过创建数据透明度来改进投资者决策并促进业务的创新，从而优化业务管理、投资决策、全球制造等。总而言之，大数据是金融创新、竞争和生产力的下一个前沿。

除此之外，大数据的发展也对金融系统的监管提出了许多挑战。一个紧迫的挑战是传统金融机构如何在旧的法律框架下监管新的金融科技实体。更广泛地说，即大数据金融引入的新融资形式是否与传统融资形式一样需要监管。例如，基于市场的贷款不一定能提供与传统银行相同的到期转换。同时，这种贷款可能容易出现对分配给大量投资者的投资审查不严的问题。最后，还有一种新的风险是来自技术本身的风险。大数据金融背后的系统故障、基于市场的贷款问题，或者存储大量金融数据的云端安全漏洞，都可能对金融业造成严重破坏。据此，我们认为大数据对于投资者的决策机理及优化方案有着深远的影响，并深入探索了大数据影响投资者决策的路径和结果。

---

① NOBANEE H. A bibliometric review of big data in finance [J]. Big data, 2021 (2): 73-78.

（一）理论意义

第一，大数据技术有利于解决信息不对称问题，从而减少道德风险和逆向选择等现象在投资者和借款人间发生的频率。投资者出于对资金安全的考虑，往往会提高投资门槛。而逆向选择问题又会导致资源错配现象，使得"融资难"问题进一步加剧。大数据、云计算、区块链等金融科技技术则能通过对资金需求方和供给方的信息进行精准识别，在一定程度上缓解资金配置问题，提高贷款可得性。[①] 此外，从信用风险角度来看，一方面，大数据技术能对现有的征信体系进行加密和升级，提高借贷双方信用透明度，从而降低逆向选择所带来的信用风险；另一方面，可以利用大数据技术录入借款人的不诚信行为，整合成借款人的不良记录名单，借此来高效识别搭便车群体通过欺瞒和诈骗行为，以不诚信方式将资金运用到高风险项目中的行为和倾向。同时，大数据技术有利于投资者构建智能化的信息搜寻平台以及风险控制管理系统。在上述平台和系统的基础上，投资者可以进一步挖掘各种复杂的数据集所包含的信息价值。对投资者而言，他们可以利用数据处理后展示的信息回溯自身的实际经营情况，并精准地预测他们的客户现有的债务偿还能力和资金实力。通过大数据技术，机构投资者可以实现对客户的精准识别、自动授信和放款以及风险预防预警等整个供应链过程的监察，缓解双方的信息不对称问题。据此，大数据技术可以帮助机构投资者或其客户降低融资成本，提升企业服务的针对性和效率。[②] 此外，伴随着大数据技术的发展，税收板块与大数据的结合被更多的学者关注。大数据技术将有助于缓解目前税收征管所出现的信息不对称现象。[③] 总体而言，大数据技术与税收相结合是解决税收信息不对称的重要且有效的举措之一。这种方式不仅对于推进税收征管能力有极大的促进作用，更有利于推动税收治理的现代化进程。毫无疑问，大数据技术对于税收治理流程和税收治理能力的现代化具有重大的战略意义。

第二，大数据技术有利于缓解信贷歧视现象。现如今，基于大数据的相关技术已得到广泛应用，例如，金融机构的信贷业务在应用大数据技术后，形成了大数据信贷业务模式。另外，其在投资者企业的客户画像、市场风向判断、

① COLE R A，CUMMING D J，TAYLOR J D. Does Fintech compete with or complement bank finance？［J/OL］. SSRN electronic journal，2019-02-04.

② 丁廉业. 大数据金融：小微企业金融服务的创新与思考［J］. 西南金融，2021（7）：62-73.

③ 熊鸿. 大数据背景下缓解个人所得税征管信息不对称研究［D］. 南昌：江西财经大学，2022.

风险把控等多个方向得到了普遍应用。① 一方面，信贷歧视现象使得民营企业难以从正规金融体系获得资金支持。作为推动中国经济增长的一大助力，民营企业对我国经济发展也有着深远影响。但是，我国的金融体系中的资金却大量流向了国有企业部门。民营企业为了获取银行贷款，不得不承担更高的融资成本。② 另一方面，信贷歧视现象还体现在中小企业中。由于中小企业规模小、缺乏完善的信用记录、抵押不足或缺乏担保机构，银行考虑还款风险，在发放贷款时往往忽略了中小企业，而倾向于选择规模大、资金雄厚的大企业。而大数据技术则能够凭借信息采集优势，通过设置信用体系、提高违约代价、实现风险共同承担等路径使得企业信用等级更加透明化，从而使资金流向安全性更高、效率更高的部门。

第三，大数据技术有利于缓解价格歧视现象。价格歧视在经济生活中再常见不过，其是指厂商对各类消费者设定的同一产品价格迥异。从广义上讲，价格歧视不仅仅是一个简单的零和游戏。价格歧视不一定是坏事。在某些情况下，它可以保留消费者的福利，同时增加整个社会的福利，或者将某些消费者群体的盈余转移到另一些消费者群体，而不会在其他情况下损害企业的利润。③ 考虑市场中存在一个垄断者的情况，如果垄断者不能进行价格歧视，它将设定单一价格。这种相对较高的价格将低效地阻止潜在的大量支付意愿较低的消费者购买产品，从而造成垄断无谓损失。但是，如果垄断者能够进行价格歧视——向支付意愿较高的消费者收取更高的价格，向支付意愿较低的消费者收取较低的价格——这种无谓的损失是可以避免的。在以往的经济模式中，企业很少能够以较低的成本确定消费者的支付意愿，但现如今大数据的发展，使得企业可以精准迅速地以更低成本了解消费者对其商品的支付意愿，以实现价格歧视，随之而来的是社会福利分配的变化。

第四，大数据技术有利于减缓投资时滞现象。投资时滞主要指投资者从做出投资决策到决策效果显现之间有时间上的滞后。目前大部分的研究都假设在投资者做出决定后，投资项目立马上线，但这与实际情况并不相符。如何缓解投资时滞问题，提高投资决策时效，是当前有关投资研究中亟待解决的问题。金融科技能够通过建立数字化业务管理系统，提升企业的业务管理水平和资金

---

① 何平平，车云月. 大数据金融与征信 ［M］. 北京：清华大学出版社，2017：35.
② 陈耿，刘星，辛清泉. 信贷歧视、金融发展与民营企业银行借款期限结构 ［J］. 会计研究，2015（4）：40-46.
③ ZHAO X. Big data and price discrimination ［C/OL］. 2020 IEEE 5th International Conference on Cloud Computing and Big Data Analytics (ICCCBDA)，2020-05-19.

运转效率。金融科技能缩短受资金约束企业的投资滞后期数，进而促进投资的发生并提升投资效率。因此，研究包括大数据技术在内的金融科技将有助于缓解投资时滞问题。

第五，大数据分析有助于促进企业运营和战略改进。大数据分析在企业的自动化、组织敏捷性、知识管理、IT 基础设施、透明度以及客户细分等领域均有着较为明显的表现。① 事实上，依据研究 IT 解决方案以提升企业价值的文献②，学者们发现四种不同的价值观已应用于大数据分析解决方案，分别为事务性、战略性、转型性和信息性。交易价值是指大数据分析解决方案提供运营效益的能力，如降低运营成本、提高员工生产力或节省供应链管理成本。战略价值是指提高公司的报价，例如，在客户服务或产品创新方面。转型价值衡量组织为了利用商业机会或改变其商业模式而进行变革的能力。如前所述，信息价值指的是组织改善信息流的能力，这反过来可以更快、更容易地访问数据，并以更可用的格式提供数据。

（二）现实意义

大数据技术具有数据规模大但处理迅速、价值密度不高但类型多样等特点。③ 随着大数据技术在不同领域的发展和应用，不同群体都会从中受益。将大数据背景引入投资决策的框架中，不仅具有理论意义，对于个人、企业、行业和政府还具有十分重要的现实意义。

第一，从个人层面而言，大数据技术的发展无疑为投资者提供了新的投资组合方向，并将投资机会的范围扩大到通常仅限于机构投资的新资产类别或证券。此外，还可以通过大数据、人工智能和 BT 等前列信息技术，根据各类投资者不同的风险偏好，为其推荐最佳的投资组合决策。在人口老龄化的背景下，预期寿命延长的趋势将对退休者的风险资产配置选择产生重大影响。个人投资者可以通过优化投资组合和重新分配风险来降低长寿风险。具体体现为投资者可以利用再保险和长寿证券等工具来转移长寿风险。个人投资者可以通过投资长寿相关证券和为个人养老金系统供款来实现风险转移。相比于财富水平和金

① RAGUSEO E，VITARI C. Investments in big data analytics and firm performance：An empirical investigation of direct and mediating effects ［J］. International journal of production research，2018（15）：5206-5221.

② GREGOR S，MARTIN M，FERNANDEZ W，et al. The transformational dimension in the realization of business value from information technology ［J］. The journal of strategic information systems，2006（3）：249-270.

③ 马建光，姜巍. 大数据的概念、特征及其应用 ［J］. 国防科技，2013（2）：10-17.

融知识较高的家庭，金融科技对财富和金融知识较低的家庭产生了更为显著的影响。① 而智能投资顾问的使用会导致美国家庭投资者持有更多的债券和更少的现金。② 此外，对专业投资者和金融机构来说，大数据有助于他们与零售客户建立更加灵活和友好的客户关系。③ 总而言之，金融科技的确会对个人投资选择产生显著影响。

第二，从企业层面而言，大数据和金融科技发展有利于提升企业服务的效率，并为客户提供针对性强、精准度高的服务。过去，金融行业的企业虽然能为客户提供多种投资服务，但始终无法为客户提供有针对性的服务。基于此，在大数据环境下研究基于协同过滤算法的智能金融科技核心技术优化，有助于针对性地为客户提供高精度的推荐服务，减少推荐的绝对误差。一方面，金融科技可以通过降低金融业的效率成本，来提升实体企业投资效率。④ 为了解决制造业"脱实向虚"问题，中央致力于促进金融科技在服务实体经济上的应用，以避免"重虚轻实"现象的发生。金融科技能够通过先改进金融业服务模式，再提升企业风险承受能力的路径，帮助企业在高风险高收益行业进行投资。金融科技还具有一定的包容性。具体表现为金融科技与企业投资效率之间的这种正向关系集中在城市化、市场化程度低的地区。⑤ 此外，由于金融科技项目是在高流动性的经济和监管体系下执行的，而传统的净现值法却忽略了投资期限的延期和扩张。因此，在金融科技项目中引入实物期权则能在一定程度上优化投资决策。⑥ 另一方面，金融科技有利于改善银行对小微企业的信贷供给。⑦ 由于小微企业属于信贷需求的长尾群体，其信息质量参差不齐。而大数据技术能够整合大量信息和数据，通过识别传统金融机构所监测不到的信息漏洞，有针对

① LU X, GUO J, ZHOU H. Digital financial inclusion development, investment diversification, and household extreme portfolio risk [J]. Accounting & finance, 2021 (5): 6225-6261.

② ROSSI A G, UTKUS S. Who benefits from robo-advising? Evidence from machine learning [J/OL]. SSRN electronic journal, 2020-03-10.

③ MILOVIDOV V. Information asymmetry and big data: Should financial market paradigm be revised? [J]. World economy and international relations, 2017 (3): 5-14.

④ 刘园, 郑忱阳, 江萍, 等. 金融科技有助于提高实体经济的投资效率吗? [J]. 首都经济贸易大学学报, 2018 (6): 22-33.

⑤ LV P, XIONG H. Can Fintech improve corporate investment efficiency? Evidence from China [J]. Research in international business and finance, 2022 (2): 101571.

⑥ LEE I, SHIN Y J. Fintech: Ecosystem, business models, investment decisions, and challenges [J]. Business horizons, 2018 (1): 35-46.

⑦ 盛天翔, 范从来. 金融科技、最优银行业市场结构与小微企业信贷供给 [J]. 金融研究, 2020 (6): 114-132.

性地向小微企业进行放贷。大数据技术利用规模经济优势，降低银行信贷供给成本，从而提高小微企业信贷供给。

第三，从行业层面而言，金融科技能够缓解银行经营过程中面临的信息不对称问题，从而降低银行信贷业务风险和经营扩张风险。① 随着全球证券市场竞争的不断加剧，只有持续更新信息处理技术，更好地把握决策的科学规范等特点，才能够在投资系统决策方面拥有更高的投资决策效率并获得投资持续收益。② 而大数据技术作为近年来出现的一项新型信息处理技术，能在一定程度上对证券市场的稳定性和规范性起到协助作用。如果想要将供应链的投资决策问题放在大数据背景下考量，作为大数据信息供应商的数据公司就应该被纳入供应链的考量范围中，才能够协同大数据信息的投资决策与供应链。③ 由于供应链连接了多个参与者，而大数据技术能够有效梳理海量信息，因此大数据技术还能减少处理烦琐的供应链信息。进一步地，大数据的合理使用还能在一定程度上改善供应链企业的可持续性投资决策。④

第四，从政府层面而言，以大数据技术为代表的金融科技可以通过改变消费方式进而带来消费升级和产业升级，拓宽投融资渠道进而降低相应成本，影响中小企业发展，最终推动实体经济发展。⑤ 随着经济的快速发展，投资者之间的关系也呈现出数量上的增长。而利用大数据技术挖掘投资关系的基础结构有助于促进经济发展并降低金融风险。⑥ 此外，金融科技还为金融业带来了活力，与此同时也会增强金融业的竞争强度和监管困境。⑦ 这不仅意味着政府对金融业注入了更多的流动性，还在一定程度上督促政府加强金融监管，规避区域性、

---

① 高昊宇，方锦程，李梦. 金融科技的风险管理赋能：基于中国银行业的经验研究［J］. 系统工程理论与实践，2022（12）：3201-3215.

② SUN C. Research on investment decision-making model from the perspective of "Internet of Things and Big Data"［J］. Futuregeneration computer systems，2020（6）：286-292.

③ LIU P, YI S. Investment decision-making and coordination of a three-stage supply chain considering data company in the big data era［J］. Annals of operations research，2018（1）：255-271.

④ CHENG Y, KUANG Y, SHI X. Sustainable investment in a supply chain in the big data era：An information updating approach［J］. Sustainability，2018（2）：403.

⑤ 庄雷，王烨. 金融科技创新对实体经济发展的影响机制研究［J］. 软科学，2019（2）：43-46.

⑥ YANG L, YANG Y, MGAYA G B, et al. Novel fast networking approaches mining underlying structures from investment big data［J］. IEEE transactions on systems，man，and cybernetics：systems，2020（10）：6319-6329.

⑦ 朱太辉. 我国 Fintech 发展演进的综合分析框架［J］. 金融监管研究，2018（1）：55-67.

系统性金融风险。因此，在大数据背景下，考虑构建新型法律体系迫在眉睫。尤其是对中资企业农业投资的法律框架来说，为保证农业产业的可持续发展，利用好大数据技术以便在决策体系下做出最佳判断，亟须建设和完善相关法律体系。① 在社会福利方面，大数据作为贫困治理的技术，提供了一项政治上有用的工具，并对政治主体脱贫过程中的持续监视、审查和常规化等工作起到一定协调作用。②

第二节　国内外研究现状

一、大数据在各个领域的广泛应用

在技术创新的时代，随着信息技术的进步，各种类型的数据可供使用，数据被视为管理自动化系统中最有价值的商品之一。③ 大数据被定义为对传统数据处理系统来说过于庞大的数据集，因此需要新的技术来处理它们。④ 随着互联网和数字经济时代的到来，大数据将成为技术领域最重要的颠覆者之一。⑤ 考虑数据的高容量、多样性，大数据需要先进而独特的存储、管理、分析和可视化技术。⑥ 大数据不能仅仅以数据量来定义，还要以高速度、多样化、详尽的范围和关系性来定义。⑦ 大数据被定义为一个总称，指任何难以用早期方法存储、处

---

① WANG G，CHEN Y. Construction of the legal framework of Chinese-funded enterprises，agricultural investment under big data technology［J］. Acta agriculturae scandinavica section B-soil and plant science，2021（9）：749-761.

② STAINES Z，MOORE C，MARSTON G，et al. Big data and poverty governance under Australia and Aotearoa/New Zealand's " social investment " policies ［J］. Australian journal of social issues，2021（2）：157-172.

③ CHOI T M，LAMBERT J H. Advances in risk analysis with big data ［J］. Risk analysis，2017（8）：1435-1442.

④ WALLER M A，FAWCETT S E. Data science，predictive analytics，and big data：A revolution that will transform supply chain design and management ［J］. Journal of business logistics，2013（2）：77-84.

⑤ AGARWAL R，DHAR V. Big data，data science，and analytics：The opportunity and challenge for IS research ［J］. Information systems research，2014（3）：443-448.

⑥ CHEN H，CHIANG R H L，STOREY V C. Business intelligence and analytics：From big data to big impact ［J］. MIS quarterly，2012（4）：1165-1188.

⑦ KITCHIN R. Big data，new epistemologies and paradigm shifts ［J］. Big data and society，2014（1）：1-12.

理、分析的大型复杂数据集的集合。① 数据已成为一种新兴生产要素，在重要程度上已和有形资产、人力资本相当。麦肯锡全球研究所将大数据界定为一个足够大的数据集，足以在采集、存储、管理和分析方面超越传统数据库软件工具的局限。它涵盖了体积大、速度快、种类多、价值高四个特点。许多学者将这些特征总结为"4V"，即体积（volume）、种类（variety）、速度（velocity）、价值（value）。IBM公司则在此基础上增加了真实性（veracity）这一特征，从而归纳出大数据的"5V"特征。② 当进行大数据的管理时，必须关注信息的数量、多样性、速度和复杂程度。传统的数据库管理技术无法扩展到存储、分析或管理来自各种数据源如此大量的连续数据的需求，因此，大数据的出现已经远远超出了现有数据库系统的储存、管理和分析能力，这意味着数据的概念正朝着一个完全不同的维度层次发展。③ 大数据分析可以被定义为用于检查各种各样的数据集的一个复杂的、耗时且计算量大的过程，目的是发现未知的信息、模式、趋势、相关性和潜在的客户偏好，从而为企业提供强大的决策工具。④ 大数据分析可以理解为出现的新技术，它能够捕获、分析和发现以前被忽视的但至关重要的信息。Chen等对大数据分析的界定："应用程序中的分析技术，这些应用程序非常庞大（从TB到EB）和复杂（从传感器到社交媒体数据），是建立在前沿独特的数据存储、管理、分析和可视化技术上的。"⑤

　　大数据发展也拓展了先进和独特的数据存储、管理、分析和可视化技术，并且越来越多的学者开始运用大数据分析技术进行相关研究。Huang考虑亚马逊客户从2004年开始的12年内的产品质量评级，投资者不容易获得此类数据，因此可能会使得回报滞后，事实上，这样的客户评级预测的回报率在最高/最低评级十分位的公司之间的月回报率差为1%。⑥ Tirunilai和Tellis考虑意见量（数

① HUANG S, CHAOVALITWONGSE W A. Computational optimization and statistical methods for big data analytics: Applications in neuroimaging [J]. Tutorials in operations research, 2015 (1): 71-88.

② 邓涵尹. 大数据技术在供应链金融企业中的应用研究：以京东科技为例 [D]. 南昌：江西财经大学，2023.

③ MANYIKA J, CHUI M, BROWN B, et al. Big data: The next frontier for innovation, competition and productivity [R/OL]. McKinsey Global Institute, 2011-05-01.

④ SERRANO W. Intelligent recommender system for big data applications based on the random neural network [J]. Big data and cognitive computing, 2019 (1): 15.

⑤ CHEN H, CHIANG R H L, STOREY V C. Business intelligence and analytics: From big data to big impact [J]. MIS quarterly, 2012 (4): 1165-1188.

⑥ HUANG J. The customer knows best: The investment value of consumer opinions [J]. Journal of financial economics, 2018 (1): 164-182.

量）和实际评级对每日股票收益的影响。使用向量自回归框架，他们发现帖子数量（而不是数量）可以预测未来几天公司的异常回报。① Li 等认识到大数据可以提高供应链的可见性、透明度和响应能力，因此研究了大数据技术对COVID-19 环境下供应链绩效的影响。② 大数据是时代的新产物，它还存在许多不足之处，大数据领域最大的挑战之一是找到存储和处理不同类型数据的新方法。③ Olawoyin 等基于机器学习模型，提出了一种无模式大数据存储库的架构设计，旨在捕获所有数据类型（结构化、半结构化和非结构化数据）。④

事实上，在过去的几十年，金融市场和技术发展与人类活动息息相关，大数据技术已经成为金融服务业不可或缺的一部分，并将继续推动未来的创新。金融创新涵盖了各种金融业务，例如，众筹平台、中小企业金融、财富管理和资产管理平台、交易管理、加密货币、移动支付平台等⑤，所有这些服务每天都会产生数千条数据。因此，管理这些数据被认为是金融服务中最重要的因素，数据的任何损坏都可能对金融行业造成严重影响。⑥ 在金融研究领域，大数据具有三种属性：高维度、复杂结构和大规模。⑦ 目前，大部分金融业务领域都与大数据相关，它对业务的各个方面都有着重要的影响，例如，业务流程管理，人力资源管理，研发管理，业务分析，B2B 业务流程、营销和销售，工业制造流程，企业运营绩效衡量，政策制定，供应链管理、决策和绩效，以及其他商业领域。由于大数据分析是当今新兴的信息系统之一，企业希望通过应用大数据分析，在其业务中有效利用企业所拥有的数据以实现更高效的生产力，实现差

---

① TIRUNILLAI S, TELLIS G J. Does chatter really matter? Dynamics of user-generated content and stock performance [J]. Marketing science, 2012 (2)：198-215.

② LI L, GONG Y, WANG Z, et al. Big data and big disaster：A mechanism of supply chain risk management in global logistics industry [J]. International journal of operations & production management, 2023 (2)：274-307.

③ HOFMANN E. Big data and supply chain decisions：The impact of volume, variety and velocity properties on the bullwhip effect [J]. International journal of production research, 2017 (17)：5108-5126.

④ OLAWOYIN A M, LEUNG C K, HRYHORUK C C J, et al. Big data management for machine learning from big data [J]. Advanced information networking and applications, 2023, 661：393-405.

⑤ 林晨. 金融科技服务实体经济的作用机理研究 [D]. 成都：四川大学, 2021.

⑥ HASAN M M, POPP J, OLAH J. Current landscape and influence of big data on finance [J]. Journal of big data, 2020 (1)：21.

⑦ GOLDSTEIN I, SPATT C S, YE M. Big data in finance [J]. Review of financial studies, 2021 (7)：3213-3225.

异化竞争。① 有效的数据管理战略可以带来有效的财务绩效，大数据分析可以通过创建数据透明度来改进决策并构建财务模型，从而有助于支持业务管理、财务决策、全球制造和供应链管理。②

在组织能力中，大数据分析能力已成为积累数据力量并利用其价值为企业创造竞争优势的关键，这是一种识别大量数据高速流出来源，收集、储存和分析大数据以实现公司战略和运营目标的能力。③ 在组织绩效方面，拥有大数据分析能力的企业将会把信息和决策水平更好地匹配起来，产生一个更加优秀的决策，从而对进一步提高企业绩效，使得拥有大数据分析能力的企业在现代企业的竞争中更具备竞争优势。④ 在业务分析方面，大数据有助于通过系统基础架构解决业务问题和数据问题，其中包括捕获、存储、传输和处理数据等技术。⑤ Grover 和 Kar 提到苹果、Facebook、谷歌、亚马逊和 eBay 等公司定期使用数字化交易数据，例如，定期存储交易时间、购买数量、产品价格和客户凭证以估计其市场状况来改善他们的业务运营状况。⑥ 在研发投入方面，大数据在战略、人员、技术和流程整合四个方面为研发管理提供信息、实现、转变或破坏的潜力维度。⑦ 在供应链方面，大数据的应用可以帮助管理者感知环境的迅速变化，大数据分析能力对供应链的敏感性具有积极影响，同时在实现供应链的可持续

① LAVALLE S, LESSER E, SHOCKLEY R, et al. Big data, analytics and the path from insights to value [J]. MIT sloan management review, 2011 (2)：21-22.

② KUC-CZARNECKA M, OLCZYK M. How ethics combine with big data：A bibliometric analysis [J]. Humanities and social sciences communications, 2020 (1)：1-9.

③ LIN C, KUNNATHUR A. Strategic orientations, developmental culture, and big data capability [J]. Journal of business research, 2019 (12)：49-60.

④ FERRARIS A, MAZZOLENI A, DEVALLE A, et al. Big data analytics capabilities and knowledge management：Impact on firm performance [J]. Management decision, 2019 (8)：1923-1936.

⑤ PAPPAS I O, MIKALEF P, GIANNAKOS M N, et al. Big data and business analytics ecosystems：Paving the way towards digital transformation and sustainable societies [J]. Information systems and e-business management, 2018 (3)：479-491.

⑥ GROVER P, KAR A K. Big data analytics：A review on theoretical contributions and tools used in literature [J]. Global journal of flexible systems management, 2017 (3)：203-229.

⑦ BLACKBURN M, ALEXANDER J, LEGAN J D, et al. Big data and the future of R&D management：The rise of big data and big data analytics will have significant implications for R&D and innovation management in the next decade [J]. Research-technology management, 2017 (5)：43-51.

发展方面存在较大潜力。① 在组织创新方面，大数据分析能力在较高水平的数据可用性的支持下，可以提高企业的创新能力，引起可持续竞争优势，进而提升企业的价值。② 在战略决策方面，大数据分析能力在契约性和关系性治理与决策绩效关系中起调节作用，因此在大数据背景下，社会资本可以通过契约式治理和关系式治理增强企业的动态能力。③ 在竞争优势方面，大数据分析通过提高数据驱动的性能来支持企业的竞争优势，管理者可以制定企业发展战略方案，通过使用大数据可视化和业务分析，从数据中提取价值，并利用业务敏捷性和竞争力，使用大数据分析能力来指导业务决策和运营对于组织获取竞争优势具有战略意义。④

大数据除了在金融领域进行应用，还受到其他领域的欢迎。正确可靠的数据能够提供更好的决策支持、更智能的决策、更快更丰富的可视化以及公共服务的整体改善，有助于对公民需求进行更深入的了解。⑤ Klievink 等认为可以在政府部门使用大数据。一方面，它有助于以相对较低的成本及时应对广泛的公共问题，同时提高政府的社会沟通、科学决策和组织协调能力；另一方面，它可以帮助识别公众差异化和个性化的服务需求，提高公共服务能力、危机预防能力和社会动员能力。⑥ 此外，政府的存量数据治理还可以提高服务效率和扩大服务供给，而政府的增量数据可以更准确地反映社会需求和公共服务。⑦ 在日常

① JEBLE S, DUBEY R, CHILDE S J, et al. Impact of big data and predictive analytics capability on supply chain sustainability [J]. The international journal of logistics management, 2018 (2): 513-538.

② MIKALEF P, BOURA M, LEKAKOS G, et al. Big data analytics capabilities and innovation: The mediating role of dynamic capabilities and moderating effect of the environment [J]. British journal of management, 2019 (2): 272-298.

③ SHAMIM S, ZENG J, KHAN Z, et al. Big data analytics capability and decision making performance in emerging market firms: The role of contractual and relational governance mechanisms [J]. Technological forecasting and social change, 2021 (7): 1-12.

④ MEDEIROS M M, MAÇADA A C G. Competitive advantage of data-driven analytical capabilities: The role of big data visualization and of organizational agility [J]. Management decision, 2022 (4): 953-975.

⑤ CHEN Y C, HSIEH T C. Big data for digital government: Opportunities, challenges, and strategies [J]. International journal of public administration in the digital age, 2014 (1): 1-14.

⑥ KLIEVINK B, ROMIJN B J, CUNNINGHAM S, et al. Big data in the public sector: Uncertainties and readiness [J]. Information systems frontiers, 2017 (2): 267-283.

⑦ ZHANG A, LV N. Research on the impact of big data capabilities on government's smart service performance: Empirical evidence from China [J]. IEEE access, 2021 (2): 50523-50537.

生活中，我们经常可以享受到大数据带来的便利。Gomes 等认为大数据工具的使用提升了临床和管理层面的工作绩效，提高了成本效益比。① 考虑传统的访问控制难以应用于授权频繁变化的场景和资源有限的超大规模数据集，Jiang 等学者提出一种基于光谱聚类（SC）和风险（SC-RBAC）的访问控制模型，更适合大数据医疗场景。② Manikandan 等则是聚焦于智能家居，开发了一种基于多媒体的智能监控器，使老年人能够通过手势和语音调节智能家居设备。③ 在网络支付中，大数据通过实时分析买家的购买历史来检测银行卡支付中的欺骗行为。在教育方面，大数据时代背景下在教育管理工作上的应用，能够有效减少以往教育管理模式中呈现的许多问题，形成以数据说话、以数据教学、以数据育人的教育管理新范式，用数据进行科学研究，用数据进行管理，用数据做出决策，用数据创新。在供应链管理方面，Zamani 等认为人工智能（AI）和大数据分析（BDA）的结合有可能显著提高供应链的弹性，并促进其更有效地管理供应链资源。④ Bag 等进一步发现采用大数据技术在 COVID-19 大流行期间开发了内部风险管理能力，提高了公司的外部风险管理能力。⑤ 大数据的研究关注的是如何使用这些数据，以及如何将"一堆数据"转换为"大数据"，这也是学者们的研究目的——通过对相关数据的技术研究，实现大数据的价值。

在我国，截至 2009 年年底，网民数量已超过了 3.84 亿人，互联网的普及率已不低于 28.9%，⑥ 且仍处于高速发展阶段，这是我国形成广泛应用大数据现象的基础。"大数据元年"也成了 2013 年的代称，这一年大数据应用迅猛增加，各行各业逐渐开始运用大数据，百度、阿里、腾讯等互联网企业纷纷推出创新

① GOMES M A S, KOVALESKI J L, PAGANI R N, et al. Transforming healthcare with big data analytics: technologies, techniques and prospects [J]. Journal of medical engineering & technology, 2023 (1): 1-11.

② JIANG R, HAN S, YU Y, et al. An access control model for medical big data based on clustering and risk [J]. Information sciences, 2023 (3): 691-707.

③ MANIKANDAN N, TADIBOINA S N, KHAN M S, et al. Automation of smart home for the wellbeing of elders using empirical big data analysis [C/OL]. 2023 3rd International Conference on Advance Computing and Innovative Technologies in Engineering (ICACITE), 2023-07-24.

④ ZAMANI E D, SMYTH C, GUPTA S, et al. Artificial intelligence and big data analytics for supply chain resilience: A systematic literature review [J]. Annals of operations research, 2023 (2): 605-632.

⑤ BAG S, DHAMIJA P, LUTHRA S, et al. How big data analytics can help manufacturing companies strengthen supply chain resilience in the context of the COVID-19 pandemic [J]. The international journal of logistics management, 2023 (4): 1141-1164.

⑥ 数据来源：《第 25 次中国互联网络发展状况统计报告》。

性大数据应用，同时大数据也被诸多科研基金列为重大的研究课题。于艳华和宋美娜提出，随着互联网、物联网以及云计算技术的快速应用，大量的数据信息被生产出来，现代社会各种各样的数据化信息，这些信息蕴含着巨大的挖掘价值，但没有被完全有效利用使其成为一种新型的自然资源。若能充分挖掘这些信息中蕴含的价值，这种新资源就将为人们带来极大的积极影响。① 涂子沛认为，"大数据"之所以被称为"大"，并不仅仅在于数据量的庞杂，更多是通过对海量数据的获取、分析、整理后，我们能够获得新的巨量的知识和巨大的价值，从而收获大额利润，实现发展。② 马建光和姜巍总结得出，大数据技术具有数据规模大但处理迅速、价值密度不高但类型多样等特点。③ 大数据的基本特征为数据量大，互联网的广泛应用以及人们处理数据方法与理念的改变推动了数据的激增。数据类型多、变化多是大数据的重要特征。目前，大数据时代正在经历信息系统主题关注和赋能从"数据化"到"数智化"的新跃迁。④ "数智化"是指数字化+智能化，是在"数据化"的基础上，更凸显出数据层面的治理和算法层面的智能，进而深刻影响赋能及其价值创造的过程。不少学者已经将数智化融合到供应链管理⑤、法治营商环境⑥、财政预算⑦等方面。

现代互联网形成的大量数据，是非结构化的，并不能用以往的数据库表格来罗列处理。非结构化数据有着数据价值密度低的特点，其与已经被处理抽象过的结构化数据相比，非结构化数据呈现更多细节的同时，也涵盖了更多的无意义乃至错误的信息。面对海量的数据，大数据以更高级别的数据处理速度区别于传统数据的处理方式。大数据以结构化数据为主，内在逻辑关系明确，数据之间的关联性、系统性特征突出。其包含高价值的业务信息与商业机密，源于企业的数据积累和分析，能够带来较大的价值收益。⑧

---

① 于艳华，宋美娜．大数据［J］．中兴通讯技术，2013（1）：57-60.
② 涂子沛．大数据［M］．桂林：广西师范大学出版社，2012.
③ 马建光，姜巍．大数据的概念、特征及其应用［J］．国防科技，2013（2）：10-17.
④ 陈国青，任明，卫强，等．数智赋能：信息系统研究的新跃迁［J］．管理世界，2022（1）：180-196.
⑤ 陈剑，刘运辉．数智化使能运营管理变革：从供应链到供应链生态系统［J］．管理世界，2021（11）：227-240.
⑥ 潘越，谢玉湘，宁博，等．数智赋能、法治化营商环境建设与商业信用融资：来自"智慧法院"视角的经验证据［J］．管理世界，2022（9）：194-208.
⑦ 章贵桥，杨媛媛，颜恩点．数智化时代、政府会计功能跃迁与财政预算绩效治理［J］．会计研究，2021（10）：17-27.
⑧ 陈楠，蔡跃洲．工业大数据的属性特征、价值创造及开发模式［J］．北京交通大学学报（社会科学版），2023（3）：25-36.

我国大数据的发展进程相对较晚，关于大数据对投资者影响的研究我国学者更多侧重于机构层面。对机构投资者而言，陆岷峰和虞鹏飞提出，商业银行在对企业和个人投资的过程中积累了海量的数据资源，是利用大数据的良好土壤，若将大数据融入商业银行转型的道路上，将有效促进银行深入挖掘数据资源，提升拓展业务能力和决策判断能力。① 另外，大数据还能帮助银行更加了解客户的行为生活方式，精准刻画客户在整个生命周期内的价值曲线，从而有效分析客户流失的缘由，以更好地选择相应客户的最佳经营策略，提升投资效率。黄益平、邱晗、邱志刚等认为信息不对称造成的信贷约束是导致传统银行信贷和互联网信贷模型产生差异的原因之一，大数据能收集到传统银行信贷无法收集到的海量信息，并在分析后预测出借款人信用状况，从而缓解借贷双方的信息不对称问题和资源配置问题。② 吕秀梅提出机构在进行投资时应该重点关注投资对象的历史信用状况，并可以利用搜集到的数据信息及时更新该对象的信用状况，从而判断是否投资和具体投资次序，有效控制投资决策风险。③ 黄剑辉在分析得出大数据能够降低信息不对称，最终实现机构决策优化的结论后，还指出目前存在数据获取渠道不足、数据有造假可能和风控模型尚待实证检验等问题。④ 刘满凤和赵珑通过构建贷款机构和小微企业的融资博弈模型指出，由于小微企业缺乏统一的征信系统，其信誉情况更是属于没有公开的私密信息，因此其拥有的企业信誉度信息不足，同时小微企业资金匮乏，缺乏可靠担保，导致小微企业获取投资时出现融资约束问题。而大数据能为小微企业建立起统一的互联网融资平台，为小微企业争取投资，提高市场效率。⑤ 夏琦认为，大数据能帮助保险公司分析各类投资产品的风险，平衡投资比例，并能帮助高层管理人员监督公司盈利状况，合理分配公司资源，确保投资策略的可行性。⑥ 总之，大

① 陆岷峰，虞鹏飞. 互联网金融背景下商业银行"大数据"战略研究：基于互联网金融在商业银行转型升级中的运用 [J]. 经济与管理，2015 (3)：31-38.
② 黄益平，邱晗. 大科技信贷：一个新的信用风险管理框架 [J]. 管理世界，2021 (2)：12-21，50，2，16；邱志刚，罗煜，江颖，等. 金融科技会颠覆传统金融吗？——大数据信贷的经济解释 [J]. 国际金融研究，2020 (8)：35-45.
③ 吕秀梅. 大数据金融下的中小微企业信用评估 [J]. 财会月刊，2019 (13)：22-27.
④ 黄剑辉. 商业银行互联网小微贷款业务特点及政策建议 [J]. 扬州大学学报（人文社会科学版），2019 (3)：34-43.
⑤ 刘满凤，赵珑. 互联网金融视角下小微企业融资约束问题的破解 [J]. 管理评论，2019 (3)：39-49.
⑥ 夏琦. 大数据技术在保险公司投资与风险管理中的应用分析 [J]. 营销界，2022 (5)：167-169.

数据技术的采用与公司绩效之间存在密切联系。①

除了帮助制定投资决策，在投资的后续管理中，大数据同样也能发挥独有效果。舒蕾提出，大数据技术能够帮助被投资公司更好地管理团队，利用大数据跟踪全球顶尖科学家、工程师、设计师、产品经理的工作动向，帮助被投资公司招聘到优秀员工，推动公司发展，最终提升自己的投资收益。② 郭丽雅从证券公司角度提出，利用大数据可以将客户的年龄、收入、职业以及投资偏好进行详细的划分，从而进一步判断客户投资习惯和投资风格，分析客户风险偏好。③ 大数据还可以让证券公司对上市公司的经营、业绩进行全面的分析研究，向投资者提供更准确的分析报告，帮助其做出更客观的投资决策。另外，大数据还能帮助证券公司搭建客户流失预警模型，以挖掘潜在客户，维系存量客户，分析流失客户，制定精准的客户营销服务策略。在大数据的支持下，在寻找客户方面，证券公司由线下拓展客户的被动式业务营销转为通过构建客户模型筛选合适客户群体，为客户经理提供线索的主动营销。在产品方面，证券公司依托大数据，纷纷推出效率更高的智能投资顾问服务，形成了线上线下全覆盖的客服服务，充分的服务使得市场信息趋于对称。同时拓宽产品范围，除股票、基金等传统金融产品外，还包括销售保险、信托、银行和理财产品。

二、大数据在金融领域的深入应用

数据技术在金融领域的应用使得金融科技产业崛起，金融科技在金融服务行业利润、监管机构收益和消费者福利方面具有巨大潜力。④ 为了解决供应方缺乏竞争导致金融中介成本过高的问题，金融科技致力于消除或降低金融中介成本。⑤ 金融科技起源于"金融服务技术联盟"，这是花旗集团的一个促进技术合作的项目。金融科技是数字技术和金融活动与服务的整合。作为人们日常生活的一部分，金融科技应用程序帮助公司收集大量用户数据以实现商业利润和社

① LUTFI A, ALRAWAD M, ALSYOUF A, et al. Drivers and impact of big data analytic adoption in the retail industry: A quantitative investigation applying structural equation modeling [J]. Journal of retailing and consumer services, 2023 (1): 1-12.
② 舒蕾. 大数据技术在私募股权投资行业的应用及影响 [J]. 金融会计, 2022 (4): 32-38.
③ 郭丽雅. 大数据背景下证券经纪业务模式创新研究 [D]. 南京: 东南大学, 2020.
④ GIMPEL H, RAU D, RÖGLINGER M. Fintech-Geschäftsmodelle im Visier [J]. Wirtschaftsinformatik and management, 2016 (3): 38-47.
⑤ DAS S R. The future of Fintech [J]. Financial management, 2019 (4): 981-1007.

会效益。① 金融科技的四个主要领域是人工智能、区块链、云计算和大数据。②大数据可用于预测市场变化和客户投资、观察客户消费习惯、加强诈骗检测并帮助创建新的营销策略。③ 大数据和区块链技术减少了信息不对称，降低了交易成本，使得交易更安全快捷，从根本上改变了金融服务。④ 在借贷过程中，通过大数据、人工智能、区块链等先进技术，金融科技可以挖掘更加全面的用户信息，缓解贷款审批中的信息不对称。例如，在审查贷款时蚂蚁金服不仅使用传统的贷款审批信息，还使用了销售信息等非财务信息；美国 Prosper 借贷平台的数据表明金融科技在挖掘更全面的用户社交网络关系方面发挥着重要作用，提高了成功借贷的概率，降低了融资成本和后续的违约风险。⑤ 企业信息透明度的提高是管理者识别和区分投资项目好坏的基础，金融科技可以提高信息透明度，引导企业选择最佳投资项目。⑥

从现实情况出发，金融科技的兴起对作为以金融为主体的商业银行的传统业务产生了重大影响。⑦ 一方面，互联网技术的进步将提升银行的服务质量和服务多样性。利用金融科技商业银行可以通过降低银行运营成本⑧、提高服务效

① WANG J. Performative innovation: Data governance in China's Fintech industries [J]. Big data & society, 2022 (2): 1-11.
② 周雷，许佳，菲努拉·艾努瓦尔. 数字经济时代金融科技服务实体经济高质量发展研究进展与展望 [J]. 金融理论探索，2023 (3): 69-80.
③ YIN F, JIAO X, ZHOU J, et al. Fintech application on banking stability using big data of an emerging economy [J]. Journal of cloud computing, 2022 (1): 43.
④ 许缦. 区块链技术下基于大数据的共享经济发展研究 [J]. 统计与管理，2020 (12): 63-69.
⑤ LIN M, PRABHALA N R, VISWANATHAN S. Judging borrowers by the company they keep: Friendship networks and information asymmetry in online peer-to-peer lending [J]. Management science, 2013 (1): 17-35.
⑥ BUSHMAN R M, SMITH A J. Transparency, financial accounting information, and corporate governance [J]. Economic policy review, 2003 (1): 237-333.
⑦ PETRALIA K, PHILIPPON T, RICE T N, et al. Banking disrupted? Financial intermediation in an era of transformational technology [R/OL]. Geneva reports on the world economy, 2019-09-24.
⑧ BALYUK T. Fintech lending and bank credit access for consumers [J]. Management science, 2023 (1): 555-575.

率①、加强风险控制能力②、为客户打造以客户为中心的商业模式等方式改进传统业务模式，从而提高综合竞争力。③ 另一方面，互联网金融产品的出现加剧了对银行存款的竞争，商业银行可能会增加冒险行为。此外，商业银行在大数据竞争中也处于劣势水平。目前，在线共同基金和在线保险等高度数字化平台已经在营销中运用了大量大数据分析。而许多银行并不熟悉如何将大数据分析成功地深入其文化、决策流程和业务运营中。针对这一问题，He 等通过银行业的真实案例研究，展示了分析团队如何通过客户细分（无监督）和产品亲和力预测（监督）两种分析模型来构建挑战和分析数据，从而在精准营销中引入大数据分析。④ 换句话说，金融科技利用大数据、云计算、区块链等各种科技手段为我国金融业提供了深入而广泛的服务。从本质上看，饶方利认为，金融科技本体仍然是金融，而金融的本质源于信用，因此金融科技归根结底仍离不开信用。⑤ 从技术上看，巴曙松和白海峰认为，金融科技是将以人工智能和区块链技术为核心的科技应用于传统金融业，从而服务大众、推动行业发展的技术手段。⑥ 目前，有关区块链技术的研究不断深入供应链管理领域。Liu 等探讨了区块链技术支持的供应链金融模式（区块链平台融资）的运营策略，得出当零售商的初始资本较低而生产成本较高时区块链平台融资更优的结论。⑦

　　总体而言，我国关于金融科技对传统金融业影响的研究涉及方方面面。对企业而言，唐松等认为，金融科技的发展能显著地解决企业"融资难，融资贵"

---

① WU Y H, BAI L, CHEN X. How does the development of Fintech affect financial efficiency? Evidence from China［J］. Economic research-Ekonomska istraživanja, 2023（2）: 36-54.

② WANG H, MAO K, WU W, et al. Fintech inputs, non-performing loans risk reduction and bank performance improvement［J］. International review of financial analysis, 2023（6）: 1-12.

③ YANG W, SUI X, QI Z. Can Fintech improve the efficiency of commercial banks? ——An analysis based on big data［J］. Research in international business and finance, 2021（1）: 1-12.

④ HE W, HUNG J L, LIU L. Impact of big data analytics on banking: A case study［J］. Journal of enterprise information management, 2023（2）: 459-479.

⑤ 饶方利. 金融科技文献综述［J］. 江苏商论, 2020（11）: 94-98.

⑥ 巴曙松, 白海峰. 金融科技的发展历程与核心技术应用场景探索［J］. 清华金融评论, 2016（11）: 99-103.

⑦ LIU L, LI Y, JIANG T. Optimal strategies for financing a three-level supply chain through blockchain platform finance［J］. International journal of production research, 2023（11）: 3564-3581.

问题，并能优化公司财务状况，降低公司杠杆。① 邓浏睿和赵伊雯研究发现，金融科技对于缩短有融资约束公司的投资滞后期数有显著作用，有效改善企业存在的投资不足问题，提高投资效率，提升企业价值。② 邵学峰和胡明指出，金融科技通过其资源效应和治理效应，有效利用"融资约束与财务费用率"渠道和"财务杠杆与风险稳定"渠道，对于公司投资效率的提高有显著的正向作用。同时，金融科技的发展有效提高了信贷的可获得性，尤其是对于高负债率企业，缓解投资不足问题的作用更为明显。而对于高现金持有企业，金融科技的发展有力地提高了股东的监督能力，降低了代理成本，从而显著抑制企业过度投资行为。③ 张友棠和常瑜洺研究发现金融科技发展能从显著增加科技型企业现金持有水平、降低其债务融资成本双渠道出发，缓解科技型企业投资不足问题，进而提高企业投资效率。④ Razzaq 和 Yang 创新性地利用大数据文本和因子分析技术对企业数字化转型进行量化分析，研究结果表明普惠数字金融显著促进了绿色增长。⑤

此外，金融科技的发展对于缩小"数字鸿沟"也起到了一定作用。胡鞍钢和周绍杰提出，"数字鸿沟"本质上是以互联网科技为代表的新型信息技术，在不同地区、不同人群的普及和应用方面存在不平衡现象。技术发展的不平衡导致了信息化水平的不平衡，而这种差异也反映了经济发展水平的差异，"数字鸿沟"已经成为当下全球的新型贫富现象。⑥ 赵冬梅等认为，较低的发展水平从经济基础方面阻碍了技术的进步，这会导致信息科技差距进一步拉大。数字鸿沟和经济低水平发展二者互为因果，这一恶性循环将严重阻碍国家经济发展。⑦

① 唐松，伍旭川，祝佳. 数字金融与企业技术创新：结构特征、机制识别与金融监管下的效应差异 [J]. 管理世界，2020 (5)：52-66.

② 邓浏睿，赵伊雯. 融资约束下金融科技对投资和公司价值的影响 [J]. 湖南大学学报（社会科学版），2022 (4)：68-76.

③ 邵学峰，胡明. 金融科技有助于提升企业投资效率吗？——基于中国 A 股上市企业的实证研究 [J]. 学习与实践，2022 (3)：38-46.

④ 张友棠，常瑜洺. 数字金融对科技型企业投资效率影响的实证检验 [J]. 统计与决策，2020 (16)：179-183.

⑤ RAZZAQ A，YANG X. Digital finance and green growth in China：Appraising inclusive digital finance using web crawler technology and big data [J]. Technological forecasting and social change，2023 (4)：1-12.

⑥ 胡鞍钢，周绍杰. 新的全球贫富差距：日益扩大的"数字鸿沟" [J]. 中国社会科学，2002 (3)：34-48.

⑦ 赵冬梅，杨杰，黄爱白. 贫富差距与数字鸿沟 [J]. 安徽师范大学学报（人文社会科学版），2004 (5)：546-550.

Nam 和 Lee 进一步得出了产生数字鸿沟的内在原因，他们认为韩国数字金融服务中的大多数数字鸿沟可归因于使用计算机和移动设备的熟练程度。① 茶洪旺和胡江华认为偏远贫困地区的信息基础设施建设落后，导致其信息化程度远远落后于其他地区，这会使得发展数字普惠金融缺乏合适的土壤。② 周利等学者以及付琼和郭嘉禹的研究表明，针对信息技术发展滞后的偏远地区，金融科技能通过大数据技术缓解信息不对称问题；通过智能化技术降低金融交易成本；通过扩大金融服务覆盖面提升数字普惠金融的可得性。而通过提高数字普惠金融可得性，偏远地区的收入差距缩小，不同地区发展更为平衡，削弱了传统金融对于居民金融服务需求的约束，转"数字鸿沟"为"数字红利"。③ 宋真讨论了"数字鸿沟"对数字普惠金融减缓贫困脆弱性效果的调节效应，结果表明该调节效应会受到"数字鸿沟"的约束，"数字鸿沟"越大，家庭的信息接入和利用水平就越低，进而阻碍了数字普惠金融增强家庭抵御风险的能力，贫困脆弱性无法显著被减缓。④

三、大数据对投资决策的深远影响

（一）大数据分析对投资决策的直接影响

在大数据时代，用户在生活、旅行、工作和娱乐中产生了源源不断的数据流，海量数据和日益复杂的技术正在改变行业运作和竞争方式。大数据集不仅影响了社会和科学的许多领域，而且对金融业也产生了重要影响，金融市场的效率主要归因于信息量及其传播过程。⑤ 数据分析平台可以对财务信息进行高效、快速的数据处理和分析，并为用户提供最合适的投资管理方案，投资者可以直接观察到的数据是股票的交易数据（例如，开盘价、最高价、最低价、收盘价和技术指标等）。除此之外，随着基于网络的数据越来越多，投资者还可以基于网络的文本数据提取实时投资者情绪，这些数据也可以纳入股票投资价值

① NAM Y, LEE S T. Behind the growth of Fintech in South Korea：Digital divide in the use of digital financial services［J］. Telematics and informatics，2023（6）：101995.

② 茶洪旺，胡江华. 中国数字鸿沟与贫困问题研究［J］. 北京邮电大学学报（社会科学版），2012（1）：74-80.

③ 周利，冯大威，易行健. 数字普惠金融与城乡收入差距："数字红利"还是"数字鸿沟"［J］. 经济学家，2020（5）：99-108；付琼，郭嘉禹. 金融科技助力农村普惠金融发展的内在机理与现实困境［J］. 管理学刊，2021（3）：54-67.

④ 宋真. 数字普惠金融、数字鸿沟与贫困脆弱性研究［D］. 西安：西北大学，2021.

⑤ SHEN D，CHEN S H. Big data finance and financial markets［M］// CHEN S H. Big data in computational social science and humanities. Berlin：Springer Cham，2018：68.

分析。目前，许多学者已经开始利用投资者情绪来分析股价的未来走势。Nardo
等总结了使用在线消息预测股市走势的相关研究。实证结果表明，网络信息在
一定程度上可以用来预测金融活动。① Siganos 等使用 Facebook 的状态更新数据
测量了 20 个国家的每日积极情绪和消极情绪之间的距离，从而发现情绪分歧与
股价波动之间存在正相关。② 此外，许多学者转向结合多个数据源来分析股票的
投资价值。Weng 等使用了四个不同的数据集（历史股票交易数据、常用技术指
标、与公司页面相关的维基百科交易统计数据以及谷歌新闻的交易量）来分析
下一个交易日的股票价格和交易量变动。结果表明，数据源的增加可以提高预
测精度。③ Zhang 等使用耦合矩阵和张量分解来研究多个信息源对股价波动的联
合影响，并应用股票之间的共性同时预测多个相关股票的价格波动。④ 此外，还
有许多基于多个数据源的股价预测研究，例如，Shynkevich 等基于五种新闻类别
改进金融预测算法来预测股票价格走势⑤，Feuerriegel 和 Gordon 认为可以从企业
的财务披露来预测股票指数的长期走势⑥。前述研究表明，包括股票交易数据、
社交媒体数据和新闻在内的多源数据在股票投资价值分析中确实发挥了重要作
用。Jothimani 等建议结合大数据研究股票选择和投资组合优化。⑦ 随后，Zhou
等为了解决上述有效性的问题，结合投资组合优化、数据挖掘和 DEA 方法，构
建了更有利的选股方案和投资策略，从历史回报率、资产相关性和投资者情绪

---

① NARDO M, PETRACCO-GIUDICI M, NALTSIDIS M. Walking down wall street with a table：
A survey of stock market predictions using the web ［J］. Journal of Economic Surveys, 2016
（2）：356-369.
② SIGANOS A, VAGENAS-NANOS E, VERWIJMEREN P. Divergence of sentiment and stock
market trading ［J］. Journal of banking & finance, 2017（5）：130-141.
③ WENG B, AHMED M A, MEGAHED F M. Stock market one-day ahead movement prediction
using disparate data sources ［J］. Expert systems with applications, 2017（1）：153-163.
④ ZHANG X, ZHANG Y, WANG S, et al. Improving stock market prediction via heterogeneous
information fusion ［J］. Knowledge -based systems, 2018（1）：236-247.
⑤ SHYNKEVICH Y, MCGINNITY T M, COLEMAN S A, et al. Forecasting movements of
health-care stock prices based on different categories of news articles using multiple kernel
learning ［J］. Decision support systems, 2016（5）：74-83.
⑥ FEUERRIEGEL S, GORDON J. Long-term stock index forecasting based on text mining of reg-
ulatory disclosures ［J］. Decision support systems, 2018（8）：88-97.
⑦ JOTHIMANI D, SHANKAR R, YADAV S S. A big data analytical framework for portfolio opti-
mization ［C/OL］. Workshop on Internet and Big Data Finance（WIBF 14）in conjunction
with International Conference on Frontiers of Finance, 2018-11-24.

表现等不同方面来评价股票的投资价值。① Boubaker 等利用主成分分析法，进行描述性分析和预测性分析，比较了大数据分析中不同特征集的表现，进一步提出情绪占主导地位，而基本面分析也很重要的结论。② Bali 等发现非线性机器学习模型在股票期权的多空投资组合中能够带来统计学和经济上可观的利润。③ 作为一种能够有效分析和探索事物发展规律的工具，数据挖掘技术在用户的财务信息和投资偏好之间建立了潜在的关系，并为用户提供了可供参考的最佳决策方案。④

　　大数据还可以洞察投资者决策的每个不同阶段。⑤ 利用历史数据来预测未来趋势，并对客户将如何反应做出假设，这是决定客户未来行为的关键部分，大数据和复杂的统计分析工具的应用可以提供更准确的预测结果。⑥ 以银行业为例，大数据应用于处理大量的客户数据，以进一步获取客户的洞察力。这些数据可用于模拟客户的投资组合，用来了解银行的整体投资者行为以及不同人口统计学和收入水平的客户之间的差异。⑦ 这使得银行可以根据投资者生命周期的阶段进行预测，推广适合他们投资的产品。目前，数据分析技术已经非常成熟，银行可以看到他们客户的资金流何时流向了竞争公司。有了这些信息，银行可以确定竞争公司的哪些产品将自己的客户吸引走了，并通过提供类似的产品把他们吸引回来，这样做的优势在于客户可以在同一家平台上获得他们想要的各种类型的产品。⑧ 张一帆等则利用媒体报道的文本大数据构建消费新闻情绪指数

① ZHOU Z, GAO M, XIAO H, et al. Big data and portfolio optimization：A novel approach integrating DEA with multiple data sources［J］. Omega, 2021（10）：1-12.

② BOUBAKER S, LIU Z, MU Y. Big data analytics and investment［J］. Technological forecasting and social change, 2023（10）：1-12.

③ BALI T G, BECKMEYER H, MOERKE M, et al. Option return predictability with machine learning and big data［J］. The review of financial studies, 2023（9）：3548-3602.

④ HOCHBAUM D S, BAUMANN P. Sparse computation for large-scale data mining［J］. IEEE transactions on big data, 2016（2）：151-174.

⑤ HOFACKER C F, MALTHOUSE E C, SULTAN F. Big data and consumer behavior：Imminent opportunities［J］. Journal of consumer marketing, 2016（2）：89-97.

⑥ KELLERMAN D, DICKASON-KOEKEMOER Z, FERREIRA S. Analysing investment product choice in South Africa under the investor lifecycle［J］. Cogent economics and finance, 2020（1）：1-12.

⑦ KITCHENS B, DOBOLYI D, LI J, et al. Advanced customer analytics：Strategic value through integration of relationship-oriented big data［J］. Journal of management information systems, 2018（2）：540-574.

⑧ HAO M. Of competitive advantage：Kinetic and positional［J］. Business horizons, 2000（1）：53-64.

（CNSI），发现 CNSI 对消费增速的短期波动具有显著的预测能力。与传播已有事件的现状描述文本相比，描述未来的前瞻性文本更能预测未来消费增速；与包含极端情绪的煽动性报道相比，客观中性的非煽动性报道预测能力更强。①

此外，大数据对投资策略的影响在国内也是一个被广泛研究的问题。就个人投资者及家庭而言，曾建光针对余额宝的研究表明，大数据能帮助余额宝及时感受到投资者情绪的变化，针对高低两种风险感知区采取不同服务保证措施，为其提供不同的风险补偿。② 尹志超等的研究表明，大数据在金融领域的运用能有效提高金融可得性，进而促进家庭将资产更多地投资于正规金融市场，降低家庭民间借出款比例，同时指出家庭金融可得性的提高，对农村地区、中西部地区家庭参与正规金融市场的影响更大。③ 曾玲玲等认为金融科技显著增加了家庭投资于风险性金融资产的意愿。具体来看，相较于基金与债券，金融科技对家庭股票市场参与的促进效应最为显著。④ 李倩和吴昊总结得出，大数据的发展丰富了投资者能获得的信息量，缓解了传统金融中存在的信息不对称问题。⑤ 宋佳琪等人和段军山等人的研究共同表明，数字金融的发展缓解了供给型信贷约束和需求型信贷约束，尤其是对乡村家庭而言。而家庭信贷约束会显著影响家庭对风险的态度以及资产选择，信贷约束较低的家庭更偏向于较高的风险偏好和持有各类资产，同时参与股票市场的概率显著增高。⑥ 严雨萌等总结出，在大数据背景下，投资者的处置效应显著降低、表现出对博彩型股票的偏好、线上用户的处置效应显著降低、P2P 网贷市场上的投资者存在明显的羊群行为，且羊群效应较高的贷款违约率显著低于羊群效应较低的贷款违约率。⑦

---

① 张一帆，林建浩，樊嘉诚. 新闻文本大数据与消费增速实时预测——基于叙事经济学的视角［J］. 金融研究，2023（5）：152-169.

② 曾建光. 网络安全风险感知与互联网金融的资产定价［J］. 经济研究，2015（7）：131-145.

③ 尹志超，吴雨，甘犁. 金融可得性、金融市场参与和家庭资产选择［J］. 经济研究，2015（3）：87-99.

④ 曾玲玲，陈建赟，邢思远. 金融科技对家庭金融资产配置的影响［J］. 武汉理工大学学报（社会科学版），2023（3）：96-107.

⑤ 李倩，吴昊. 大数据背景下投资者行为研究的趋势分析：基于"内涵—思路—方法"的三重视角［J］. 中央财经大学学报，2017（2）：52-62.

⑥ 宋佳琪，白子玉，刘俊杰. 数字金融发展背景下农户信贷约束影响因素实证分析：基于传统信贷和数字信贷的比较［J］. 世界农业，2022（3）：62-73；段军山，崔蒙雪. 信贷约束、风险态度与家庭资产选择［J］. 统计研究，2016（6）：62-71.

⑦ 严雨萌，熊熊，路磊，等. 从"管中窥豹"到"高屋建瓴"：大数据背景下的个人投资者行为［J］. 中国管理科学，2023（9）：244-254.

总体来说,大数据的发展有力地推动了国内金融领域的科技进步。对于机构投资者,大数据有效降低了投资决策制定中由于信息不对称造成的信贷约束、信贷歧视和资源错配问题,在投资决策的后续管理中也能通过实时监督投资对象来降低投资风险,同时还能借助机构自身对大数据的运用提高投资对象的经营水平,从而提高自身投资收益。对于个人投资者,大数据一方面降低了个人投资于金融产品的难度,另一方面提高了个人投资于金融产品,特别是高风险产品的意愿,且在一定程度上影响了投资行为。

(二)大数据分析对投资决策的间接影响

1. 大数据的发展促进了金融科技在投资领域的广泛应用

近年来,传统金融业随着数字化技术的不断迭代,催生了互联网金融、金融科技和数字金融等新金融业态以及科技金融形态,当前尤以金融科技发展较为火热,有效填补了传统金融服务手段的欠缺,满足了个体对金融服务的广泛需求。金融科技利用大数据、云计算和区块链等新兴技术来改进金融产品、金融业务和金融服务。① 一般来说,金融科技涉及消费者财务管理的很多方面,包括支付、借贷和投资组合决策等。② 金融科技重要的特征之一是利用大数据和物联网等数字技术打破时空距离限制,金融科技通过降低成本、提高金融服务质量以及创造更加多元化和稳定的金融格局来重塑金融业。大数据的引入可以降低信息获取成本进而增加信息量③,区块链将为结算系统带来成本节约④,智能投资顾问通过自动化投资组合多样化和纠正行为(认知和情感)偏见来降低风险⑤。在新兴的金融科技领域,智能投资顾问是一个新兴现象,它是一种数字平台,可提供自动化、算法驱动和财务规划服务,几乎无须人工监督。先进的算法模型允许信息系统在以某种程度的不确定性为特征的情况下做出推断,该技术应用于金融服务部门,以实现高效投资分配。⑥ 在千禧一代,较大的规模经

① BUCHAK G, MATVOS G, PISKORSKI T, et al. Fintech, regulatory arbitrage, and the rise of shadow banks [J]. Journal of financial economics, 2018 (3): 453-483.

② AGARWAL S, CHUA Y H. Fintech and household finance: A review of the empirical literature [J]. China finance review international, 2020 (4): 361-376.

③ ZHU C. Big data as a governance mechanism [J]. Review of financial studies, 2019 (5): 2021-2061.

④ CHIU J, KOEPPL T. Blockchain-based settlement for asset trading [J]. Review of financial studies, 2019 (5): 1716-1753.

⑤ D'ACUNTO F, PRABHALA N, ROSSI A. The promises and pitfalls of robo-advising [J]. Review of financial studies, 2019 (5): 1983-2020.

⑥ ABRAHAM F, SCHMUKLER S L, TESSADA J. Robo-advisors: Investing through machines [R/OL]. The World Bank, 2019-02-26.

济、没有任何人机互动和进入壁垒较低使得智能投资顾问在初始投资相对较低
的首次投资者细分市场中占据了市场份额。① 过度自信使得投资者愿意投入大量
资金，使用他们认为相对新颖的算法技术（人工智能），对于在过去将消费者信
任视为必需品而非红利的行业中几乎没有品牌知名度的初创公司，大数据在很
大程度上推动了美国智能投资顾问的早期扩张。② 典型的智能投资顾问通过在线
调查从客户那里收集有关于他们当前的财务状况和未来目标的信息，然后使用
这些数据为客户提供建议并自动规划客户的资产进行投资。当算法自动创建投
资组合时，投资者不会受到潜在的利益冲突的影响，而人类顾问可能会受到经
济上的激励，向他们的客户推销不合适的产品。③ 作为由代码管理的投资范式，
智能投资顾问克服了次优投资行为，例如，认知和情感④以及投资组合的过度交
易⑤。针对缺乏金融知识或者悠闲、不关心投资方式的投资者，随着智能投资顾
问的迭代发展，其人工学习和机器学习能力逐渐增强，进一步削弱了人类顾问
的作用。⑥ 有研究表明，自动化财富管理可能吸引40多岁、家庭收入更高、投
资能力更强的中老年投资者。⑦ 智能投资顾问的问世使得投资者不再是负责储蓄
和投资安全未来的创业风险承担者，相反，他们成为被动的金融主体，被预先
分类为各种风险状况，并与特定的风险校准投资组合和预先确定的资产分配相
匹配。⑧

　　从宏观层面看，金融科技倒逼传统金融机构转型升级，优化金融资源配置，

---

① BECCHI S M, HAMALOGLU U, AGGARWAL T, et al. The evolution of robo-advisors and advisor 2. 0 model：The future of investment management and financial advisory［R/OL］. Ernst and Young Global Limited, 2018-12-31.

② PIEHLMAIER D M. Overconfidence and the adoption of robo-advice：Why overconfident investors drive the expansion of automated financial advice［J］. Financial innovation, 2022（1）：14.

③ LAI K P Y. Financial advisors, financial ecologies and the variegated financialisation of everyday investors［J］. Transactions of the institute of british geographers, 2016（1）：27-40.

④ BENARTZI S, THALER R. Heuristics and biases in retirement savings behavior［J］. Journal of economic perspectives, 2007（3）：81-104.

⑤ BARBER B M, LEE Y T, LIU Y J, et al. Just how much do individual investors lose by trading?［J］The review of financial studies, 2009（2）：609-632.

⑥ TOKIC D. BlackRock Robo-Advisor 4. 0：When artificial intelligence replaces human discretion［J］. Strategicchange, 2018（4）：285-290.

⑦ KAYA O. Robo-advice：A true innovation in asset management［R/OL］. Deutsche bank research, 2017-08-10.

⑧ TAN G K S. Robo-advisors and the financialization of lay investors［J］. Geoforum, 2020（12）：46-60.

但与此同时，金融科技的开放性使得金融科技风险的隐蔽性、传染性和突发性等特征更加明显。① 在微观层面，金融科技的发展无疑为投资者提供了新的投资组合方向，并将投资机会的范围扩大到通常仅限于机构投资的新资产类别或证券。事实上，已有的大部分研究都集中在金融科技如何影响金融机构投资方面。Kou 等讨论了如何基于金融科技对具有成本效益的欧洲银行汇款技术进行改进。② Klass 和 Perelman 指出，智能投资顾问对投资者而言比传统投资顾问具有更大的优势，包括更低的管理成本和投资门槛。③ 当然，也有一部分研究学者进行了金融科技对个人投资影响的研究。Lu 等表明金融科技对财富和金融知识较低的家庭产生了更强烈的影响。而 Rossi 和 Utkus 认为智能投资顾问的使用会导致美国家庭投资者持有更多的债券和更少的现金。④ 此外，随着数字经济的发展，规避风险的投资者将为搜索和验证服务支付更少的费用，从而使他们能够为专家的投资建议买单。Karim 等以孟加拉国私人银行业千禧一代客户为样本，发现客户信任（CT）在电子支付服务（EPS）、机器人投顾和融资服务（FS）之间起到了中介作用。⑤

国内对于在大数据背景下金融科技对投资的影响也有着广泛的研究。孟醒和申曙光提出，金融科技的发展有利于证券公司研发更多类型的金融产品，吸纳中小投资者资金，为更大范围内向投资者提供财富管理服务提供了技术支持。⑥ 战明华等的研究表明，互联网金融有效降低了贷款人的信息搜集成本，通过扰动传统金融市场的生态环境促进了金融产品创新的"鲇鱼效应"，为中小企

---

① PI T, HU H, LU J, et al. The analysis of Fintech risks in China: Based on fuzzy models [J]. Mathematics, 2022 (9): 1395.

② KOU G, AKDENIZ Ö O, DINÇER H, et al. Fintech investments in European banks: a hybrid IT2 fuzzy multidimensional decision-making approach [J]. Financial innovation, 2021 (1): 1-28.

③ KLASS J L, PERELMAN E L. Transformation of investment advice: Digital investment advisors as fiduciaries [M] //AGNEW J, MITCHELL O S. The disruptive impact of Fintech on retirement systems. Oxford : Oxford University Press, 2019 : 46.

④ LU X, GUO J, ZHOU H. Digital financial inclusion development, investment diversification and household extreme portfolio risk [J]. Accounting & finance, 2021 (5): 6225-6261.

⑤ KARIM R A, RABIUL M K, TASKIA A, et al. Millennial customer engagement with Fintech services: The mediating role of trust [J]. Business perspectives and research, 2023 (3) : 1-11.

⑥ 孟醒，申曙光. 证券公司财富管理业务的竞争优势、战略目标与转型路径 [J]. 南方金融, 2018 (4): 90-98.

业提供融资动力，从而降低了金融市场的摩擦程度。① 杨馥和洪昆认为，金融科技能提高商业银行信息获取、处理以及客户管理效率，缓解因信息不对称产生的道德风险和逆向选择，从而提升贷款规模和质量，降低贷款风险。② Mirza 等认为金融科技的引入通过消除银行交易中不必要的交易成本和浪费、减少现金使用量等方式，将金融服务业务转变为绿色、低碳和省时的业务，从而提高银行盈利能力和绿色贷款水平。③ 金融市场的道德风险和逆向选择导致信贷配给同样也会加大家庭参与金融投资时的困难度，金融服务的困难导致了家庭金融排斥，针对这一问题，张号栋和尹志超提出金融知识能显著降低家庭金融投资产品的排斥，而金融科技的发展则可以使得所有公民享受低成本的金融信息服务，及时更新补充家庭金融知识，实现金融普惠。④ 贾宪军进一步提出，当居民金融知识水平较低时，金融知识的提高能促进居民投资于理财产品，当居民金融知识水平提高到一定程度后，进一步的提升反而会降低居民投资参与度。⑤

另外，智能投资顾问是金融科技理论与实践研究的前沿之一，被普遍认为具有广阔的应用前景。智能投资顾问又被称为机器人投顾，是将人工智能、大数据与量化模型相结合，根据量化投资方法为各类偏好不同的用户提供相应的投资策略，并积极地依据市场环境的变化动态调整组合的智能财富管理服务。主要包括五个流程：资产范围选择、识别投资者概况、资产配置、监控和再平衡、业绩评估和报告。⑥ 徐慧中提及，美国花旗银行和科尔尼咨询公司称，未来3~5 年内机器人投顾将成为主流，未来 10 年内，机器人投顾所管理的资产将会呈现指数级增长。⑦ 在智能投资顾问方面，李苗苗和王亮指出金融科技的发展助推了智能投资顾问的兴起，相比于传统投资顾问，智能投资顾问在技术、成本、

①　战明华，张成瑞，沈娟. 互联网金融发展与货币政策的银行信贷渠道传导［J］. 经济研究，2018（4）：63-76.

②　杨馥，洪昆. 金融科技对商业银行信贷风险的影响及其机制研究［J］. 金融发展研究，2022（6）：66-73.

③　MIRZA N，UMAR M，AFZAL A，et al. The role of Fintech in promoting green finance，and profitability：Evidence from the banking sector in the euro zone［J］. Economic analysis and policy，2023（1）：33-40.

④　张号栋，尹志超. 金融知识和中国家庭的金融排斥：基于 CHFS 数据的实证研究［J］. 金融研究，2016（7）：80-95.

⑤　贾宪军. 金融知识如何影响家庭参与理财市场？——基于 CHFS 数据的实证分析［J］. 经济经纬，2020（4）：159-167.

⑥　NOURALLAH M. One size does not fit all：Young retail investors，initial trust in financial robo-advisors［J］. Journal of business research，2023（4）：113470.

⑦　徐慧中. 我国智能投顾的监管难点及对策［J］. 金融发展研究，2016（7）：86-88.

效率、理性度上均具有明显优势，具有广阔的发展前景。① 周正认为，智能投资顾问将会成为未来主流的投资顾问，其更理性的判断方式，短期来看可能会降低客户收益，但从长期看是对客户利益的保护，有利于国内资本市场的成熟。② 但很多智能投资顾问平台仍然缺乏对客户的认知，有待进一步的发展。李佳等认为，智能投资顾问的出现可以帮助商业银行等机构投资者根据计算机算法获取符合客户偏好的推荐投资组合，有助于机构投资者减少对员工的依赖，并留住中小资金量的客户。③ 但同时智能投资顾问的应用也存在着一定的风险。赖庆晟总结各类智能投资顾问的潜在风险后提出：首先是技术风险，即遭遇黑客获病毒攻击、信号中断以及网络崩溃等技术方面的风险；其次是市场风险，即智能投资顾问偏向长期投资导致市场波动会对其收益有较大的影响；再次是信用风险，即提供智能投资顾问服务的机构与投资者之间由于缺乏足够信任而带来的风险；最后是操作风险，即人工智能取代了传统投资顾问的角色，导致证券投资账户的实际控制人无法确定，因此带来的操作困难。④ 为了解决智能投资顾问的隐私风险，Byunet 通过同态加密（HE）个人风险规避，在遵守客户隐私的同时提供最佳投资组合，即隐私保护均值—方差最优投资组合。⑤

　　总而言之，金融科技的发展能通过融资渠道和公司财务渠道来提升公司投资效率。同时，机构投资者借助金融科技拓宽了吸纳资金的渠道，缓解了金融市场中的信息不对称，提高了中小企业获取投资的机会。而个人投资者借助金融科技拓宽了投资范围，以更低的成本享受了金融服务。另外，金融科技的发展有助于"数字鸿沟"的缩小，推动了智能投资顾问的发展。智能投资顾问能以更低的成本为投资者提供服务，且借助科技算法，智能投资顾问能做出高效理性的判断，相比于传统的投资顾问形式具有显著优势。它的出现有利于吸引更多中小型客户的资金，为他们提供符合其偏好的投资组合，提升其投资效率。

　　2. 大数据分析有助于提升企业投资效率和缩短投资时滞周期

　　纵观全球经济发展趋势和发展状况，大数据的发展和应用已经深入影响经济的各个方面。特别是新冠疫情所带来的外部冲击，使得实体经济的发展受到

---

① 李苗苗，王亮. 智能投顾：优势、障碍与破解对策 [J]. 南方金融，2017（12）：76-81.

② 周正. 境内外智能投顾业务模式对比 [J]. 银行家，2017（12）：88-90.

③ 李佳，钱晨，黄之豪. 大数据时代：人工智能与商业银行创新 [J]. 新金融，2018（12）：31-36.

④ 赖庆晟. 智能投顾：一个文献综述 [J]. 时代金融，2018（9）：223-224，226.

⑤ BYUN J, KO H, LEE J. A privacy-preserving mean-variance optimal portfolio [J]. Finance research letters，2023（4）：103794.

了较严重的影响,而大数据的应用使得虚拟经济得到较快的发展,造成了实体经济与虚拟经济发展不平衡。① 因此,中央政府在部署经济工作时,着重强调将大数据发展的重心转移到为实体经济服务上来,而作为大数据应用代表之一的金融科技是在科技创新与金融创新相互融合成的一个新研究领域。随着金融科技水平的不断提高,云计算、区块链等技术不断发展,这也为传统金融领域的变革提供了方法和途径,同时也完善了其体系,对个体的投资效率构成了重大影响。金融科技的发展对企业投资行为的影响可以从缓解融资难度和缩短投资时滞周期两方面来分析。

第一,从金融科技发展对企业融资行为的影响来看,金融科技的发展应用可以有效缓解信息不对称程度,使得企业获得更加全面和透明的信息,② 一定程度上降低企业获得外部融资的难度,提高企业的投资效率。具体来看,金融科技会通过信息甄别机制和成本优化机制影响企业融资可得性,且对处于融资劣势的中小企业和无金融背景企业的融资可得性提升效应更加显著。③ 此外,基于监管较少和拥有技术的双重优势,一些大科技公司涉足金融服务,包括第三方支付、网络贷款、智能投资顾问等。一些科技巨头的进入,给传统金融系统带来快速的变化和深刻的影响。④ 从国内的实践来看,中国金融科技的业务规模、场景应用处于国际领先水平。⑤ 金融科技公司有助于改善已经存在的交易方式,创造具备信任性、稳定性、安全与透明度的金融技术业务和功能。而区块链则是新金融技术的重要成果之一,为众多投资人创造了一个公共的融资平台,为他们提供了一个全新的财富机会和投资机会。在抵押借贷行业,金融科技的应用能够在稳定风险的基础上更恰当地处理贷款业务,对资金需求方做出更灵活的反应,这将在一定程度上减轻信贷不平衡的问题,以此提高资源配给效率。⑥ 蒋若琳通过实证分析得出企业开展金融科技业务降低了投资不足的程度,提高

① TUT D. Fintech and the COVID-19 pandemic: Evidence from electronic payment systems [J]. Emerging markets review, 2023 (1): 1-12.

② LAI X, YUE S, GUO C, et al. Does Fintech reduce corporate excess leverage? Evidence from China [J]. Economic analysis and policy, 2023 (1): 281-299.

③ 何欢. 金融科技对企业信贷融资的影响研究 [D]. 南宁:广西大学, 2022.

④ 谢平, 邹传伟. 互联网金融模式研究 [J]. 金融研究, 2012 (12): 11-22.

⑤ 黄益平, 黄卓. 中国的数字金融发展:现在与未来 [J]. 经济学 (季刊), 2018 (4): 1489-1502.

⑥ FUSTER A, PLOSSER M, SCHNABL P, et al. The role of technology in mortgage lending [J]. The review of financial studies, 2019 (5): 1854-1899.

了投资效率，从而降低其风险承担水平。[①] 也有文献研究了大数据应用中的科技金融对企业投资效率的影响，数字金融政策的颁布会提高企业的核心竞争力，但政策影响是有滞后性的，并不会立刻对其发生作用。因此，数字金融可以提高企业的信息透明度，筛选出真实的增长机会，以此提高投资效率。[②]

第二，从金融科技发展对从企业自身投资行为的影响来看，金融科技发展程度不仅会影响企业的投资，也会影响投资的时滞周期，进而影响投资效率。但从投资时滞的概念和现有研究来看，鲜有文献探讨金融科技发展程度对投资时滞的影响。在早期实物期权模型的构建中，一些学者假设企业在进行投资之后，项目可以立即产生现金流，并将投资的属性概述为不可逆性、未来收入的风险性以及投资决定时机的灵活性。在本书中我们认为，投资还应具备第五个属性——投资时滞效应，即从投入资金到产生经济效益之间的时间间隔。除了一些特殊情况，在大多数不可逆投资模型中均假设获得投资回报的时刻与做出投资决策时刻无间隙，即投资时滞期数为零。但在现实生活中并非如此，了解时滞期数的长短可以合理地部署投资投入。目前已有部分文献提及投资存在一定长度的滞后期。Alston 等重新审视了研发滞后模型的概念基础，这些模型用于表示投资与影响之间的时间联系，并强调了新技术在推向市场后还需要多年的投资与努力。[③] 但鲜有文献将金融科技与投资时滞效应置于统一框架下进行研究。国内外关于投资时滞的研究主要分为以下几方面。其一，从投资时滞对投资的影响出发。有学者认为投资滞后指标相较于托宾 Q 和现金流可以更准确地预测投资的发生。[④] 投资时滞可能会增加投资频率和速度，由于投资时滞期数的增加，期间因外部因素和内部因素所造成的变动会加大不确定性，因而决策者可能会尽快做出投资决定，并加快投资的实施过程。[⑤] 另外，投资时滞期数的增加也可能会通过降低投资的阈值加速投资。相反，也有学者认为投资时滞期数的增加可能会削弱决策者的投资动机，进而推迟投资。他们的研究表明投资的

① 蒋若琳. 金融科技与企业风险承担：基于投资效率的视角［D］. 济南：山东大学，2022.

② 程翔，张瑞，张峰. 科技金融政策是否提升了企业竞争力？——来自高新技术上市公司的证据［J］. 经济与管理研究，2020（8）：131-144.

③ Alston J M, Pardey P G, Serfas D, et al. Slow magic：Agricultural versus industrial R&D lag models［J］. Annual review of resource economics，2023（1）：471-493.

④ EBERLY J, REBELO S, VINCENT N. What explains the lagged-investment effect?［J］Journal of monetary economics，2012（4）：370-380.

⑤ BAR-ILAN A, STRANGE W C. Investment lags［J］. The american economic review，1996（3）：610-622.

时滞效应会增加企业投资项目的现金流，因而决策者可能会延迟投资。① 其二，目前也有较多理论专注研究投资对公司绩效的时滞效应。有研究证明信息行业的投资回报是从做出投资时刻开始的，并于第三期达到峰值。② Lee 考察了研发投资（R&D）对在中国上海证券交易所或深圳证券交易所上市的制造业市值的滞后效应。③

综上所述，现有研究有着重要的借鉴意义，但在讨论投资最优决策时忽略了金融科技发展程度与投资时滞的动态关系，且鲜少有文献研究金融科技发展程度对公司投资时滞与公司价值的直接影响。因此，本书通过使用面板向量自回归模型分析金融科技发展程度和企业投资行为之间的动态关系，通过脉冲响应函数分析了金融科技的发展如何通过影响企业的投资时滞期数进而提升公司价值，以及金融科技发展能否通过改善融资约束减少企业投资不足的现象进而提高公司价值。

第三节　研究主要内容和创新点

一、研究主要内容

我们研究了大数据背景下投资者决策机理及优化方案。同时，我们将投资者分为两类——中小投资者和机构投资者。在大数据背景下，我们分别对这两类投资者的投资决策进行了理论分析和机理研究。并在此基础上，探索了这两类投资者的投资优化方案。并且，我们还提出了针对两类投资者的较为翔实的研究结论以及切实可行的政策建议。研究内容主要有以下三方面。

（一）大数据背景下投资者决策理论分析

在大数据背景下，我们首先进行了投资者投资决策理论的研究。我们针对

---

① ALVAREZ L H R, KEPPO J. The impact of delivery lags on irreversible investment under uncertainty [J]. European journal of operational research, 2002 (1)：173–180.

② CAMPBELL M. What a difference a year makes：Time lag effect of information technology investment on firm performance [J]. Journal of organizational computing and electronic commerce, 2012 (3)：237–255.

③ LEE C C, LI X, YU C H, et al. Does Fintech innovation improve bank efficiency? Evidence from China's banking industry [J]. International review of economics and finance, 2021 (4)：468–483.

中小投资者和机构投资者分别构建了决策模型。

在中小投资者的投资决策模型中，一方面，基于金融科技对投资顾问在投资收益、投资风险、管理成本、客户维护成本等方面的影响，我们研究了金融科技对投资顾问投资策略及管理费定价策略的影响，并在此基础上探索了中小投资者对于投资顾问的选择是否受到了金融科技的影响。另一方面，我们还探究了随着大数据发展应运而生的智能投资顾问对于传统投资顾问服务市场的冲击。我们比较了智能投资顾问和传统投资顾问在管理成本、投资策略、客户维护等方面的异同，研究了选择传统投资顾问、智能投资顾问、自主投资的不同中小投资者所具有的财富水平阈值问题。

在机构投资者的投资决策模型中，首先，在传统投资模式下，我们注意到刻画融资方画像的相关金融数据广度受限，机构投资者对于融资方判断具有一定的主观偏差等，因此，机构投资者决策会有一定的偏差。在此基础上，我们基于融资方的现金流、公司盈利状况、传统信用评分等构建了传统投资模式下的机构投资者决策模型。其次，在大数据的背景下，金融数据的广度、深度都有了大幅提升，很大程度上减小了传统投资模式中的主观偏差。我们从大数据减小传统信用评分偏差和金融科技减小线下贷款主观偏差出发，构建了在大数据背景下的机构投资者决策模型。再次，我们考虑在现实中由于受到年龄、教育程度等限制，投资者互联网使用的深度和频率有限。因此，大数据和金融科技的广泛应用可能会造成数字鸿沟，进而对机构投资者投资决策带来影响。我们构建了基于大数据综合评分的数字鸿沟影响机制模型，探索了数字鸿沟对机构投资者的影响机理。最后，我们探讨了在大数据和金融科技所产生的正向、负向影响相结合的情况下，机构投资者在大数据发展的不同阶段所应采取的不同决策。

（二）大数据背景下投资者决策机理研究

我们研究了大数据背景下中小投资者和机构投资者的决策机理。基于所构建的大数据背景下投资者决策的理论模型，对中小投资者的投资决策模型进行了敏感性分析和财富均衡域选择分析，并探索了机构投资者的投资决策模型的机制影响。

在中小投资者的投资决策机理研究中，我们进行了中小投资者投资决策模型的敏感性分析及均衡域分析。我们将投资决策机理研究分为智能投资顾问出现前和智能投资顾问出现后两个阶段进行研究。一方面，我们进行了在智能投资顾问出现前后两个阶段中，中小投资者的最大化收益与财富水平的敏感性分析，以及中小投资者的财富水平阈值对死亡率、时间偏好率、无风险利率、风险厌恶系数和加价系数等参数的敏感性分析。在智能投资顾问出现前，我们探讨了大数据与金融科技对于各个参数敏感性的影响。在智能投资顾问出现后，我们关注到传统投资顾问所面临的竞争，探索了智能投资顾问对各个参数敏感性的影响。另一方面，在大数据背景下，智能投资顾问与传统投资顾问相比，在投资收益、投资风险、管理成本、客户维护成本等方面都存在较大的差异。因此，中小投资者在财富水平均衡域的选择上也存在较大差异。我们比较了智能投资顾问出现前后两个阶段的中小投资者财富水平均衡域选择的异同，探索了大数据与金融科技对中小投资者财富水平均衡域选择的影响。

在机构投资者的投资决策机理研究中，我们同样进行了机构投资者投资决策模型的敏感性分析和决策域分析。在敏感性分析中，我们分别从大数据和金融科技减小主观偏差、大数据和金融科技引发数字鸿沟导致的偏差以及大数据和金融科技对机构投资者的总偏差影响三个角度探索了相关的信息识别精度、群体的人口占比、受大数据综合评分偏差影响人口占比、受在线问卷评分偏差影响人口对相应偏差的影响。在决策域分析中，我们主要探索了机构投资者在怎样的情形下会大力促使大数据和金融科技的发展，而又在怎样的情形下会对大数据和金融科技发展进行一定的遏制。

（三）大数据背景下投资者优化方案研究

我们通过对中小投资者和机构投资者的决策进行实证分析，探索了中小投资者和机构投资者的优化路径及优化方案。

在中小投资者的投资决策实证分析中，一方面，我们基于 CFPS 数据库以及普惠金融指数探究了大数据的发展对中小投资者投资的影响，同时还探讨了内生性和稳健性问题，并且从家庭类型（贫困家庭和非贫困家庭）、性别和慢性病状态三方面进行了异质性检验。另一方面，我们运用双重差分法深入探索了政府大力推进数字金融发展的政策对我国中西部欠发达地区的中小投资者投资的政策效应，运用平行趋势检验与安慰剂检验确保了 DID 实证结果的稳健性。结果显示，大数据的发展对中小投资者的投资具有一定的促进作用，并且政府推动数字金融发展的政策对我国中西部地区的中小投资者的影响相较于东部地区更为强烈。

在机构投资者的投资决策实证分析中，我们采用北京大学数字普惠金融指数探讨大数据对机构投资者的影响机制。首先，我们采用机构投资者新增投资额和资产损失率两个指标刻画大数据对资金需求方精准画像的影响，探讨大数据是否有助于机构投资者选择盈利能力强、发展前景好的公司产品，做出更好的决策。其次，我们在基准回归的基础上，从新增投资额、资金损失率、是否上市等方面进行了稳健性检验,从降低信息不对称、降低成本和数字化转型三个作用渠道探讨大数据影响机构投资者投资策略的机制检验,从人均受教育程度和老年网民占比的角度探讨其对数字鸿沟削弱大数据的调节作用效果以及影响强度。从机构投资者性质、规模、不同时间段进行了异质性分析。再次,我们选用双重差分模型进一步验证大数据和金融科技在投资领域的作用。我们将机构投资者投资业务分为两个发展阶段:一是以传统综合评分和线下融资为主的融资方式,二是采用大数据综合评分和线上投资为主的新型融资方式。以机构投资者是否采用大数据技术作为政策变量,探讨机构投资者采用大数据技术前后,投资决策的变化,并且进行了平稳趋势检验和 PSM-DID 回归,证明了 DID 分析结果是稳健可靠的。结果显示,大数据技术有助于优化机构投资者的投资决策。最后,我们运用 PVAR 模型,采用 2011—2019 年沪深交易所全部 A 股上市公司的数据,结合中国数字金融指数,研究地区金融科技的发展程度对融资约束企业的投资行为和投资时滞周期的影响。我们通过 SGMM 回归方法探究金融科技发展程度与公司价值的动态关系。并且,我们通过脉冲响应函数来验证金融科技发展可以有效缩短融资约束企业投资时滞周期的研究假设。从长期动态的角度来看,金融科技发展对公司价值的影响是一把双刃剑,需要中小企业从战略全局的角度做出总体规划。在以上基础上,我们使用固定效应模型以及线性回归模型来验证所得结果的稳健性。

二、主要创新点

大数据和金融科技已成为推动现代金融行业变革的重要力量,并在一定程度上影响着金融市场中的投资者的投资决策。我们认为,地区的大数据和金融科技的发展,可以促进当地投资者的金融活动的开展。并且,大数据和金融科技的发展具备一定的普惠性,能够弥补传统金融模式对经济欠发达地区和财富水平相对较低的投资者的服务上的不足,进而缓解收入不均等状态。因此,我们着重关注大数据和金融科技的发展,并认为系统、客观地探讨大数据和金融科技的发展对投资者的投资策略的影响尤为重要。具体而言,我们的创新点主要体现在以下两方面。

(一) 大数据和金融科技的发展对中小投资者的影响

第一,我们研究了大数据发展和金融科技发展对中小投资者的消费和投资决策的影响。通过分析大数据发展和金融科技发展对投资顾问的成本、投资回报和风险的影响，构建了模型描述大数据发展和金融科技发展对投资顾问和中小投资者的影响机制。基于该模型，我们发现大数据发展和金融科技发展有助于促进中小投资者，尤其是财富水平相对较低和面临长寿风险的中小投资者的金融投资，并提升了投资顾问的金融服务普惠性。

第二，我们探索了在大数据发展和金融科技发展的背景下，中小投资者选择投资顾问的投资门槛。通过数值模拟分析我们发现大数据发展和金融科技发展能有效降低投资顾问的投资门槛。更低的投资门槛意味着更多的中低财富水平的退休者能雇佣投资顾问来协助他们进行投资。此外，当金融科技发展对投资顾问的投资收益、成本和风险的影响在中小投资者的财富均衡域中发生变化时，投资门槛也会相应调整。

第三，我们从大数据发展和金融科技发展的角度实证地探究了中小投资者的投资决策。实证研究结果一一验证了理论分析结果，首先，大数据发展和金融科技发展会促进中小投资者的投资，并且对财富水平相对较低、患有慢性病以及女性投资者的影响更为显著。其次，长寿风险有助于促进中小投资者的投资，面临的长寿风险越高，中小投资者越偏好风险投资以提升投资收益减轻长寿风险对自身的负面影响。最后，相对于经济发达的东部地区，政府有关部门所推进的数字金融战略对中西部欠发达地区的中小投资者的金融投资的政策冲击更强。这一结果也表明大数据发展和金融科技发展有助于推动社会的普惠发展，减轻收入不平等，实现共同富裕。

（二）大数据和金融科技的发展对机构投资者的影响

第一，与传统研究相比，我们从积极和消极两方面研究大数据发展和金融科技发展对机构投资者投资的影响机制。通过分析机构投资者如何运用大数据提高融资方画像的准确性，以及运用金融科技如何减少面对面投资带来的主观偏见，建立了对应的模型来分析大数据和金融科技对金融投资的积极影响。同时，在上述模型的基础上，我们还探索了大数据发展和金融科技发展可能带来的数字鸿沟的影响。

第二，我们探讨了大数据和金融科技减小总偏差的内在机制以及数字鸿沟的负面效益。通过数字模拟我们发现，大数据和金融科技发挥作用主要依靠大数据和金融科技的信息识别精度以及受偏差影响人口占比。信息识别精度越高、受偏差影响人口占比越高，大数据和金融科技发挥积极作用的效果越强。与此同时，数字鸿沟通过提高数字鸿沟的信息识别精度、受大数据综合评分偏差影响人口占比和受在线问卷评分偏差影响人口占比以抵消大数据和金融科技的积极作用，产生了负面影响。最后我们还对正负两种作用下此消彼长的关系进行综合分析，得出了对机构投资者最有利的投资决策。

第三，基于我国机构投资者数据和数字普惠金融指数，我们探讨了大数据发展和金融科技发展能否提高融资方画像精度和减少偏差带来的影响。结果显示，两者对提高融资方画像精度、减少融资偏差具有积极的作用，表现在能显著提高机构投资者的投资额、降低投资风险。此外，我们还分析了大数据和金融科技发挥作用的三个主要渠道，并讨论了数字鸿沟对大数据和金融科技发展的消极影响。

第二章

大数据背景下投资者决策理论分析

在本章，我们构建了大数据背景下投资者决策的理论模型。其中，第一节涉及了中小投资者的投资决策模型，而第二节则涉及了机构投资者的投资决策模型。在中小投资者的投资决策模型中，一方面，我们考虑了金融科技对中小投资者和投资顾问的影响；另一方面，我们还探究了随着大数据发展应运而生的智能投资顾问对中小投资者和传统投资顾问的影响。在机构投资者的投资决策模型中，一方面，我们将传统投资模式和在大数据及金融科技加持下的新型投资模式进行对比，考虑机构投资者的不同行为和表现，探讨大数据和金融科技的积极作用；另一方面，我们还考虑数字鸿沟的影响，分析在数字化进程中，数字鸿沟的扩大是否会削弱大数据和金融科技的积极作用。

第一节　大数据背景下中小投资者决策理论分析

在本节，我们分别在智能投资顾问出现前和出现后的情形下，构建了中小投资者在大数据发展的背景下的投资决策模型，并得出中小投资者最优投资的显示解。为了更清晰地阐述我们所构建的理论模型，首先，我们介绍了模型构建过程中涉及的相关理论。其次，我们展示了智能投资顾问出现前的投资决策模型和智能投资顾问出现后的投资决策模型。最后，我们除了针对上述投资决策模型得出最优投资决策解以外，还推导了在智能投资顾问出现前的中小投资者选择传统投资顾问的财富水平阈值和在智能投资顾问出现后的中小投资者选择传统投资顾问和智能投资顾问的财富水平阈值。

一、理论基础

（一）死亡率模型

随着世界各国的人口老龄化程度的逐步加深，在考虑中小投资者的最优投资决策的同时将生命周期的因素纳入模型是十分具有现实意义的。因此，假设个人寿命是一个非负连续随机变量，T 表示中小投资者存活的随机时间。我们用 $F(t)$，$t \geq 0$ 表示累积分布函数，用 $f(t)$，$t \geq 0$ 表示密度函数。此外，我们设置 $\bar{F} = 1-F$。因此，我们可知中小投资者至少达到 t 岁的概率为

$$P(T \geq t) = 1-F(t) = \bar{F}(t) = \int_t^\infty f(s)\,ds \qquad (2.1)$$

类似地，我们可以将死亡率函数 λ 定义如下：

$$\lambda(t) = \frac{f(t)}{1-F(t)} \qquad (2.2)$$

（二）资本市场模型

为了简化市场模型，我们主要考虑存在无风险资产和风险资产的完整的资本市场的简单模型。因此，我们假设无风险资产的价格遵循以下过程：

$$dS_{t,0} = S_{t,0}rdt, \ S_{0,0}=s_0 \qquad (2.3)$$

其中，$S_{t,0}$ 表示无风险资产在时间 t 的价格，r 是无风险资产的收益率即利率。相对应地，风险资产的价格遵循以下过程：

$$dS_{t,1} = S_{t,1}(\mu dt + \sigma dB_t), \ S_{0,1}=s_1 \qquad (2.4)$$

其中，$S_{t,1}$ 表示风险资产在时间 t 的价格，μ 是预期收益率，σ 是风险资产在时间 t 的波动率，B_t 代表风险资产遵循几何布朗运动。这也意味着连续一段时间的风险资产的收益率，属于期望值为 μ 且标准差为 σ 的正态分布。

使用几何布朗运动来描述风险资产价格的原因有以下三点。首先，几何布朗运动的本质属于正态分布，而常用来衡量风险资产的股票已经被事实证明它的价格的收益率近似服从正态分布，这也符合常识。其次，几何布朗运动的性质隐含了风险资产如股票的价格属于一个马尔科夫过程。换句话说，此时风险资产的价格已经包含了对其未来进行预测活动的所有需要的信息。这个假设与弱有效市场假说相一致。最后，几何布朗运动本身的特质如时间上不可微以及二次变分不为 0 等符合风险资产如股票的收益率在时间上存在转折尖点的特征。

进一步地，为了求解上述随机微分方程，伊藤定理较好地解决了几何布朗运动时间上不可微的问题。首先，我们考虑一个一般函数 $f(x)$ 的泰勒展开：

$$f(x+\Delta x) - f(x) = f'(x)(\Delta x) + \frac{f''(x)}{x}(\Delta x)^2 + \cdots \qquad (2.5)$$

一般情形下，通过泰勒展开函数我们可得 $df = f'(x)\,dx$。究其原因，当 Δx 无限趋于 0 时，式（2.5）等号右侧除了第一项 $f'(x)(\Delta x)$ 以外，其他项都可以被认为属于高阶小量进而将其忽略不考虑。因此，原则上我们在 $x=B_t$ 的条件下通过泰勒展开可以得到下式以避免 B_t 不可微的问题：

$$df = f'\ (B_t)\ dB_t \tag{2.6}$$

但是，实际情况是不可行的。对 B_t 而言，二次变分不为 0 的性质使得 $x = B_t$ 条件下的泰勒展开式的等号右侧的第二项不属于高阶小量并且不能被忽略。因此，我们得到了伊藤定理的基本形式：

$$df\ (B_t)\ = f'\ (B_t)\ dB_t + \frac{1}{2} f''\ (B_t)\ dt \tag{2.7}$$

换句话说，几何布朗运动的特质会导致求解时需要在古典微积分的基础上额外考虑一项式。也因此，我们可以通过伊藤定理将几何布朗运动求解。

总体而言，几何布朗运动作为描述股价走势的有效模型，我们用它来描述风险资产价格是合理且有效的。

（三）常相对风险规避效用函数

常相对风险规避效用函数又称 CRRA 效用函数，是经济学中常用的效用函数形式的一种。它主要是用来描述在面临不确定性时的个人投资者的决策行为和风险偏好。具体而言，CRRA 效用函数的基本表达式为

$$U\ (c)\ = \frac{c^{1-\theta} - 1}{1 - \theta} \tag{2.8}$$

其中，θ 为常数，代表个人投资者对风险的规避程度，并且 $\theta > 0$，$\theta \neq 1$。而 U (c) 代表个人投资者能够获得的效用水平。

CRRA 效用函数的特征包括以下三方面：首先，当 $\theta = 1$ 时，原效用函数的表达式会更改为对数型效用函数即 $U\ (c)\ = \ln c$。这是因为 $\lim_{\theta \to 1} \frac{c^{1-\theta} - 1}{1 - \theta} = \frac{0}{0}$，基于洛必达法则，我们可得 $\lim_{\theta \to 1} \frac{c^{1-\theta} - 1}{1 - \theta} = \lim_{\theta \to 1} \frac{-c^{1-\theta} \ln c}{-1} = \ln c$。其次，一般情形下，我们通过判定效用函数的二阶导数的正负关系辨认个人投资者对风险的态度偏好。当效用函数的二阶导数为正时，我们认为个人投资者为风险偏好的投资者；当效用函数的二阶导数为负时，我们认为个人投资者为风险规避的投资者；当效用函数的二阶导数为零时，我们认为个人投资者为风险中性的投资者。上述做法仅能判断个人投资者对风险态度的偏好方向，具体衡量个人投资者的风险态度的偏好程度的方法为构建效用函数的二阶导数与一阶导数的比值，即 $a = -\frac{u''\ (c)}{u'\ (c)}$。此外，二阶导数与一阶导数的比值与 c 的乘积则被视为相对风险回避程度的度量指标，即 $ac = -\frac{cu''\ (c)}{u'\ (c)} = \theta$。也正是由于 CRRA 效用函数的相对风险回避程度与 c 无关，所以该效用函数也被称为常相对风险规避型效用函数。

最后，CRRA 函数的跨期替代弹性也是固定的常数为 $\frac{1}{\theta}$。因此，该效用函数也被称为固定跨期替代弹性（CIES）效用函数。

在本书中，我们主要利用 CRRA 效用函数刻画个人投资者的消费效用并进一步推导其消费行为的总体趋势。

二、智能投资顾问出现前

（一）未受到金融科技影响的投资顾问对中小投资者投资的影响

考虑中小投资者的寿命是一个非负的随机变量，我们用其存活的随机时间 T 来表示。此外，我们用 $f(t)$（$t \geq 0$）表示密度函数，$F(t)$（$t \geq 0$）表示累积分布函数。同时假定 $\bar{F}(t) = 1 - F(t)$。[①] 也就是说，

$$P(T \leq t) = F(t) = \int_{-\infty}^{t} f(s)\,ds \tag{2.9}$$

$$P(T \geq t) = 1 - F(t) = \int_{t}^{+\infty} f(s)\,ds \tag{2.10}$$

因此，死亡率 k 被定义为

$$k(t) = \frac{f(t)}{1 - F(t)} \tag{2.11}$$

我们假设中小投资者开始进行投资时的初始财富为 W_0，并且初始财富用于消费和投资。与此同时，中小投资者在投资过程中可以自主选择是否聘请投资顾问帮助投资。如果选择投资顾问可以帮助中小投资者获得更多的投资收益，他们将会选择雇佣投资顾问；否则，他们将自己管理资产。

我们假设如果中小投资者选择自己投资，则风险资产组合的平均预期收益为 μ_1，平均波动率为 σ_1。[②] 同时，我们假设风险资产的投资组合遵循几何布朗运动

$$dS_{t,1} = S_{t,1}(\mu_1 dt + \sigma_1 dB_t) \tag{2.12}$$

其中，$S_{t,1}$ 代表投资组合中风险资产的价值。

如果中小投资者选择雇佣投资顾问，则需要支付管理费用 $f_1(w)$，我们假定费用如下所示：

$$f_1(w) = \varphi_1 + \lambda w \tag{2.13}$$

① KREMER A, LIESE F, HOMOELLE S, et al. Optimal consumption and portfolio choice of retirees with longevity risk [J]. Journal of pension economics & finance, 2014 (3): 227-249.

② MERTON R C. Optimum consumption and portfolio rules in a continuous-time model [J]. Journal of economic theory, 1971 (4): 621-661.

其中，φ_1 包含了两类固定成本：搭建平台或者系统的固定成本，与每位顾客建立关系的固定成本。λ 代表加价系数。由于中小投资者在自行投资时无须支付这笔管理费用，因此我们在此假设 $\varphi_1 = 0$ 和 $f_1(w) = 0$。

我们用 W_t 表示中小投资者在 t 时刻的财富水平，并且中小投资者投资 $\xi_{t,1} W_t$ 于风险资产，投资 $(1-\xi_{t,1}) W_t$ 于无风险资产。此时的消费为 $c_{t,1}$。因此，财富水平的变化过程表示为

$$dW_t = (1-\xi_{t,1}) rW_t dt + \xi_{t,1} W_t (\mu_1 dt + \sigma_1 dB_t) - c_{t,1} dt \qquad (2.14)$$

当中小投资者聘请投资顾问帮助他进行投资时，他通常会获得更高的预期回报和更低的风险。因此，可以合理地假设，当投资顾问帮助中小投资者管理他的资产时，风险资产组合的平均预期收益为 μ_2（$\mu_2 = \mu_1 + \bar{\mu}$，$\bar{\mu} > 0$），平均波动率为 $\sigma_2 = \sigma_1 - \bar{\sigma}$，$0 < \bar{\sigma} < \sigma_1$。同样地，我们假设投资顾问管理的投资组合遵循几何布朗运动

$$dS_{t,2} = S_{t,2} (\mu_2 dt + \sigma_2 dB_t) \qquad (2.15)$$

其中，$S_{t,2}$ 代表投资顾问管理的风险资产的价值。

管理费用如下：

$$f_2(w) = \varphi_2 + \lambda w \qquad (2.16)$$

此外，我们假设 φ_2 遵循

$$\varphi_2 = \varphi_1 + \bar{\varphi}, \ (\bar{\varphi} > 0) \qquad (2.17)$$

一旦中小投资者决定选择投资顾问，他们就必须支付固定成本 φ_2，该成本是恒定的，独立于投资顾问管理的财富。因此，我们认为，如果中小投资者聘请投资顾问，则初始的财富水平是 $W_t - \varphi_2$。

相似地，我们假设投资顾问投资 $\xi_{t,2} (W_t - \varphi_2)$ 于风险资产，投资 $(1-\xi_{t,2}) (W_t - \varphi_2)$ 于无风险资产。此时消费为 $c_{t,2}$，财富水平的变化表示为

$$dW_t = (1-\xi_{t,2}) r (W_t - \varphi_2) dt + \xi_{t,2} (W_t - \varphi_2) (\mu_2 dt + \sigma_2 dB_t) - c_{t,2} dt - \lambda \xi_{t,2} (W_t - \varphi_2) dt = (1-\xi_{t,2}) r (W_t - \varphi_2) dt + \xi_{t,2} (W_t - \varphi_2) ((\mu_2 - \lambda) dt + \sigma_2 dB_t) - c_{t,2} dt \qquad (2.18)$$

在此，我们认为规避风险的中小投资者的经典消费效用 $c_{t,i}$（$i = 1, 2$）如下：

$$U_\gamma (t, c_{t,i}) = \exp \{-\delta t\} \frac{1}{1-\gamma} c_{t,i}^{1-\gamma} \qquad (2.19)$$

其中，δ 代表时间偏好率，$\exp \{-\delta t\}$ 意味着贴现因子，γ 则是风险厌恶系数。

参考 Kremer 等的研究结果，我们可以得到以下关键结论。

命题 1　当中小投资者自行投资时，无遗赠动机的最优策略为

$$\xi_{t,1}^* = \frac{\mu_1 - r}{\gamma \sigma_1} \qquad (2.20)$$

$$C_{t,1}^* = W_t \frac{k - \Lambda_1}{\gamma} \qquad (2.21)$$

其中，$\Lambda_1 = \frac{1}{2} \frac{1-\gamma}{\gamma} \frac{(\mu_1 - r)^2}{\sigma_1^2} + (1-\gamma) r - \delta$。

当中小投资者选择投资顾问帮助投资时，最优策略为

$$\xi_{t,2}^* = \frac{\mu_2 - \lambda - r}{\gamma \sigma_2} \qquad (2.22)$$

$$C_{t,2}^* = (W_t - \varphi_2) \frac{k - \Lambda_2}{\gamma} \qquad (2.23)$$

其中，$\Lambda_2 = \frac{1}{2} \frac{1-\gamma}{\gamma} \frac{(\mu_2 - \lambda - r)^2}{\sigma_2^2} + (1-\gamma) r - \delta$。

备注1：当中小投资者认为投资顾问管理的投资组合的预期收益减去加价系数后高于自己管理的投资组合的预期收益时，他们才会聘请投资顾问。因此，我们假设 $\mu_2 - \lambda > \mu_1$。由于 $r < \mu_1$，我们可以很容易地得到 $\mu_2 - \lambda > r$。

除了预期回报，还有什么因素会影响中小投资者是否聘请投资顾问呢？我们认为，当期的财富水平是影响中小投资者决策的关键因素。也就是说，当

$$(1 - \xi_{t,1}^*) r W_t + \xi_{t,1}^* \mu_1 W_t - r C_{t,1}^* \leq (1 - \xi_{t,2}^*) r (W_t - \varphi_2) + \xi_{t,2}^* \mu_2 (W_t - \varphi_2) - r C_{t,2}^* - r \lambda \xi_{t,2}^* (W_t - \varphi_2) \qquad (2.24)$$

中小投资者将会选择聘请投资顾问帮助投资。

根据命题1的结果，我们可以得出一个重要的结论。

结论1 当中小投资者在 t 期的财富水平高于阈值 $W_{t,0}$ 时，

$$W_{t,0} = \frac{(\mu_2 - r) \frac{\mu_2 - \lambda - r}{\gamma \sigma_2} \varphi_2 + r \varphi_2 - r \lambda \frac{\mu_2 - \lambda - r}{\gamma \sigma_2} \varphi_2 - r \frac{k - \Lambda_2}{\gamma} \varphi_2}{r (\frac{k - \Lambda_1}{\gamma} - \frac{k - \Lambda_2}{\gamma}) + \frac{\mu_2 - \lambda - r}{\gamma \sigma_2} (\mu_2 - r - r \lambda) - \frac{\mu_1 - r}{\gamma \sigma_1} (\mu_1 - r)} \leq W_t \qquad (2.25)$$

他们将雇佣投资顾问。否则，他们将选择自己投资。

此证明见附录1。

也就是说，投资顾问仅会为拥有一定财富的中小投资者提供资产管理服务。如果中小投资者没有足够的财富，投资顾问则无法帮助他们获得比自己投资更多的预期回报。

备注2：在上述结果的基础上，我们可以相信 $W_{t,0} > 0$。这是保证阈值的经济

意义的重要条件。

结论的详细证明见附录 2。

（二）受到金融科技影响的投资顾问对中小投资者消费和投资的影响

我们假设如果金融科技影响投资顾问的投资，他们将获得更高的风险资产组合的平均预期收益 $\mu_3$① 和更低的平均波动率 $\sigma_3$②。我们还假设

$$\mu_3 = \mu_2 + k_1 \times \ln Fin, \ (k_1 \times \ln Fin \geq 0) \tag{2.26}$$

$$\sigma_3 = \sigma_2 - k_2 \times \ln Fin, \ (0 \leq k_2 \times \ln Fin < \sigma_2) \tag{2.27}$$

很明显 $\mu_1 < \mu_2 < \mu_3$，$\sigma_1 > \sigma_2 > \sigma_3$，并且 k_i（$i=1$，2）是相关敏感性系数，$\ln Fin$ 表明金融科技发展水平。

我们假设受到金融科技影响的投资顾问管理的投资组合遵循

$$dS_{t,3} = S_{t,3} \ (\mu_3 dt + \sigma_3 dB_t) \tag{2.28}$$

其中，$S_{t,3}$ 代表受到金融科技影响的投资顾问管理的风险资产的价值。

为了雇佣受到金融科技影响的投资顾问，中小投资者仍然需要支付相应的管理费用 $f_3(w)$。我们假设此费用遵循

$$f_3(w) = \varphi_3 + \lambda w \tag{2.29}$$

其中，我们考虑

$$\varphi_3 = \varphi_2 - k_3 \times \ln Fin, \ 0 \leq k_3 \times \ln Fin < \varphi_2 \tag{2.30}$$

因为金融科技对投资顾问降低每位客户的维护和管理成本有积极影响。③ 换句话说，金融科技的出现有利于投资顾问轻松地管理大量客户。与备注 1 类似，$\mu_3 - \lambda > \mu_2 - \lambda > \mu_1 > r$。

备注 3：随着金融科技发展水平的提高，投资顾问可以通过大数据和智能投资顾问等新兴技术显著降低每位客户的服务成本并提高效率。这些技术可以轻松管理大量客户，提升资产管理能力。因此，我们假设 φ 和 σ 会随着金融科技水平的上升而下降，并且 μ 会随着金融科技水平的上升而上升。此外，当金融科技水平为 0 即 $\ln Fin = 0$ 时，$\mu_2 = \mu_3$，$\sigma_2 = \sigma_3$ 并且 $\varphi_2 = \varphi_3$，即未受到金融科技影响的投资顾问。这也可以理解为一种特例。

① DONG J, YIN L, LIU X, et al. Impact of Internet finance on the performance of commercial banks in China [J]. International review of financial analysis, 2020 (11)：1-12.

② ZHANG A L, WANG S Y, LIU B, et al. How Fintech impacts pre-and post-loan risk in Chinese commercial banks [J]. International journal of finance & economics, 2020 (2)：2514-2529.

③ GOLDFARB A, TUCKER C. Digital economics [J]. Journal of economic literature, 2019 (1)：3-43.

进而，当

$$(1-\xi_{t,1}^*)\ rW_t+\xi_{t,1}^*\ \mu_1 W_t-rC_{t,1}^* \leqslant (1-\xi_{t,3}^*)\ r\ (W_t-\varphi_3)+\xi_{t,3}^*\mu_3\ (W_t-\varphi_3)-$$
$$rC_{t,3}^*-r\lambda\xi_{t,3}^*\ (W_t-\varphi_3) \tag{2.31}$$

中小投资者将会选择受到金融科技影响的投资顾问帮助投资。否则，中小投资者会选择自己投资。

在我们研究与中小投资者财富水平相关的关键结论之前，有必要提出一个类似于命题1的命题。

命题2　当中小投资者选择受到金融科技影响的投资顾问帮助投资的时候，最优策略为

$$\xi_{t,3}^* = \frac{\mu_3-\lambda-r}{\gamma\sigma_3} \tag{2.32}$$

$$C_{t,3}^* = (W_t-\varphi_3)\ \frac{k-\Lambda_3}{\gamma} \tag{2.33}$$

其中，$\Lambda_3 = \dfrac{1}{2}\dfrac{1-\gamma}{\gamma}\dfrac{(\mu_3-\lambda-r)^2}{\sigma_3^2}+(1-\gamma)\ r-\delta$。

与结论1相似，与金融科技影响下的投资顾问相关的重要结论如下。

结论2　当

$$W_{t,1} = \frac{(\mu_3-r)\ \dfrac{\mu_3-\lambda-r}{\gamma\sigma_3}\varphi_3+r\varphi_3-r\lambda\dfrac{\mu_3-\lambda-r}{\gamma\sigma_3}\varphi_3-r\dfrac{k-\Lambda_3}{\gamma}\varphi_3}{r\ (\dfrac{k-\Lambda_1}{\gamma}-\dfrac{k-\Lambda_3}{\gamma})\ +\dfrac{\mu_3-\lambda-r}{\gamma\sigma_3}\ (\mu_3-r-r\lambda)\ -\dfrac{\mu_1-r}{\gamma\sigma_1}\ (\mu_1-r)} \geqslant W_t \tag{2.34}$$

中小投资者会选择自己投资。否则，中小投资者将会选择受到金融科技影响的投资顾问。

证明见附录3。

备注4：与备注2相似，我们认为 $W_{t,1} \geqslant 0$。这也是保证财富水平阈值经济意义的重要条件。

三、智能投资顾问出现后

（一）传统投资顾问对中小投资者投资的影响

与前文智能投资顾问出现前的基本假设相同，我们在此假设中小投资者的死亡率为 $k\ (t)\ =f\ (t)\ /\ (1-F\ (t))$，他们的风险资产的投资组合遵循几何布朗运动，即 $dS_{t,1}=S_{t,1}\ (\mu_1 dt+\sigma_1 dB_t)$。相似地，若中小投资者选择雇佣投资顾问，则他们需要支付管理费用 $f_1\ (w)\ =\varphi_1+\lambda w$。此外，我们用 W_t 表示中小投资

者在 t 时刻的财富水平，并且中小投资者投资 $\xi_{t,1}W_t$ 于风险资产，投资 $(1-\xi_{t,1})$ W_t 于无风险资产。此时的消费为 $c_{t,1}$。因此，财富水平的变化过程表示为

$$dW_t = (1-\xi_{t,1}) rW_t dt + \xi_{t,1}W_t (\mu_1 dt + \sigma_1 dB_t) - c_{t,1}dt \qquad (2.35)$$

同样地，我们假设传统投资顾问管理的投资组合遵循几何布朗运动，即 $dS_{t,2}=S_{t,2} (\mu_2 dt+\sigma_2 dB_t)$。其中，传统投资顾问的风险资产组合的平均预期收益为 μ_2（$\mu_2=\mu_1+\bar{\mu}$，$\bar{\mu}>0$），平均波动率为 σ_2（$\sigma_2=\sigma_1-\bar{\sigma}$，$0<\bar{\sigma}<\sigma_1$）。管理费用设为 $f_2(w)=\varphi_2+\lambda w$。此外，我们假设传统投资顾问投资 $\xi_{t,2}(W_t-\varphi_2)$ 于风险资产，投资 $(1-\xi_{t,2})(W_t-\varphi_2)$ 于无风险资产。此时消费为 $c_{t,2}$，财富水平的变化表示为

$$dW_t = (1-\xi_{t,2}) r (W_t-\varphi_2) dt + \xi_{t,2} (W_t-\varphi_2) (\mu_2 dt+\sigma_2 dB_t) - c_{t,2}dt - \lambda\xi_{t,2} (W_t-\varphi_2) dt = (1-\xi_{t,2}) r (W_t-\varphi_2) dt + \xi_{t,2} (W_t-\varphi_2) ((\mu_2-\lambda) dt+\sigma_2 dB_t) - c_{t,2}dt \qquad (2.36)$$

自然而然地，所得结论与前文相同，即当中小投资者在 t 期的财富水平高于阈值 $W_{t,0}$ 时，他们将雇佣投资顾问。否则，他们将选择自己投资。

（二）智能投资顾问对中小投资者投资的影响

我们假设当智能投资顾问帮助中小投资者投资时，他们的风险资产组合的平均预期收益为 μ_3，平均波动率为 σ_3。同时，我们假设 $\mu_1<\mu_3<\mu_2$ 和 $\sigma_1>\sigma_3>\sigma_2$。同样地，我们假设智能投资顾问管理的投资组合遵循几何布朗运动，即

$$dS_{t,3}=S_{t,3} (\mu_3 dt+\sigma_3 dB_t) \qquad (2.37)$$

其中，$S_{t,3}$ 代表智能投资顾问管理的投资组合的风险资产的价值。

中小投资者选择智能投资顾问帮助管理资产的同时，需要支付一定的费用，我们假设为

$$\bar{f}(w)=\bar{\varphi}+\lambda w \qquad (2.38)$$

其中，我们认为 $\bar{\varphi}<\varphi$。因为智能投资顾问虽然需要支付更高的固定进入成本，但人均管理客户的成本相对较低。换句话说，相较于传统投资顾问，智能投资顾问能够轻易地同时管理足够多的客户。与备注1相似，$\mu_2-\lambda>\mu_3-\lambda>\mu_1>r$。

我们需要考虑以下两种情况。

（i）当

$$(1-\xi_{t,1}^*) rW_t+\xi_{t,1}^*\mu_1 W_t-rC_{t,1}^* \leq (1-\xi_{t,3}^*) r (W_t-\bar{\varphi}) +\xi_{t,3}^*\mu_3 (W_t-\bar{\varphi}) -rC_{t,3}^*-r\lambda\xi_{t,3}^* (W_t-\bar{\varphi}) \qquad (2.39)$$

中小投资者将会选择智能投资顾问。否则，他们将会自己投资。

（ii）当

$$(1-\xi_{t,3}^{*})\ r\ (W_{t}-\bar{\varphi})\ +\xi_{t,3}^{*}\mu_{3}\ (W_{t}-\bar{\varphi})\ -rC_{t,3}^{*}-r\lambda\xi_{t,3}^{*}\ (W_{t}-\bar{\varphi})\ \leqslant\ (1-\xi_{t,2}^{*})\ r$$

$$(W_{t}-\bar{\varphi})\ +\xi_{t,2}^{*}\mu_{2}\ (W_{t}-\bar{\varphi})\ -rC_{t,2}^{*}-r\lambda\xi_{t,2}^{*}\ (W_{t}-\bar{\varphi}) \tag{2.40}$$

中小投资者将会选择传统投资顾问。否则，他们会选择智能投资顾问。

类似地，在我们研究与中小投资者财富水平相关的关键结论之前，有必要提出一个类似于命题 1 的命题。

命题 3　当中小投资者选择智能投资顾问帮助投资的时候，最优策略为

$$\xi_{t,3}^{*}=\frac{\mu_{3}-\lambda-r}{\gamma\sigma_{3}} \tag{2.41}$$

$$C_{t,3}^{*}=\ (W_{t}-\varphi_{3})\ \frac{k-\varLambda_{3}}{\gamma} \tag{2.42}$$

其中，$\varLambda_{3}=\dfrac{1}{2}\dfrac{1-\gamma}{\gamma}\dfrac{(\mu_{3}-\lambda-r)^{2}}{\sigma_{3}^{2}}+\ (1-\gamma)\ r-\delta$。

与结论 1 相似，与智能投资顾问相关的重要结论如下。

结论 3　（i）当

$$W_{t,1}=\frac{(\mu_{3}-r)\ \dfrac{\mu_{3}-\lambda-r}{\gamma\sigma_{3}}\bar{\varphi}+r\bar{\varphi}-r\lambda\ \dfrac{\mu_{3}-\lambda-r}{\gamma\sigma_{3}}\bar{\varphi}-r\bar{\varphi}\ \dfrac{k-\varLambda_{3}}{\gamma}}{r\ (\dfrac{k-\varLambda_{1}}{\gamma}-\dfrac{k-\varLambda_{3}}{\gamma})\ +\dfrac{\mu_{3}-\lambda-r}{\gamma\sigma_{3}}\ (\mu_{3}-r-r\lambda)\ -\dfrac{\mu_{1}-r}{\gamma\sigma_{1}}\ (\mu_{1}-r)}\geqslant W_{t} \tag{2.43}$$

中小投资者会选择自己投资。

（ii）当

$$W_{t,1}\leqslant W_{t}\leqslant$$

$$\frac{(\mu_{2}-r-r\lambda)\ \dfrac{\mu_{2}-\lambda-r}{\gamma\sigma_{2}}\bar{\varphi}+r\ (\varphi-\bar{\varphi})\ -\ (\mu_{3}-r-r\lambda)\ \dfrac{\mu_{3}-\lambda-r}{\gamma\sigma_{3}}\bar{\varphi}-r\ (\dfrac{k-\varLambda_{2}}{\gamma}\bar{\varphi}-\dfrac{k-\varLambda_{3}}{\gamma}\bar{\varphi})}{r\ (\dfrac{k-\varLambda_{3}}{\gamma}-\dfrac{k-\varLambda_{2}}{\gamma})\ +\dfrac{\mu_{2}-\lambda-r}{\gamma\sigma_{2}}\ (\mu_{2}-r-r\lambda)\ -\dfrac{\mu_{3}-\lambda-r}{\gamma\sigma_{3}}\ (\mu_{3}-r-r\lambda)}=W_{t,2}$$

$$\tag{2.44}$$

中小投资者会选择智能投资顾问帮助投资。

（iii）当 $W_{t,1}\geqslant W_{t,2}$ 时，中小投资者将会选择传统投资顾问帮助投资。

证明见附录 4。

备注 5：与备注 2 相似，我们认为 $W_{t,1}\geqslant 0$ 且 $W_{t,2}\geqslant 0$。这也是保证财富水平阈值经济意义的重要条件。

第二节 大数据背景下机构投资者决策理论分析

可以发现，传统的投资偏差主要来自两方面。一方面，传统数据库记录的数据不够全面，无法准确反映融资方股票、基金等产品的特征；另一方面，机构投资者和融资方面对面贷款时的主观判断失误。大数据出现后，可利用大量与融资方行为相关的信息，比传统数据更全面、更准确地分析融资方的发展能力和融资产品的盈利前景。同时，金融科技的发展也使得避免上述主观偏差成为可能，因为机构投资者不用面对面了解被投资产品、与融资方签订投资协议、确定投资金额。然而，在现实中年龄较大和受教育程度低的机构投资者对互联网的运用有限。因此，大数据和金融科技可能会造成数字鸿沟，即大数据和金融科技的广泛应用可能会在机构投资者投资决策中带来新的偏差。

我们专注于大数据和金融科技能否缓解机构投资者的投资偏差的问题。基于此，理论模型分为三部分。第一部分分析传统投资方式对融资方产生的偏差，第二部分研究大数据和金融科技如何克服这些类型的偏差，第三部分讨论大数据和金融科技带来的数字鸿沟是否会产生新的偏差。

一、理论基础

在传统的信贷方式中，信贷机构主要依赖客户的信用评分决定是否给客户提供贷款。但许多潜在借款人无法通过传统方法进行正确评分。例如，在美国，约有 5000 万成年人没有信用评分，另有 5000 万人的次级贷款评分非常不准确。[①] 因此，信贷机构开始使用新的消费者行为数据，如电话账单、购物记录、订阅或浏览记录。与传统数据相比，这些数据的结构性较差，新的贷款机构通常依赖机器学习算法来有效利用这些数据。整个过程称为大数据和机器学习（BDML）。BDML 能够有效地帮助缺乏可靠评分的借款人获得信贷。

用一维变量 q 来反映个人的信用质量。q 的分布为正态分布，均值为 $\bar{q}$，方差为 $\bar{\sigma}^2$。客户画像的精度可定义为

$$\bar{\tau} = \frac{1}{\bar{\sigma}^2} \tag{2.45}$$

所有贷款人都会观察到一个关于借款人信用质量的量化指标

---

① 数据来源：Fair Isaac Credit Organization，FICO。

$$y_1 = q + \varepsilon_1 \tag{2.46}$$

其中，ε_1 为正态分布，均值为 0，精确度为 τ_1。我们可以将 y_1 视为标准信用评分。观察到指标 y_1 后，q 的条件分布为正态分布，均值为

$$E\left[q \mid y_1\right] = \frac{\bar{\tau}\bar{q} + \tau_1 y_1}{\bar{\tau} + \tau_1} \tag{2.47}$$

其中，精确度为 $\bar{\tau} + \tau_1$。现在假设人口包括两个群体，用 z 表示：一个多数群体 $z = A$，一个少数群体 $z = B$。如果贷款人以群体成员身份为条件，则条件期望值变为

$$E\left[q \mid y_1, z\right] = \frac{\bar{\tau}\bar{q}_z + \tau_{1,z} y_1}{\bar{\tau} + \tau_{1,z}} \tag{2.48}$$

假设少数群体的平均信用质量较低，$\bar{q}_B \leqslant \bar{q}_A$。为简单起见，假设 $\bar{\tau}_A = \bar{\tau}_B$ 对两组都是相同的，但总体方差不同。关于客户画像偏差的经典论点为标准数据有利于大多数人，即 $\tau_{1,B} < \tau_{1,A}$。传统指标的精确度较低可能是由于少数群体中缺失数据的发生率较高。

统计上偏差指的是，只要指标 y_1 有干扰因素，后验就会给先验加一个正权重。因此，对于给定的指标 y_1，多数成员会比少数成员得到更好的分数。然而，在统计偏差中，不存在平均偏差，因为条件期望的平均值是精确的，所以对于所有的 z，真实的群体平均值为

$$E\left[E\left[q \mid y_1, z\right]\right] = \bar{q}_z \tag{2.49}$$

Aigner 和 Cain 等人认为，统计偏差不太可能解释我们在经验中观察到的所有甚至大部分偏差现象。[1] Dobbie 等人认为，企业内部激励机制的错位也会导致偏差。他们发现，对贷款人员的短期激励造成了对移民的长期偏见。[2] 因此，我们考虑了贷款决策中更严重的偏差问题。

（一）传统贷款人

传统贷款人与借款人面对面。这样做有两个结果：他们直接观察 z 的类型，并产生另一个关于信贷质量的指标 $u = q + \varepsilon_u$，精确度为 u_τ。有了这两个指标后，q 的分布是正态分布，均值为

---

① AIGNER D J, CAIN G G. Statistical theories of discrimination in labor markets [J]. Industrial and labor relations review, 1977 (2)：175–187.

② DOBBIE W, LIBERMAN A, PARAVISINI D, et al. Measuring bias in consumer lending [J]. Review of economic studies, 2021 (6)：2799–2832.

$$E\left[q|y_1, z\right] = \frac{\tau_1 \bar{q}_z + \tau_u u + \tau_{1,z} y_1}{\bar{\tau} + \tau_u + \tau_{1,z}} \quad (2.50)$$

精确度为 $\bar{\tau} + \tau_u + \tau_1$。假设贷款人员对少数人的看法有偏差，他们认为平均贷款质量为

$$\hat{q}_B = \bar{q}_B - \delta \quad (2.51)$$

我们可以将 δ 视为偏见或负面刻板印象的结果。贷款人的条件期望为

$$E\left[y_1, u; B\right] = \frac{\bar{\tau}\left(\bar{q}_B - \delta\right) + \tau_u u + \tau_{1,B} y_1}{\tau + \tau_u + \tau_{1,B}} \quad (2.52)$$

需要注意到平均统计偏差，简单来说就是

$$E\left[E\left[y_1, u; B\right]|B\right] - \bar{q}_B = \bar{\delta}_B - \frac{\delta}{\bar{\tau} + \tau_M + \tau_{1,B}} \quad (2.53)$$

如果偏见 δ 较大并且指标不精确（$\tau_{1,B}$ 较小），少数群体可能会受到更大的伤害。

法规监管机构通常会对在贷款决策中使用群体身份的行为施加限制。我们可以通过假定法规明确阻止贷款人以 z 为条件来捕捉这一想法。这样，传统贷款人的得分就变成了

$$T\left(y_1, u; B\right) = \frac{\bar{\tau}\left(\bar{q} - \delta\right) + \tau_u u + \tau_1 y_1}{\bar{\tau} + \tau_u + \tau_1} \quad (2.54)$$

独立于 $z = B$。主观偏差仍然存在，平均而言，我们有

$$E\left[T\left[y_1, u; B\right]|B\right] = \bar{q}_B - \frac{\bar{\tau}\left(\delta - \bar{d}\right)}{\bar{\tau} + \tau_u + \tau_1} \quad (2.55)$$

其中，$\bar{d} = \bar{q} - \bar{q}_B$，反映了防止基于群体地位的统计歧视的法规约束。与实证文献一致，假设法规并未完全消除负偏差，即 $0 \leq \bar{d} < \delta$。

（二）单变量无偏金融科技贷款

金融科技贷款机构不与客户面对面，但他们可以获得另一种量化指标 $y_2 = q + \varepsilon_2$，其中，ε_2 为正态分布，均值为 0，精确度为 τ_2。我们将这种指标视为来自非标准数据源，如社交媒体足迹或互联网浏览历史。由于每个人都有浏览历史，几乎每个人都会使用社交媒体，因此，新数据源不再偏向大多数人。因此，我们假设 $\tau_{2B} = \tau_{2A}$。

将基于 y_2 的借贷称为单变量无偏差金融科技借贷。所谓无偏，是指算法在面对面的互动中不会受到人类偏见的影响。因此，y_2 是一个无偏估计值。这里所说的单变量是指指标只与 q 有关，尤其是不包含关于 z 的直接信息。由于群体平均值 $\bar{q}_z$ 的差异，它与 z 是相关的，但以 q 为条件，不传递关于 z 的信息。我们

的研究中将放宽这两个假设，假设 q 的条件分布是正态分布，均值为

$$E\left[q|y_1,\ y_2\right]=\frac{\bar{\tau}q+\tau_1y_1+\tau_2y_2}{\bar{\tau}+\tau_1+\tau_2} \tag{2.56}$$

精确度为 $\bar{\tau}+\tau_1+\tau_2$。平均而言，条件为 $z=B$ 时，有

$$E\left[E\left[q|y_1,\ y_2\right]|B\right]=q_B+\frac{\bar{\tau}d}{\bar{\tau}+\tau_1+\tau_2} \tag{2.57}$$

我们可以从普通少数群体借款人的角度，将金融科技贷款与传统贷款进行比较：

$$E\left[E\left[q|y_1,\ y_2\right]|B\right]-E\left[T\left[y_1,\ u;\ B\right]|B\right]$$

$$=\frac{\bar{\tau}d}{\bar{\tau}+\tau_1+\tau_2}+\frac{\bar{\tau}\ (\delta-\bar{d})}{\bar{\tau}+\tau_u+\tau_1} \tag{2.58}$$

$$=\frac{\bar{\tau}+\tau_u+\tau_1}{}\left(\delta-\bar{d}\ \frac{\tau_2-\tau_u}{\bar{\tau}+\tau_1+\tau_2}\right)$$

这里 $\dfrac{\bar{\tau}\delta}{\bar{\tau}+\tau_u+\tau_1}$ 代表为避免面对面借贷产生偏见所带来的收益。由于我们假设算法不存在偏见，因此这一项为正值。第二个项的正负取决于大数据分析的质量。有充分的现实证据表明替代数据源能提高指标质量，我们可以假设 $\tau_2>\tau_u$，在这种情况下，该项为负。由于金融科技借贷更为精确，它对先验数据的权重较低，从而减少了少数人享有的监管补贴。值得注意的是，两种效应的总和 $\delta-\bar{d}$ $\dfrac{\tau_2-\tau_u}{\bar{\tau}+\tau_1+\tau_2}$ 总是为正值。由此，我们可以得出以下结论。

引理1　无偏见的单变量金融科技贷款减少了因对少数群体的偏见而产生的偏差。

该结论强调了新兴贷款技术的基本优势来自两方面：无偏见和更精确的指标。即使没有金融科技贷款人，让传统贷款人获得指标 y_2 也会减少对少数人的偏见。

如果传统贷款人也观察得到 y_2，两种效益的共同作用下将形成

$$\frac{\bar{\tau}\ (\bar{q}-\delta)\ +\tau_uu+\tau_1y_1+\tau_2y_2}{\bar{\tau}+\tau_u+\tau_1+\tau_2} \tag{2.59}$$

而偏差将减小为

$$\frac{\bar{\tau}\ (\delta-\bar{d})}{\bar{\tau}+\tau_u+\tau_1+\tau_2} \tag{2.60}$$

如果 τ_2 很高，偏差就会变小。接下来，我们来看看大数据包含多个指标的情况。

（三）多变量无偏金融科技贷款

上述模型没有反映出决策者对大数据的一个普遍担忧，即大数据会无意中发现群体成员身份的替代物。正如 Barocas 和 Selbst 所写："如果不加注意，数据挖掘可能会重现现有的歧视模式，继承先前决策者的偏见，或者仅仅反映社会中普遍存在的偏见。数据挖掘甚至会产生一种反常的结果，即通过暗示历史上处于不利地位的群体实际上应该得到较差的待遇，从而加剧现有的不平等现象。"[①]

因此，我们假设，除了 y_2 作为 q 的替代值之外，大数据分析还生成了 z 的替代值。BDML 系统寻找信息，只要 z 具有信息性，并且可以在数据中构建 z 的替代值，那么系统就会找到并使用它。假设信息的形式是关于 z 的指标 s，假设金融科技贷款人的条件期望是

$$E\left[q|y_1,y_2;B\right]=\frac{\bar{\tau}\bar{q}_B+\tau_1 y_1+\tau_2 y_2}{\bar{\tau}+\tau_1+\tau_2} \tag{2.61}$$

其中，$\bar{q}_B$ 在这是无偏估计值。因此

$$E\left[q|y_1,y_2;B\right]=\bar{q}_B>E\left[T\left(y_1,u;B\right)|B\right] \tag{2.62}$$

引理2 即使大数据和机器学习导致群体成员的间接代理，金融科技贷款仍会减少对少数群体的偏见。

即使在最极端的情况下，无偏见的金融科技贷款也会产生统计歧视。如果少数群体在金融科技时代前遭受偏见，那么当金融科技贷款机构进入市场时，他们的福利应该会增加。这与 Bartlett 等人的验证一致，他们发现金融科技算法的歧视程度比面对面贷款人低40%。[②]

（四）有偏差的多元金融科技贷款

假设金融科技工程师也和贷款专员存在同样的偏见，并将这种偏见输出到他们的算法中。一旦 BDML 构建了 z 的替代值，它就会像面对面的贷款官一样，对少数群体借款人的真实质量进行惩罚。在这种情况下，有偏差的条件期望值

---

① BAROCAS S, SELBST A. Big Data's disparate impact [J]. California law review, 2016 (3)：671-732.

② BARTLETT R, MORSE A, STANTON R, et al. Consumer-lending discrimination in the Fintech era [J]. Journal of financial economics, 2022 (1)：30-56；李志赟. 银行结构与中小企业融资 [J]. 经济研究, 2002 (6)：38-45, 94.

变成

$$E\left[q|y_1,\ y_2;\ B\right]=\frac{\bar{\tau}\ (\bar{q}_B-\delta)\ +\tau_1y_1+\tau_2y_2}{\bar{\tau}+\tau_1+\tau_2} \tag{2.63}$$

平均而言，我们有

$$E\left[E\left[q|y_1,\ y_2;\ B\right]|B\right]=\bar{q}_B-\frac{\bar{\tau}\delta}{\bar{\tau}+\tau_1+\tau_2} \tag{2.64}$$

因此，金融科技贷款机构也存在偏见。如果与传统贷款机构相比，会得到

$$E\left[E\left[q|y_1,\ y_2;\ B\right]|B\right]\ -E\left[T\ (y_1,\ u;\ B)\ |B\right]$$

$$=\frac{\bar{\tau}\ (\delta-d)}{\bar{\tau}+\tau_u+\tau_1}-\frac{\bar{\tau}\delta}{\bar{\tau}+\tau_1+\tau_2} \tag{2.65}$$

$$=\frac{\bar{\tau}+\tau_u+\tau_1}{}\left(\delta\frac{\tau_2-\tau_u}{\bar{\tau}+\tau_1+\tau_2}-\bar{d}\right)$$

因为 τ_2 很小，即使 $\bar{d}<\delta$，$\delta\dfrac{\tau_2-\tau_u}{\bar{\tau}+\tau_1+\tau_2}-\bar{d}$ 也可能是负值。也就是说，金融科技借贷现在可能伤害潜在少数人。另外，如果 τ_2 明显大于 τ_u，尽管存在偏见，金融科技贷款仍能帮助少数人。偏见的影响取决于信用评分指标 y_2 的精确度。即使存在偏见，如果 τ_2 较大，其影响也较小，因为该机制的贝叶斯部分具有更大的权重。

引理3 有偏差的多变量金融科技贷款可能会降低少数人的福利，但随着金融科技算法越来越精确，这种可能性越来越小。

更准确地说，当 BDML 建立了一个群体成员的直接代理，并且算法本身包含了偏差，金融科技及大数据分析将带来偏差，降低少数人的福利。但随着金融科技和大数据分析的发展，信用评分的精度会逐渐提高，这种偏差也会随之减小。

二、传统投资模式

本节主要从两方面来讨论偏差。一是基于基本面、现金流等信息的投资者传统综合评分偏差，如发展历史、盈利历史等；二是机构投资者依靠经验观察融资方的主观偏差。

（一）基于历史记录的传统综合评分

机构投资者决定是否向融资方进行资金投资的传统方法是依靠综合评分。综合评分来自融资方的基本面和现金流信息，例如发展历史、盈利历史等。该

评分方式可能因国家、地区而异，但基本原则通常是一致的。例如，美国机构投资者、金融和证券公司向专业的评分公司提供融资方的相关数据。这些评分公司根据融资方数据，向机构投资者等提供专业的投资价值评估报告。这些报告涉及融资方的整体业绩、盈利能力和发展前景等。然而，基于传统数据生成的融资方档案不是很准确，并存在一定的偏差，少部分成立时间较短、产品历史信息少的优质融资方综合评分将低于其他人。但是，评分低并不意味着他们产品的损失风险很高。

为构造模型表示上述偏差，我们做出如下假设：首先，融资方由缺乏产品历史信息记录而综合评分较低的少数群体 B 和多数群体 A 组成。其次，融资方真实投资价值为 h，且符合均值 $\bar{h}$ 和方差 σ_h^2 的正态分布。最后，通过综合评分，所有机构投资者都可以观察到有关融资方投资价值的定量信号 x_i。则有

$$x_i = h - q_x^i + \varepsilon_{x_i} \quad (i = A, B) \tag{2.66}$$

其中，ε_{x_i} 满足均值为 0、方差为 $\sigma_{x_i}^2$ 的正态分布。ε_{x_i} 独立于 h。此外，q_x^i 代表传统综合评分偏差。当 $i=A$ 时，传统的综合评分可以真正反映融资方的真实投资价值，此时，$q_x^A = 0$；当 $i=B$ 时，传统的综合评分反映的投资价值低于融资方的真实投资价值，此时，$q_x^B > 0$。尽管对不同的人产生的投资偏差不相同，但为了计算方便，我们假设偏差 q_x^B 是常数。不难发现，x_i 满足均值为 $\bar{x_i} = \bar{h} - q_x^i$、方差为 $Var(x_i) = \sigma_h^2 + \sigma_{x_i}^2$ 的正态分布。

定义 h 和 ε_{x_i} 的精度分别为

$$\rho_h = \frac{1}{\sigma_h^2} \tag{2.67}$$

和

$$\rho_{x_i} = \frac{1}{\sigma_{x_i}^2} \tag{2.68}$$

命题 4 假设观察到的标准综合评分为 x_i。那么，在 x_i 的条件下真实投资价值 h 的条件期望为

$$E[h \mid x_i] = \frac{\sigma_{x_i}^2}{\sigma_h^2 + \sigma_{x_i}^2} \bar{h} + \frac{\sigma_h^2}{\sigma_h^2 + \sigma_{x_i}^2} (x_i + q_x^i) = \frac{\rho_h \bar{h} + \rho_{x_i}(x_i + q_x^i)}{\rho_{x_i} + \rho_h} \tag{2.69}$$

证明见附录 5。

备注 6：ε_{x_B} 的精度低于 ε_{x_A} 的精度，即 $\rho_{x_B} < \rho_{x_A}$。

备注 7：值得一提的是，当 ε_{x_B} 与 ε_{x_A} 不相等时，x_B 条件下真实投资价值 h 低于 x_A 条件下真实投资价值 h，即

$$\rho_{x_a}\rho_{x_B}\ (q_x^B + x_B - x_A)\ +\ (q_x^B + x_B - \bar{h})\ \rho_{x_a}\rho_h < \ (x_A - \bar{h})\ \rho_{x_a}\rho_h \qquad (2.70)$$

$$\mathrm{E}\ [h \mid x_B]\ < \mathrm{E}\ [h \mid x_A] \qquad (2.71)$$

证明见附录6。

（二）基于融资方的主观偏见

传统的融资请求需满足机构投资者的要求。工作人员会根据融资方的公司形象（如办公环境、员工素质等）做出主观判断，这种主观判断将导致对融资方形象产生主观偏差。

假设机构投资者从融资方公司形象中获得定量信号为 y，主观偏差为 q_y。则有

$$y = h + q_y + \varepsilon_y \qquad (2.72)$$

其中 ε_y 满足均值为 0、方差为 σ_y^2 的正态分布。ε_y 独立于 h。ε_y 的精度为

$$\rho_y = \frac{1}{\sigma_y^2} \qquad (2.73)$$

显然，当 $q_y > 0$ 时，机构投资者高估融资方的真实投资价值；当 $q_y < 0$ 时，机构投资者低估融资方的真实投资价值。此外，y 满足均值为 $\bar{y} = \bar{h} + q_y$、方差为 $Var\ (y) = \sigma_h^2 + \sigma_y^2$ 的正态分布。

命题5　假设不仅观察到融资方的传统信用评分，还与融资方面对面贷款。x_i 与 y 不相关。那么，在 x_i 和 y 的条件下真实信用质量 h 的期望为

$$\mathrm{E}\ [h \mid x_i,\ y]\ = \frac{\rho_h \bar{h} + \rho_{x_i}\ (x_i + q_x^i)\ + \rho_y\ (y - q_y)}{\rho_h + \rho_{x_i} + \rho_y + M} + \frac{M}{\rho_h + \rho_{x_i} + \rho_y + M}\ (x_i + y - \bar{h}) \qquad (2.74)$$

其中，$M = \rho_x \rho_y / \rho_h$。

证明见附录7。

三、大数据和金融科技减少传统信贷偏差

（一）大数据减少传统信用评分偏差

大数据可以大大提高融资方综合评分的准确性。特别对于由于缺乏产品历史记录而传统综合评分相对较低的融资方，大数据可以挖掘投资价值，减少评估其风险损失的偏差。具体来说，大数据可以记录融资方大量的行为信息，比如，公司相关新闻报道、交易支付、流动性状况、纳税和信用记录等。与传统数据相比，这些信息将描绘出更准确、更全面的融资方特征。

假设融资方有来自大数据的新的综合评分 μ_1。新的综合评分比传统的综合

评分更公平。则

$$z=h+\varepsilon_z \tag{2.75}$$

其中，ε_z 满足均值为 0、方差为 σ_z^2 的正态分布。ε_z 独立于 h。ε_z 的精度为

$$\rho_z=\frac{1}{\sigma_z^2} \tag{2.76}$$

显然，对于 A 组和 B 组，依赖于大数据的客观信用评分是有价值的，不会产生由传统信用评分带来的系统性偏差。为了方便计算，我们假设 $\sigma_z^2=\sigma_{x_B}^2$。

我们可以关注以下命题来解释大数据如何减少传统综合评分的偏差。

命题 6　大数据可以减少传统综合评分偏差。当不考虑主观偏差时，则有利用记录融资方行为信息的大数据，在 z 的条件下真实信用质量 h 的条件期望为

$$E\left[h\mid z\right]=\frac{\sigma_z^2}{\sigma_h^2+\sigma_z^2}\bar{h}+\frac{\sigma_h^2}{\sigma_h^2+\sigma_z^2}z=\frac{\rho_h\bar{h}+\rho_z z}{\rho_z+\rho_h} \tag{2.77}$$

当考虑主观偏差时，则有利用记录个人行为信息的大数据，在 z 和 y 的条件下真实投资价值 h 的条件期望为

$$E\left[h\mid z,y\right]=\frac{\rho_h\bar{h}+\rho_z z+\rho_z\left(y-q_y\right)}{\rho_h+\rho_z+\rho_y+\bar{M}}+\frac{\bar{M}}{\rho_h+\rho_z+\rho_y+\bar{M}}\left(z+y-\bar{h}\right) \tag{2.78}$$

其中，$\bar{M}=\rho_z\rho_y/\rho_h$。

公式（2.77）的证明与命题 4 的证明相似，公式（2.78）的证明与命题 5 的证明相似。

（二）金融科技减少线下贷款主观偏差

随着金融科技在金融服务中的广泛使用，机构投资者不用前往证券交易所进行股票和基金投资。机构投资者通过提取在线交易的信息，以更客观的方式确定融资方的盈利能力和发展前景。这种方法有效地避免了由于机构投资者判断观察融资方的外在形象失误而产生的主观偏差。

假设根据相关在线交易的信息，机构投资者可以观察到借款人信用质量的量化信号 u。这个信号对 A、B 群体是一致的。则

$$u=h+\varepsilon_u \tag{2.79}$$

其中，ε_u 满足均值为 0、方差为 σ_u^2 的正态分布。ε_u 独立于 h。为了方便计算，我们假设 $\sigma_u^2=\sigma_y^2$。ε_u 的精度是

$$\rho_u=\frac{1}{\sigma_u^2} \tag{2.80}$$

基于此，可得到命题 7。

命题 7　金融科技可以减少机构投资者主观判断的偏差。将大数据和金融科技应用于金融服务，可以得到在 u 和 z 条件下真实信用质量 h 的期望为

$$E\ [h\mid z,\ u]=\frac{\rho_h\bar{h}+\rho_z z+\rho_u u}{\rho_h+\rho_z+\rho_u+\tilde{M}}+\frac{\tilde{M}}{\rho_h+\rho_z+\rho_u+\tilde{M}}\ (z+u-\bar{h}) \qquad (2.81)$$

其中，$\tilde{M}=\rho_z\rho_u/\rho_h$。

该证明类似于命题 5。

（三）大数据和金融科技减少的总偏差

在上述讨论中，假设偏差 q_x^i、q_y 是常数。然而在现实中，q_x^i、q_y 并不是常数。此外，由上文可知偏差越大，B 群体人数占总人口比例越大。

基于此，假设真实的信用分数是 0 ~ 100，即 $0\leq h\leq 100$，B 组的人口占总人口的比例是 N。由于 B 组是少数组，那么 $N\in[0,\ 1/2]$。可以合理地假设 $q_x^B\in[0,\ 100]$，且受到传统信用评分偏差 q_x^B 影响的人口占总人口的比例是 $f(q_x^B)$。当 $q_x^B=0$，A 组等于 B 组。因此，$f(0)=1-N$。同时，$q_x^B=100$ 这种情况非常罕见，即观察到的定量信号为 0 是罕见的。因此，可以合理地假设 $f(100)$ 接近 0。

为了找到衡量 B 组的适当的函数，即 $f(q_x^B)$，且与前面提及的假设一致，提出以下命题。

命题 8　假设受到传统综合评分偏差 q_x^B 影响的人口占总人口的比例满足

$$f(q_x^B)=(1-N)\ e^x \qquad (2.82)$$

其中，$\sigma=\dfrac{N}{(1-N)}\sqrt{\dfrac{2}{\pi}}$。

该公式满足

（i）$\qquad\qquad\qquad\qquad f(0)=1-N \qquad\qquad\qquad\qquad (2.83)$

$f(100)$ 非常接近 0。

（ii）当 q_x^B 增加时，$f(q_x^B)$ 将减少，即

$$f'(q_x^B)<0 \qquad (2.84)$$

（iii）B 组人口占总人口的比例为 N，即

$$\int_0^{100} f(q_x^B)\ dq_x^B=N \qquad (2.85)$$

证明见附录 8。

结果与上述假设一致。

由此，可以得出大数据减少总偏差的重要结论。

结论4　如果受到传统信贷偏差 q_x^B 影响的人口占总人口的比例满足 $f(q_x^B)=(1-N)e^x$，那么，在没有主观偏差的情况下，大数据减少的总偏差为

$$NUM_{bigdata}^1=\frac{\rho_{x_B}}{\rho_{x_B}+\rho_h}\frac{N^2}{(1-N)}\frac{1}{2\pi}(1-e^x)\approx\frac{\rho_{x_B}N^2}{(\rho_{x_B}+\rho_h)(1-N)2\pi}\quad(2.86)$$

相似地，考虑主观偏差，大数据减少的总偏差为

$$NUM_{bigdata}^2=\frac{\rho_{x_B}}{\rho_h+\rho_z+\rho_{y_j}+\bar{M}}\frac{N^2}{(1-N)}\frac{1}{2\pi}(1-e^x)\approx\frac{\rho_{x_B}N^2}{(\rho_h+\rho_z+\rho_{y_j}+\bar{M})(1-N)2\pi}\quad(2.87)$$

证明见附录9。

对比公式（2.69）和公式（2.77）可知，对于多数群体 A，传统综合评分和大数据综合评分是一致且无偏的。因此，大数据减少的总偏差主要是由成立时间短、缺乏产品历史记录的群体 B，在传统综合评分有偏和大数据综合评分无偏的条件下，客户画像精度的差异带来的。由公式（2.86）可知，总偏差的大小取决于群体 μ_1 的信息识别精度 ρ_{x_B} 和群体 B 的人口占比 N。当 ρ_{x_B} 增大时，一方面，识别到的传统综合评分偏差更加准确；另一方面，由于 $\rho_{x_B}=\rho_z$，ρ_{x_B} 增大时，ρ_z 也同幅度增大，即大数据对融资方画像更加准确，两者都使得大数据减小的总偏差增大。当 N 越大时，受传统综合评分偏差影响人口占比越大，机构投资者对融资方的平均画像精度越低。此时，商业机构投资者采用大数据精准画像减少的总偏差越大。由公式（2.87）可知，大数据减少的总偏差大小还取决于存在主观偏差时的信息识别精度 ρ_{y_j}。当 ρ_{y_j} 越大时，识别到的主观偏见越准确，此时在大数据减少传统综合评分偏差时，产生了由面对面贷款带来的主观偏差。因此，对比公式（2.86）和公式（2.87），存在主观偏差时大数据减少的总偏差大于不存在主观偏差时大数据减少的总偏差。

由上文分析可知，过去机构投资者是否向融资方投资依赖于传统综合评分和对融资方的主观判断，由此形成对少数人的信贷偏见。大数据能利用"软"信息，对客户进行精准画像，为受偏差影响的融资方挖掘信用，帮助机构投资者精准识别优质融资方。可以关注到，目前大数据在不断地开发创新。随着开发利用大数据的程度不断加深，机构投资者利用"软"信息提高客户画像精度的能力也在提高。在提供信贷服务时，机构投资者纳入的受偏差影响客户群体壮大，大数据减小的总偏差加大。在机构投资者信贷业务层面，大数据能帮助商业机构投资者对客户进行精准画像。一方面，机构投资者愿意纳入更多受偏差影响的优质融资方，提高机构投资者投资额；另一方面，机构投资者利用大数据识别资金损失风险，进行有效的分级管理。大数据发展程度越高，融资方

画像精度提高，减少的总偏差越大，此时机构投资者投资额提高、整体资金损失风险下降。

机构投资者在向融资方融资时以机构所得到的传统综合评分为主，然而，综合评分更多考虑融资方的历史产品、财务指标、资金实力等。因此，传统的机构投资者在选择多样化的投资产品时更倾向于那些实力雄厚、有长期盈利背景的产品。例如，在投资股票时，机构投资者更关注上市公司的基本面信息、过去公司的财务绩效、股票价格走势等，而对于一些新兴产业或者冷门行业，机构投资者往往保持谨慎投资态度。这种投资策略使得机构投资者行为固化，对于缺少信息的公司和产品形成偏见。其次，在产品的选择上，在进行多样化的投资组合时，由于缺少融资方和可投资产品的相关数据，机构投资者更多投资于信息全、风险小的产品。大数据的出现，一方面，可以收集到传统财务信息之外的软信息，包括公司董事会和管理层的个人行为、买入卖出记录等，利用这些新兴数据弥补传统数据的不足；另一方面，大数据技术创新传统数据分析模型，投资价值判断的侧重点不再是历史产品信息和盈利信息，而是大数据生成的"软"信息。采用这两种方式，机构投资者能获得全面的融资方和可投资产品信息，不仅扩大了机构投资者的可投资范围，还深入挖掘了产品的未来盈利水平和发展能力，从而帮助机构投资者做出更好的投资决策。因此，从上述理论模型，我们可以发现大数据帮助优化机构投资者的投资选择。

假设受到主观偏差 q_y 影响的人口占总人口的比例为 K。此外，令 $q_y \in [-100, 100]$ 和 $K \in [0, 1]$，同样可以得到以下命题和结论。

命题9 假设受到主观偏差 q_y 影响的人口占总人口的比例满足

$$\tilde{f}(q_y) = (1-K) e^x \tag{2.88}$$

其中，$\tilde{\sigma} = \dfrac{K}{(1-K)\sqrt{2\pi}}$。

该公式满足

(i) $$\tilde{f}(0) = 1-K \tag{2.89}$$

$\tilde{f}(100)$ 和 $\hat{F}(-100)$ 接近0。

(ii) 当 $|q_y|$ 增加时，$\tilde{f}(q_y)$ 减少。

(iii) 受到主观偏差 q_y 影响的人口占总人口的比例为 K。则有

$$\int_{-100}^{100} \tilde{f}(q_y) \, dq_y = K \tag{2.90}$$

证明见附录 10。

结果与上述假设一致。

由此，可以得出金融科技减少总偏差的重要结论。

结论 5 如果受到主观偏差 q'_y 影响的人口占总人口的比例满足 $\tilde{f}(q_y) = (1-K)e^x$。那么，金融科技减少的总偏差是

$$NUM_{Fintech} = \frac{\rho_u}{\rho_h + \rho_z + \rho_u + \tilde{M}} \frac{K^2}{8\pi(1-K)}(1-e^x)$$

$$\approx \frac{\rho_u K^2}{8\pi(\rho_h + \rho_z + \rho_u + \tilde{M})(1-K)} \qquad (2.91)$$

该证明类似于结论 4。证明见附录 11。

对比公式（2.78）和公式（2.81），在大数据减少传统综合评分偏差的条件下，对于未经历机构投资者主观判断错误的多数群体 A，线下投资和线上投资两种方式观测到信号是一致且无偏的。然而，对于少数群体 B，面对面投资形式下，机构投资者主观判断失误导致客户画像有偏；线上投资方式下，机构投资者客观评判在线交易的信息使得客户画像无偏。金融科技减少的总偏差是由两者的差异带来的。由公式（2.91）可知，总偏差的大小取决于金融科技的信息识别精度 ρ_u、受主观偏差影响的人口占比 K 和大数据的信息识别精度 ρ_z。当 ρ_u 越大时，使用金融科技的融资方画像精度越高。存在主观偏差时，金融科技越小的总偏差越大。当 K 越大时，受主观判断偏差影响人口占比越大，面对面投资下机构投资者对融资方的平均画像精度越低，金融科技减少的总偏差越大。当 ρ_z 越大时，大数据利用"软"信息刻画的融资方形象越准确，此时大数据对主观判断产生了替代效应，即采用大数据综合评分能弥补面对面投资下融资方画像精度的不足，金融科技减小的总偏差越小。

由上文的分析可知，金融科技的发展使得线上投资成为可能。与机构投资者传统的面对面投资不同，线上投资以在线交易的形式，更加客观地对融资方进行画像，避免因为融资方的外在形象等产生主观偏见。随着金融科技的发展，越来越多的机构投资者开始数字化转型，积极运用大数据和金融科技。金融科技的运用使得机构投资者无须多次前往证券交易所投资，也无须多次前往融资方所在公司实地考察，只需运用大数据信息和创新技术就能客观准确地对融资方画像、划分投资价值等级和判断损失风险，减少线下投资主观判断可能引发的逆向选择问题。金融科技发展程度越高，机构投资者客户画像精度越高，纳入受主观偏差影响的群体人数越多，减小的总偏差越大。在机构投资

者信贷业务层面，运用金融科技能对融资方精准画像。一方面，向更多优质融资方提供信贷服务，提高投资额；另一方面，对融资方融资风险进行准确划分，以控制机构投资者整体资金投资风险。金融科技发展程度越高，客户画像精度越高，机构投资者投资额提高，也能识别出更多潜在不良融资方，降低投资风险。

传统投资业务要求机构投资者在进行投资之前充分调查融资方的背景、公司架构、发展能力等。在互联网发展的初期，机构投资者更多是通过实地调研的形式对融资方进行判断，尤其是投资于开发新型产品、技术等创业公司时。这些公司没有雄厚的资金实力和完整的公司运作流程，在机构投资者进行实地考察时往往会产生偏见，表现为机构投资者由于主观判断失误，错误地估计了公司的发展前景和盈利能力。在这种情况下，一方面，机构投资者容易投资于一些外部条件好的"皮包公司"，导致投资资金的损失风险大；另一方面，机构投资者会错失发展前景好的公司产品。因此，在这种主观偏差下，机构投资者无法做出最优投资决策。金融科技能帮助机构投资者减少这类主观偏差，通过线上渠道寻找可投资公司以及公司的具体情况，避免机构投资者因主观判断失误而做出错误的投资决策。再进一步考虑大数据和金融科技两者的共同作用，可以发现，两者是相辅相成的。金融科技以大数据为基础，大数据使得客户分析更加准确，金融科技使得投资选择更加客观可靠，两者的共同作用帮助机构投资者减少传统投资偏差，做出更优的投资决策。因此，机构投资者需加大对大数据和金融科技的运用程度，使两者更好地发挥作用。

四、大数据和金融科技带来数字鸿沟

随着互联网的发展，数字经济已成为世界经济发展的主要方向。然而，由于互联网建设和网络终端设备等硬件条件的差异、每个人教育水平和年龄的不同，数字经济的发展也不可避免地带来了数字鸿沟隐患。

数字鸿沟主要包括"接入鸿沟""使用鸿沟""能力鸿沟"。本书侧重于数字鸿沟的两方面：不同年龄和受教育程度的投资者使用互联网的差异。一方面，年龄较大且受教育程度较低的投资者不太可能熟练使用互联网。他们的在线交易数据较少，而大数据无法准确反映其真实投资价值。因此，依赖大数据的综合评分较低。另一方面，如果投资方只能通过网络选取投资产品，而无须前往证券交易所，那么缺乏专业的帮助和建议可能会导致投资方在分析在线交易信息时出现遗漏或者错误，导致测评结果不准确。因此，线上信息测得的盈利能力和投资价值并不准确。依赖大数据金融科技的综合评分存

在偏差。

在数字鸿沟下，我们假设基于大数据的综合评分满足

$$\hat{z} = h - q_{\hat{z}} + \varepsilon_{\hat{z}}, \quad q_{\hat{z}} \in [0, 100] \tag{2.92}$$

令大数据信用评分产生偏差的人口占总人口的比例为 L。假设受到大数据信用评分偏差 $q_{\hat{z}}$ 影响的人口占总人口的比例满足

$$F(q_{\hat{z}}) = (1-L) \, e^{-\frac{q_{\hat{z}}^2}{2\psi^2}} \tag{2.93}$$

其中，$\psi = \dfrac{L}{(1-L)} \sqrt{\dfrac{2}{\pi}}$。

与证明命题 8 类似。

该公式满足

（i）
$$F(0) = 1-L \tag{2.94}$$

且 $F(100)$ 接近 0。

（ii）当 $q_{\hat{z}}$ 增加时，$F(q_{\hat{z}})$ 减少，即

$$F'(q_{\hat{z}}) < 0 \tag{2.95}$$

（iii）大数据信用评分产生的偏差人口占总人口的比例为 L，即

$$\int_0^{100} F(q_{\hat{z}}) \, dq_{\hat{z}} = L \tag{2.96}$$

此外，假设基于在线问卷的综合评分是

$$u = h + q_{\hat{u}} + \varepsilon_{\hat{u}}, \quad q_{\hat{u}} \in [-100, 100] \tag{2.97}$$

令基于在线问卷的信用评分产生偏差的人口占总人口的比例为 H。那么，受到在线问卷的信用评分偏差 $q_{\hat{u}}$ 影响的人口占总人口的比例满足

$$\hat{F}(q_{\hat{u}}) = (1-H) \, e^{x} \tag{2.98}$$

其中，$\hat{\psi} = \dfrac{H}{(1-H) \sqrt{2\pi}}$。

证明与命题 9 类似。

该公式满足

（i）
$$\hat{F}(0) = 1-H \tag{2.99}$$

$\hat{F}(-100)$ 和 $\hat{F}(100)$ 接近 0。

（ii）当 $|q_{\hat{u}}|$ 增加时，$\hat{F}(\dot{u})$ 减少。

（iii）受到在线测评的综合评分偏差 $q_{\hat{y}}$ 影响的人口占总人口的比例为 H，即

$$\int_{-100}^{100} \hat{F}(q_{\hat{u}}) \, dq_{\hat{u}} = H \tag{2.100}$$

证明与结论 1 和结论 2 类似。我们得出的结论如下。

结论6 如果受到大数据信用评分偏差 $q_{\hat{z}}$ 的人口占总人口的比例满足

$F\left(q_{\hat{z}}\right)=\left(1-L\right)e^{-\frac{q_{\hat{z}}^{2}}{2\psi^{2}}}$，以及受到在线问卷的信用评分偏差 $q_{\hat{y}}$ 影响的人口占总人口的比例满足 $\hat{F}\left(q_{\hat{y}}\right)=\left(1-H\right)e^{-\frac{q_{\hat{y}}^{2}}{2\psi^{2}}}$，那么大数据和金融科技带来的总偏差是

$$NUM_{digital-divide}=\frac{1}{2\pi\left(\rho_{h}+\rho_{\hat{z}}+\rho_{\hat{u}}+\tilde{M}\right)}\cdot\left(\frac{\rho_{\hat{z}}L^{2}}{1-L}\left(1-e^{-\frac{10000}{(1-L)\psi}}\right)+\frac{\rho_{\hat{u}}H^{2}}{4\left(1-H\right)}\left(1-e^{-\frac{10000}{4(1-H)\psi}}\right)\right)$$

$$\approx\frac{1}{2\pi\left(\rho_{h}+\rho_{\hat{z}}+\rho_{\hat{u}}+\tilde{M}\right)}\left(\frac{\rho_{\hat{z}}L^{2}}{1-L}+\frac{\rho_{\hat{u}}H^{2}}{4\left(1-H\right)}\right) \tag{2.101}$$

其中，$\tilde{M}=\rho_{\hat{z}}\rho_{\hat{u}}/\rho_{h}$。

证明与结论4类似。

由公式（2.92）和公式（2.97）可知，大数据带来的总偏差是由老年人缺乏"软"信息，导致融资方画像精度有偏带来的。金融科技带来的总偏差是由受教育程度较低的投资者缺乏专业指导导致在线问卷结果有偏带来的。由公式（2.101）可知，大数据和金融科技带来的总偏差的大小取决于数字鸿沟的识别精度 $\rho_{\hat{z}}$ 和 $\rho_{\hat{u}}$，以及受大数据综合评分偏差影响人口占比 L 和受在线问卷信用评分偏差影响人口占比 H。当 $\rho_{\hat{z}}$ 增大时，在大数据综合评分模式下，数字鸿沟的识别精度提高，即包含数字鸿沟的大数据融资方画像是不准确的，此时大数据带来的总偏差增大。当 $\rho_{\hat{u}}$ 增大时，数字鸿沟的识别精度提高，包含数字鸿沟的在线问卷形成的融资方画像也是不准确的，此时金融科技带来的总偏差增大。当受大数据综合评分偏差影响人口占比 L 和受在线问卷信用评分偏差影响人口占比 H 增加时，数字鸿沟扩大，机构投资者采用大数据和在线问卷综合评分得到的有关融资方的平均画像的精确度降低，此时大数据和金融科技带来的总偏差增大。

由上文分析可知，当存在数字鸿沟时，机构投资者采用大数据和金融科技提供投资服务时会造成另一种偏见，即对于没有产品历史信息等"软"信息和存在自我评估偏差的群体，机构投资者运用大数据和金融科技刻画融资方形象的精度下降；当不存在数字鸿沟时，机构投资者能采用大数据和金融科技对所有融资方进行精准画像。因此，数字鸿沟越大，信息价值差别越大，大数据和金融科技带来的总偏差越大。在机构投资者投资业务层面，数字鸿沟导致运用大数据和金融科技的机构投资者对融资方的平均画像精度降低，对提高机构投资者投资额和降低资金损失风险有负向作用。

由上文可知，年龄和受教育程度的差距导致数字鸿沟的扩大。由于互联网

的接触程度不同，一方面，与传统数据相比，大数据挖掘的软信息无法惠及中老年人，主要原因在于中老年人使用互联网的频率低，大数据无法从网页记录中获取信息，导致对中老年人的客户画像有偏；另一方面，受教育程度较低的人可能无法熟练使用互联网。根据学者的描述，受教育程度较低的人在运用互联网时更倾向于进行娱乐活动，而不是采用互联网参与金融市场。因此，对于这两类群体，大数据和金融科技无法发挥其作用价值，机构投资者无法做出最优投资决策。在现实生活中，如何减少大数据和金融科技带来的这种负面影响，需加以关注。

五、大数据和金融科技对机构投资者的综合影响

结合前节的内容我们可知，大数据和金融科技会对金融机构投资者的最优投资决策带来积极影响，即减少了机构投资者的传统信贷偏差；也会对金融机构投资者的最优投资决策产生消极影响，即增加了机构投资者的数字鸿沟。因此，大数据和金融科技对机构投资者的综合影响取决于两者对机构投资者的积极影响和消极影响的大小。当大数据和金融科技对机构投资者积极影响程度超过了消极影响程度时，两者有助于减少传统信贷偏差，机构投资者应当积极投身于发展大数据和金融科技；而当大数据和金融科技对机构投资者消极影响程度超过了积极影响程度时，两者会导致数字鸿沟的产生，机构投资者应当适当地遏制大数据和金融科技的过度发展。

结论7　当 $NUM_{digital-divide} < NUM_{bigdata}^{i} + NUM_{Fintech}$，$i=1$，2 时，则有

$$\frac{1}{2\pi \ (\rho_h+\rho_{\hat{z}}+\rho_{\hat{u}}+\tilde{M})}\left(\frac{\rho_{\hat{z}}L^2}{1-L}+\frac{\rho_{\hat{u}}H^2}{4 \ (1-H)}\right) < \frac{1}{2\pi \ (\rho_h+\rho_{\hat{z}}+\rho_{\hat{u}}+\tilde{M})}\left(\frac{\rho_{\hat{z}}N^2}{1-N}+\frac{\rho_{\hat{u}}K^2}{4 \ (1-K)}\right)$$

$$(2.102)$$

$$\frac{\rho_{\hat{z}}L^2}{1-L}+\frac{\rho_{\hat{u}}H^2}{4 \ (1-H)} < \frac{\rho_{\hat{z}}N^2}{1-N}+\frac{\rho_{\hat{u}}K^2}{4 \ (1-K)} \qquad (2.103)$$

即大数据和金融科技带来的偏差小于它们减少的偏差。否则，大数据和金融科技带来的偏差等于或大于它们所减少的偏差。

由上文分析可知，机构投资者运用大数据和金融科技提供投资服务时存在正负两方面的效用。一方面，大数据弥补了传统综合评分的不足，利用"软"信息为成立时间较短、缺乏产品历史记录的融资方挖掘信用，从而提高机构投资者对融资方画像的精度。机构投资者运用金融科技发展线上投资业务，避免面对面投资时客户经理的主观偏见，用更加客观的形式对融资方进

行分析判断，从而提高机构投资者对融资方的画像精度。另一方面，随着数字经济的发展，不可避免产生了数字鸿沟。对于年龄较大和受教育程度较低的群体，大数据记录的"软"信息较少，缺乏专业知识使得在线问卷不准确。因此，机构投资者在运用大数据对融资方画像时，对这两类人形成了另一种偏见，此时大数据和金融科技降低了机构投资者对融资方的画像精度。当受传统信用评分偏差影响的人口占比 N 高于受大数据信用评分偏差影响的人口占比 L，或者受主观偏差影响人口 K 占比高于受在线问卷信用评分偏差影响人口占比 H 时，大数据和金融科技减小的偏差大于大数据和金融科技带来的偏差，即大数据和金融科技提高机构投资者客户画像精度的正面效果大于数字鸿沟降低机构投资者客户画像精度的负面效果。当总效果为正向时，我们认为开发利用大数据和金融科技是有益的，机构投资者应加大大数据和金融科技在投资领域的使用力度；当总效应为负向时，我们认为数字鸿沟严重制约了大数据和金融科技在投资领域的应用，需要采取恰当措施，遏制数字鸿沟的进一步扩大。

在正负两种影响的相互作用下，我们考虑最终效应。一方面，大数据和金融科技产生积极效应。大数据利用软信息代替硬信息，解决传统综合评分模型下硬信息不足导致的评分偏差问题。金融科技以互联网为依托，通过线上投资和线上资料审核，用更加客观的方式减少主观偏差，避免机构投资者在实地考察时根据融资方的外部特征和公司规模等做出错误的主观判断。因此，大数据和金融科技可以提高综合评分的可信度，消除机构投资的主观偏差，提高客户画像精度。在传统评分和主观偏见下，部分缺少信息和资金的公司被机构投资者排斥，大数据和金融科技的加持可将这类公司重新纳入机构投资者的可投资范围。通过提高客户画像精度，机构投资者可准确识别公司的盈利能力和发展前景，排除损失风险较大的公司，进行最优的投资者组合，减少资金损失风险。另一方面，大数据和金融科技产生消极效应。科学技术的进步使得能接触到互联网的人与不能接触到互联网的人之间的差距拉大。能接触到互联网的人能从互联网中获取更多信息，享受信息红利；不能接触到互联网的人仍然处于信息闭塞的状态，无法跟上时代发展的步伐。换言之，能接触互联网的人挤占了不能接触互联网的人的资源，导致两者的差距越来越大。数字鸿沟表现为不同年龄的人接触互联网的程度不同以及受教育程度不同的人使用互联网的熟练程度不同。考虑这两方面，我们需判断最终哪种影响占主导地位，并根据实际情况开发利用大数据和金融科技的积极方面，同时避免数字鸿沟的负面影响。

在我国，机构投资者仍占少数，包括银行、保险公司、投资信托公司、退休基金等，这些机构投资者自身强大的实力保证其投资业务始终在合理的范围内发展。中小投资者与大型机构投资者投资业务运作方式有所差别。第一，大型机构投资者投资金额高于中小投资者，主要表现在两方面。一方面，大型机构投资者更多投资于创新性企业，例如，技术类、科技类行业，这类行业往往融资需求大，资金回报速度慢，大型机构投资者拥有雄厚的资金实力，可向这些公司提供回报周期较长的融资。中小机构投资者投资金额较小，更倾向于回报周期较短，资金快速流动的投资产品，例如，单个股票、基金和债券等。另一方面，大型机构投资者可通过投资于不同领域行业分散投资风险，进行多样化的投资组合；中小投资者由于资金较少，可选择的产品范围也更加狭隘，风险分散能力低于机构投资者。第二，机构投资者获取的信息比中小投资者更加全面。机构投资者通过对企业的实习考察、利用软件和技术资源对可投资产品的分析，能更加准确地判断投资的可行性和投资风险。机构投资者在信息解读上具有明显的相对优势，这不仅是因为他们具备更加专业的知识体系和投资能力，还因为在获取和利用信息方面也有更多便利。机构投资者信息主要来源于三方面：一是金融市场上的公开信息，包括年报、公告、媒体报道等；二是半公开信息，包括券商研报、会议纪要等；三是不公开信息，包括内部经营数据、员工评价、上下游评价等。其中前两种信息中小投资者也能获得，第三种信息中小投资者不太容易获得。机构投资者在信息处理上也具有优势。机构投资者更有财力利用现代化的信息处理设备，能够规模利用信息，从而降低单位信息获取成本，实现自身利益最大化。第三，同等条件下，机构投资者投资能力更强。机构投资者受过系统的教育培训，具有更专业的投资技能与更丰富的投资经验，掌握了很多来自投资公司以及积累的人脉等信息，具有较低的信息搜寻及信息处理成本，可以较好地避免个体投资者中常见的心理及行为偏差。这表现在两方面：一是在投资决策、信息收集分析、上市公司研究、投资理财方式等方面都配有专门部门，由证券投资专家进行管理。投资专家往往具有良好的教育背景、丰富的投资经验和敏锐的洞察力，能准确判断投资可行性。二是绝大部分中小投资者，缺乏足够的时间去收集信息、分析行情、判断走势，也缺乏足够的资料数据去分析上市公司的经营情况。因此，从理论上讲，机构投资者的投资行为相对理性化。由此可见，机构投资者更容易引入大数据和金融科技，吸收在传统投资模式下被忽略或者很难被接纳的融资方，这部分融资方和企业往往因为自身硬条件不够或者公开信息不全被大型机构投资者排斥。另外，在数字化转型过程中，大型机构投资者更加注重利用技术整合信息。例如，在投资股票时，Python 可提供给用户最优股票选择。同时，随着交易行情和交易数据的快速增长，数据筛选和进一步分析成为难题，大数据挖掘技术可以有效解决这一难题，为投资者提升数据分析和交易处理能力。

第三章

大数据背景下投资者决策机理研究

在本章，我们基于前一章所构建的大数据背景下投资者决策的理论模型，对中小投资者和机构投资者的投资决策模型进行了敏感性分析和财富均衡域选择分析。其中，第一节进行了中小投资者的投资决策模型的敏感性分析及均衡域分析，而第二节则进行了机构投资者的投资决策模型的敏感性分析及均衡域分析。在中小投资者的投资决策模型中，一方面，我们考虑中小投资者的最大化收益与财富水平的敏感性分析以及中小投资者的财富水平阈值对死亡率、时间偏好率、无风险利率、风险厌恶系数和加价系数等参数的敏感性分析；另一方面，我们还基于金融科技对中小投资者和投资顾问的影响，探究了中小投资者的财富水平均衡域的选择。而在机构投资者的投资决策模型中，我们分别从大数据和金融科技减小主观偏差、大数据和金融科技引发数字鸿沟导致新的偏差以及大数据和金融科技对机构投资者带来的总偏差影响三个角度，探索了相关的信息识别精度、群体 B 的人口占比、受大数据综合评分偏差影响的人口占比、受在线问卷评分偏差影响的人口对相应偏差的影响。在决策域分析中，我们主要探索了机构投资者面对大数据和金融科技的发展的态度，大数据和金融科技的发展对机构投资者来说不仅仅会带来优势，也伴随着相应的挑战。因此，在不同的条件下机构投资者对大数据和金融科技的发展持有不同的态度和想法。

第一节　大数据背景下中小投资者决策机理研究

一、智能投资顾问出现前

本书采用近五年的一年期国债平均收益率 2.4% 作为无风险收益率 r。投资者自行投资的投资收益率 μ_1 使用近五年的 A 股平均收益率 3.52% 衡量，σ_1 为 0.33。考虑混合型基金作为我国公募基金的主流，也是发行基金数量占比最高的基金类型，我们利用近五年混合型基金的平均收益率 9.7% 来衡量传统投资顾问的投资收益率 μ_2，σ_2 为 0.23。近五年具体的数值见表 3-1。

表 3-1　中国近五年的相关数据　　　　　　　　　　单位：%

年份	一年期国债收益率	A 股收益率	混合基金收益率
2018	2.6	-27.6	-13.1
2019	2.4	37.2	29.2
2020	2.7	38.4	38.0
2021	2.2	-1.0	6.67
2022	2.1	-29.4	-12.5
平均值	2.4	3.52	9.7

注：一年期国债收益率数据来自中国外汇交易系统全国银行间同业拆借中心，A 股市场的年化回报数据来自摩根资产管理公司，混合基金的数据来源于 Wind 数据库。

（一）敏感性分析

1. 最大化收益对财富水平的敏感性分析

我们首先探讨了最大化收益对财富水平的敏感性。从图 3-1 可知，中小投资者的最大化收益在 0 到 0.18 之间变化，而他们的财富水平则在 0 到 8 的范围内波动。其中，实线代表受到金融科技影响的中小投资者的最大化收益，而虚线代表未受到金融科技影响的中小投资者的最大化收益。

首先，我们分析未受到金融科技影响时中小投资者的最大化收益对财富水平的敏感性。如图 3-1 的虚线所示，中小投资者的最大化收益随着其财富水平的增长而增长。同时，当中小投资者的财富水平低于阈值 $W_{t,0}$ 时，中小投资者的最大化收益的增长幅度相对平缓；而当中小投资者的财富水平高于阈值 $W_{t,0}$ 时，中小投资者的最大化收益的增长幅度较快。与前文的理论分析相对应，我们认为这是由于中小投资者的财富水平较低时，无法负担选择投资顾问的费用。因此，财富水平低于阈值 $W_{t,0}$ 的中小投资者只能依靠自己投资，投资收益率相对较低。而当中小投资者拥有的财富水平较高即高于阈值 $W_{t,0}$ 时，他们可以通过支付投资顾问管理费用进而获得投资顾问的帮助。投资顾问相较于中小投资者，对金融市场的了解更为深刻、获取的市场信息更为深入，既可以降低中小投资者的投资风险又能基于庞大的资金池实现资产组合多样化，提升中小投资者的投资收益。因此，中小投资者的最大化收益的变化幅度相对较大。换句话说，当中小投资者认为由投资顾问管理的投资组合的预期回报减去管理费用后高于他自己管理的投资组合的收益时，他就会聘请投资顾问。

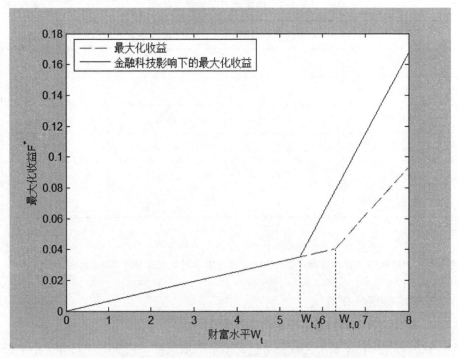

图3-1 最大化收益对财富水平的敏感性

其次，我们探讨了受到金融科技影响时中小投资者的最大化收益对财富水平的敏感性，如图3-1的实线所示。同样地，可以发现中小投资者的最大化收益随着其财富水平的增长而增长。中小投资者的财富水平未超过阈值 $W_{t,1}$ 时，中小投资者将会通过自己投资获取投资收益。此时，中小投资者的最大化收益与财富水平的变动幅度与虚线相重合，这也意味着金融科技并未影响中小投资者自己投资所能获得的投资收益。而当中小投资者的财富水平超过阈值 $W_{t,1}$ 时，中小投资者会通过选择投资顾问帮助投资以获得更高的投资收益。考虑投资顾问的投资收益、投资风险和管理成本均会受到金融科技的影响，我们发现相对未受到金融科技影响的投资顾问而言，受到金融科技影响的投资顾问能为中小投资者带来相对更高的投资收益。这也是实线的变化幅度大幅高于虚线的变化幅度的原因。

最后，受到金融科技影响的阈值 $W_{t,1}$ 明显低于未受到金融科技影响的阈值 $W_{t,0}$。我们认为金融科技的发展不仅会影响投资顾问的投资收益、投资风险和管理费用，更能降低中小投资者的财富水平阈值。财富水平阈值是中小投资者选择投资顾问的财富门槛，财富水平阈值更低，意味着更多的处于中低财富水平的中小投资者拥有了选择投资顾问帮助投资的机会，进而增加他们的投资收益。很明显，在金融科技的影响下，中小投资者选择投资顾问的财富水平阈值更低，且中低财富水平的中小投资者获益更多。

总而言之，我们认为金融科技水平的提高将降低中小投资者的投资门槛，并提高他们的投资需求。这主要是由于金融科技的发展使得投资顾问的固定成本和平均波动率下降以及平均预期收益增加，因此，财富水平阈值相应下降，财富水平相对较低的中小投资者将拥有更多机会选择聘请投资顾问，获得更高的投资收益，进而刺激中小投资者群体的投资需求。

2. 财富水平阈值对人口死亡率的敏感性分析

进一步地，我们探讨了财富水平阈值对人口死亡率的敏感性，如图 3-2 所示。考虑人口死亡率设置的波动幅度相对较低，财富水平阈值的波动幅度也相对较小，我们用图 3-2（a）和图 3-2（b）分别表示阈值 $W_{t,0}$ 和阈值 $W_{t,1}$ 的变化。

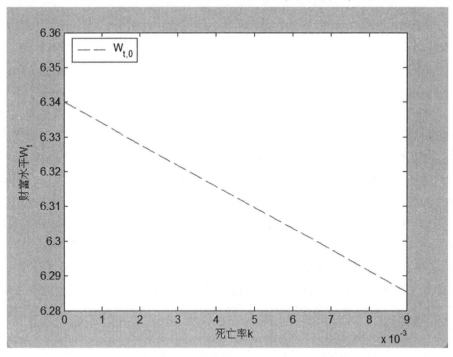

（a） $W_{t,0}$

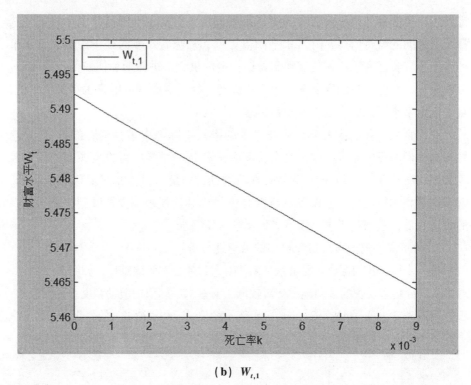

（b）$W_{t,1}$

图3-2　财富水平阈值对死亡率的敏感性

　　图3-2显示了在死亡率增加的情况下中小投资者财富水平阈值的变化。可以发现随着死亡率的上升，不论是否受到金融科技的影响，财富水平阈值均随之下降。我们认为这是人们对预期寿命上升趋势的不确定性即长寿风险造成的。长寿风险与死亡率有着很强的相关性。死亡率越低，意味着平均寿命预期相应增长，即长寿风险越高；而死亡率越高则代表着越低的平均寿命预期，进而长寿风险下降。因此，我们认为随着死亡率的增加，中小投资者的长寿风险降低，从而增加了他们选择消费来享受余生的可能性。因此，中小投资者的投资需求将会随着消费需求的增强而下降，财富水平阈值也随之下降。另外，在长寿风险较高的情况下，为了防止遭遇在死亡前财富耗尽的现象，中小投资者将会通过增加投资，获得更高的投资收益来保障晚年的生活水平。因此，中小投资者的投资需求相应地增长，进而财富水平阈值也随之提高。

　　此外，我们还能通过对比阈值$W_{t,0}$和阈值$W_{t,1}$的波动幅度发现阈值$W_{t,0}$的波动幅度高于阈值$W_{t,1}$的波动幅度。我们认为这是由于随着金融科技的发展而下降的财富水平阈值进一步带动了财富水平相对较低的中小投资者的投资，并提升了中小投资者的投资收益。因此，受到金融科技影响的中小投资者的整体财富水平相对较高，与未受到金融科技影响的中小投资者相比，受到金融科技影响的中小投资者能够拥有更强的底气抵御长寿风险为自身带来的不利影响。进而，受到金融科技影响的中小投资者的财富水平阈值的波动性相对较低。

3. 财富水平阈值对时间偏好率的敏感性分析

本部分我们探讨了财富水平阈值对时间偏好率的敏感性。由图 3-3，我们发现中小投资者的时间偏好率 δ 从 0 到 1，而财富水平阈值 $W_{t,i}$ （$i=0$，1）在 3 到 10 的范围内变化。

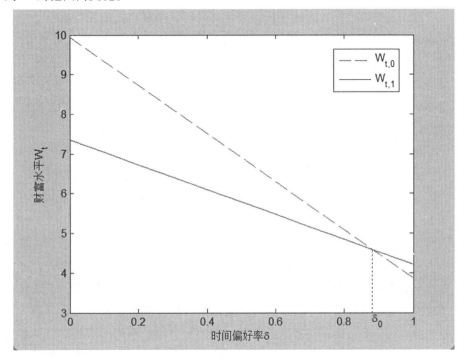

图 3-3　财富水平阈值对时间偏好率的敏感性

通过图 3-3 可知，财富水平阈值随着时间偏好率的增加而降低，这是因为时间偏好率主要通过影响中小投资者的消费水平间接影响投资水平，进而对财富水平阈值产生影响。时间偏好率越高意味着中小投资者更倾向于在不久的将来进行消费，而时间偏好率越低则强调中小投资者在遥远的将来进行消费会为自身带来更大的收益。换句话说，时间偏好率越高意味着中小投资者的消费需求越高。根据前文的理论假设，我们认为随着消费的增加，中小投资者的投资将会相应减少，投资需求也随之下降。因此，在中小投资者投资意愿不强的情况下，财富水平阈值将相应地降低以吸引中小投资者的投资。

此外，阈值 $W_{t,0}$ 的波动幅度高于阈值 $W_{t,1}$ 的波动幅度。我们认为受到金融科技影响的中小投资者的整体财富水平相对较高。随着时间偏好率上涨的消费需求无疑带动了中小投资者的消费并减少其投资。然而，与未受到金融科技影响的中小投资者相比，受到金融科技影响的中小投资者的投资需求被增加的消费需求所挤占的程度相对较小。受到金融科技影响的中小投资者基于更多的财富积累的底蕴，能够削减消费需求对其投资需求的消极影响。进而，受到金融科技影响的中小投资者的财富水平阈值的波动性相对较低。

然而，当中小投资者的时间偏好率足够高时，金融科技的发展会增加中小投资者选择投资顾问的财富水平阈值，即当时间偏好率 $\delta > \delta_0$ 时，阈值 $W_{t,0} < W_{t,1}$。这是因为金融科技发展能够提升中小投资者的投资需求，而时间偏好率的增长会降低中小投资者的投资需求并提升他们的消费需求。因此，当时间偏好率足够高即中小投资者的投资需求足够低时，金融科技发展对投资需求的促进作用反而相对提升了中小投资者选择投资顾问的财富水平阈值。

4. 财富水平阈值对无风险利率的敏感性分析

如图 3-4 所示，我们进行了财富水平阈值对无风险利率的敏感性分析。其中，随着无风险利率从 0 变化至 0.035，中小投资者的财富水平阈值也从 5 变化至 7.5。

图 3-4 的趋势表明，财富水平阈值随着无风险利率的上升而增加。这是因为中小投资者和投资顾问在无风险资产的投资回报是相同的，中小投资者可以在资本市场上获得与投资顾问相同的无风险资产投资回报。一方面，无风险资产的较高回报率意味着中小投资者可以通过自己投资获得更高的投资回报，并且他们将对自己聘请的投资顾问的投资回报产生更高的期望。而投资回报率越高则意味着投资顾问研究市场投资组合的成本越高，中小投资者需要支付的管理费用也越高。简言之，如果中小投资者通过自己的投资获得的回报增加，他们将要求投资顾问提供更高的投资回报。同时，更高的回报会提高投资顾问的成本，进而投资顾问将向中小投资者收取更高的管理费。另一方面，无风险利率的上涨势必带动中小投资者的投资需求。在既定投入的财富水平的条件下，中小投资者在更高的无风险利率的环境中能够获得更高的无风险的投资收益。因此，中小投资者的财富水平阈值随着无风险利率的升高而升高。

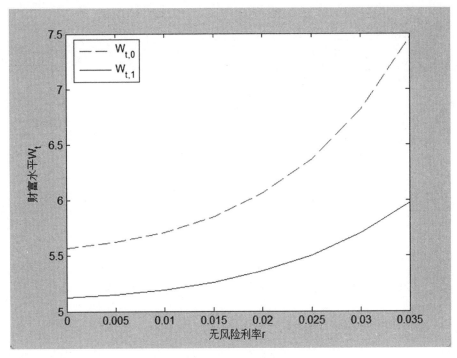

图 3-4　财富水平阈值对无风险利率的敏感性

同样地，阈值 $W_{t,0}$ 的波动幅度高于阈值 $W_{t,1}$ 的波动幅度。考虑受到金融科技影响的中小投资者的财富水平阈值 $W_{t,1}$ 相对较低，代表的是中低财富水平的中小投资者的立场；而未受到金融科技影响的中小投资者的财富水平阈值 $W_{t,0}$ 相对较高，代表中高财富水平的中小投资者的立场。相较于中低财富水平的中小投资者而言，中高财富水平的中小投资者用于投资的财富水平无疑更高。因此，相较于中低财富水平的中小投资者而言，无风险收益率的增长会使得中高财富水平的中小投资者对投资顾问帮助投资所获得的投资收益提出更高的要求。进而，未受到金融科技影响的中小投资者的财富水平阈值的波动性相对较高。

5. 财富水平阈值对风险厌恶系数的敏感性分析

在本部分，我们探索了财富水平阈值对风险厌恶系数的敏感性。如图 3-5 所示，我们发现当风险厌恶系数从 0 增长至 1 时，财富水平阈值也随之增长，并在 2.5 至 7.5 的范围内变动。

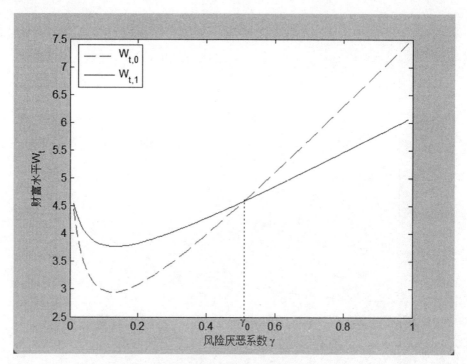

图3-5 财富水平阈值对风险厌恶系数的敏感性

风险厌恶系数代表中小投资者的风险偏好程度。风险厌恶系数越低，中小投资者的风险厌恶程度越低，意味着他们更倾向于进行风险资产投资。而风险厌恶系数越高代表中小投资者越厌恶风险，意味着他们更倾向于规避风险资产投资，即在同等风险条件下要求更高收益或在同等收益条件下要求更低风险的投资。图3-5表明，财富水平阈值随着风险厌恶系数的增长呈现先下降后上升的趋势。我们认为产生这种现象的主要原因是风险厌恶系数足够低的时候，中小投资者对风险资产投资可能造成的损失的敏感性相对低。在同样的风险条件下，中小投资者所要求的投资回报越低；而在同样的投资收益条件下，中小投资者能接受的风险水平更高。此时，投资顾问满足中小投资者的需求而需要花费的成本相对较低，投资顾问的投资门槛下降。风险厌恶系数越高，中小投资者难以接受投资过程中可能出现的损失。换言之，在同样的风险条件下，中小投资者所要求的投资回报越高。因此，投资顾问的成本和管理费将提高，投资门槛将提高，以提高投资回报。与之相伴随而来的，则是财富水平阈值上升。

与前文相类似，我们发现阈值$W_{t,0}$的波动幅度高于阈值$W_{t,1}$的波动幅度。相较于中低财富水平的中小投资者，中高财富水平的中小投资者用于投资的闲暇资金更多，对投资顾问能为其带来的投资收益的要求也将更高。因此，相较于中低财富水平的中小投资者，风险厌恶系数的增长会使得中高财富水平的中小投资者对投资顾问帮助投资所获得的投资收益提出更高的要求。进而，受到金融科技影响的中小投资者的财富水平阈值的波动性相对较低，而未受到金融科技影响的中小投资者的财富水平阈值的波动性较高。

此外，当 $\gamma < \gamma_0$ 时，阈值 $W_{t,0} < W_{t,1}$；当 $\gamma \geqslant \gamma_0$ 时，阈值 $W_{t,0} \geqslant W_{t,1}$。这是因为当中小投资者的风险厌恶程度非常低时，他们对风险的接受度更高。此时，投资顾问可以通过调整资产组合以更低的管理成本满足中小投资者对投资风险或投资收益的要求，这也进一步提升了金融科技发展对投资顾问的积极影响，扩展了受到金融科技影响的投资顾问的优势。因此，未受到金融科技影响的投资顾问此时可能会通过降低投资门槛的方式获取中小投资者的偏好，进而 $W_{t,0} < W_{t,1}$。随着风险厌恶系数的上升，中小投资者对投资顾问的投资组合优化能力提出了更高的要求，一方面金融科技发展带给投资顾问的优势被削弱，另一方面也提升了投资顾问的管理成本和遏制了未受到金融科技影响的投资顾问的降低投资门槛的趋势。因此，阈值 $W_{t,0}$ 快速上升并逐渐超过阈值 $W_{t,1}$。

6. 财富水平阈值对加价系数的敏感性分析

随着加价系数从 0 增长到 0.04，基于图 3-6 我们发现财富水平阈值也从 5.4 增长至 7.5。

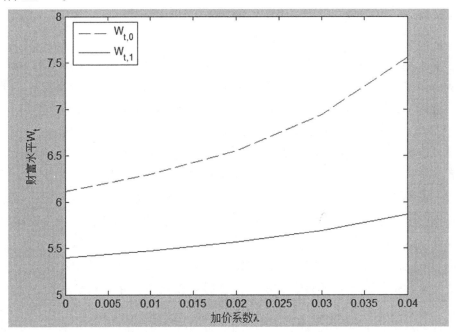

图 3-6 财富水平阈值对加价系数的敏感性

从前文理论假设可知，投资顾问的管理费由固定费用和可变费用组成。其中，加价系数影响着可变成本。因此，较高的加价系数意味着中小投资者在选择投资顾问帮助投资时必须支付更高的可变管理费，总管理费也相应增加。很明显，财富水平阈值随着投资顾问的管理费加成系数的增加而增加。我们认为投资顾问的可变成本和总管理成本增加后，投资顾问将会把已增加的成本部分通过转嫁给中小投资者的方式以谋取更高的利润。因此，中小投资者将不得不为相同的投资回报水平支付更高的成本，而财富水平阈值也随之增长。

同样地，阈值 $W_{t,0}$ 的波动幅度高于阈值 $W_{t,1}$ 的波动幅度，即阈值 $W_{t,0}$ 随着加价系数的上涨而增长的速度更快。金融科技对投资顾问的影响主要体现在投资顾问的投资收益、投资风险和管理成本三方面。具体而言，我们认为金融科技的发展有助于提升投资顾问的投资收益以及降低投资顾问的投资风险和管理成本。因此，受到金融科技影响的中小投资者的财富水平阈值也相应较低。进一步地，加价系数增长带来的投资顾问的可变成本及总成本的增加，与未受到金融科技影响的中小投资者相比，其对受到金融科技影响的中小投资者的影响程度相对较小。进而，受到金融科技影响的中小投资者的财富水平阈值的波动性相对较低，而未受到金融科技影响的中小投资者的财富水平阈值的波动性较高。

（二）均衡域选择分析

第一，我们研究了不同金融科技水平下中小投资者财富的均衡域的选择。如图 3-7 所示，当金融科技水平从 0 增长至 5 的时候，中小投资者的财富水平阈值 $W_{t,1}$ 也从 6.3 下降至 4.8，而财富水平阈值 $W_{t,0}$ 保持水平不变。

图 3-7 中，阈值 $W_{t,0}$ 表示为实线，阈值 $W_{t,1}$ 显示为虚线。其中，阈值 $W_{t,0}$ 是一条水平线，根据前文的假设，阈值 $W_{t,0}$ 是未受到金融科技影响的中小投资者的财富水平阈值，因此阈值 $W_{t,0}$ 与金融科技的发展水平无关。而随着金融科技的发展，阈值 $W_{t,1}$ 将会下降，这也说明金融科技的发展会降低中小投资者选择投资顾问的门槛。同时，位于实线和虚线上方区域的中小投资者可以聘请投资顾问帮助投资，位于底部区域的中小投资者意味着只能自己进行投资。换句话说，在金融科技未影响投资顾问时，区域Ⅰ和区域Ⅱ的中小投资者会自己进行投资，区域Ⅲ的中小投资者会聘请投资顾问帮助投资；而在金融科技影响投资顾问之后，区域Ⅰ的中小投资者会自己进行投资，区域Ⅱ和区域Ⅲ的中小投资者会聘请投资顾问帮助投资。同时，区域Ⅱ的中小投资者的范围将随着金融科技的发展逐渐壮大，即随着金融科技水平的提高，

更多的位于区域Ⅱ的中小投资者将有机会聘请投资顾问帮助投资和提升投资收益。因此，我们认为金融科技的发展有助于降低中小投资者选择投资顾问的投资门槛，并保障财富水平相对较低的中小投资者从投资中赚取更多的收益。

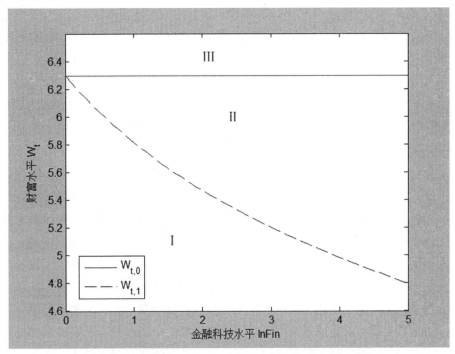

图3-7　不同金融科技水平下中小投资者财富的均衡域的选择

第二，我们还探索了受到投资收益、投资风险和管理费用对金融科技变化敏感因子的影响的中小投资者财富的均衡域选择（如图3-8）。我们分别评估敏感性因子的变化，并考察金融科技对投资收益、投资风险和管理费用的影响。

首先，我们研究了金融科技对投资顾问的投资回报和风险的影响程度相同的情况，即 $k_1/\mu_2 = k_2/\sigma_2$。图3-8（a）中的实线表示假设敏感性因素 k_1 增加，金融科技对投资风险和回报的影响发生变化时财富水平阈值的变动情况。因此，位于Ⅰ、Ⅴ和Ⅶ区（实线上方）的中小投资者将选择投资顾问协助他们进行投资。否则，他们会自己投资。

进而，通过设置相应的系数 x_i（$i=1$，2）>1 和 b_i（$i=1$，2）>0，我们研究了金融科技对投资顾问的投资风险和回报产生不同影响的情况。图3-8（a）中的虚线，即 $k_2 = (k_1\sigma_2/\mu_2)\chi_1 - b_1$ 表明金融科技对投资风险和回报的影响会

随着 k_1 的增长而增加，并且金融科技对投资风险的影响最终将大于其对投资收益的影响。而图 3-8（a）的点线则展示了在金融科技对投资风险的影响程度随着 k_1 的增加，逐渐低于金融科技对投资回报的影响程度的条件下，财富水平阈值的变化。位于虚线和虚线上方区域的中小投资者无疑将选择投资顾问。否则，中小投资者会自己投资。

其次，我们研究了金融科技对投资顾问的投资风险和管理成本的影响程度相同的情况，即 $k_2/\sigma_2 = k_3/\varphi_2$。图 3-8（b）中的实线表示假设敏感性因素 k_2 增加，金融科技对投资风险和管理成本的影响发生变化时财富水平阈值的变动情况。特别地，位于 Ⅰ、Ⅴ 和 Ⅶ 区等实线上方的三个区域的中小投资者将选择投资顾问协助投资。而位于区域 Ⅱ、Ⅲ、Ⅳ 和 Ⅵ 等实线下方的四个区域的中小投资者会自己投资。

进一步地，我们通过设置相应的系数 x_i（$i=3$，4）>1 和 b_i（$i=3$，4）>0，深入研究了金融科技对投资顾问的投资风险和管理成本产生不同影响的情况。图 3-8（b）中的虚线，即 $k_3 = (k_2\varphi_2/\sigma_2) x_3 - b_3$ 表明金融科技对投资风险和管理成本的影响会随着 k_2 的增长而增加，并且金融科技对管理成本的影响最终将大于其对投资风险的影响。而图 3-8（b）的点线则展示了在金融科技对投资风险的影响程度随着 k_1 的增加，逐渐高于金融科技对管理成本的影响程度的条件下，财富水平阈值的变化。位于虚线上方区域即区域 Ⅲ、Ⅳ、Ⅴ 和 Ⅶ 的中小投资者和位于点线上方区域即区域 Ⅰ、Ⅱ、Ⅲ 和 Ⅶ 的中小投资者无疑将选择投资顾问帮助投资获取更高的投资收益。而位于虚线下方区域即区域 Ⅰ、Ⅱ 和 Ⅵ 的中小投资者和位于点线下方区域即区域 Ⅳ、Ⅴ 和 Ⅵ 的中小投资者会选择自己投资。

最后，我们研究了金融科技对投资顾问的管理成本和投资收益的影响程度相同的情况，即 $k_3/\varphi_2 = k_1/\mu_2$。图 3-8（c）中的实线表示 k_3 增加，金融科技对管理成本和投资收益的影响发生变化时财富水平阈值的变动情况。其中，位于 Ⅰ、Ⅴ 和 Ⅶ 区等实线上方的三个区域的中小投资者将选择投资顾问协助他们投资。而位于 Ⅱ、Ⅲ、Ⅳ 和 Ⅵ 等区实线下方的四个区域的中小投资者会自己投资。

进一步地，我们通过设置相应的系数 χ_i（$i=5$，6）>1 和 b_i（$i=5$，6）>0，深入研究了金融科技对投资顾问的管理成本和投资收益产生不同影响的情况。图 3-8（c）中的虚线，即 $k_1 = (k_3\mu_2/\varphi_2) \chi_5 - b_5$ 表明金融科技对管理成本和投资收益的影响会随着 k_3 的增长而增加，并且金融科技对管理成本的影响最终将大于其对投资收益的影响。而图 3-8（c）的点线则展示了在金融科技对管理成本的影响程度随着 k_1 的增加，逐渐高于金融科技对投资收益的影响程度的条件下，财富水平阈值的变化。位于虚线上方区域即区域Ⅲ、Ⅳ、Ⅴ和Ⅶ的中小投资者和位于点线上方区域即区域Ⅰ、Ⅱ、Ⅲ和Ⅶ的中小投资者无疑将选择投资顾问。而位于虚线下方区域即区域Ⅰ、Ⅱ和Ⅵ的中小投资者和位于点线下方区域即区域Ⅳ、Ⅴ和Ⅵ的中小投资者会选择自己投资。

我们将假设研究中的两个敏感性因素发生变化，而第三个因素保持不变，以比较两个敏感性因素变化对均衡域的各种影响。因此，在图3-8（a）中，我们假设 k_2 随着 k_1 的变化而变化，而 k_3 保持不变；在图3-8（b）中，我们同样假设 k_1 是常数而 k_3 随 k_2 变化；在图3-8（c）中，我们假设 k_2 保持不变而 k_1 随 k_3 变化。

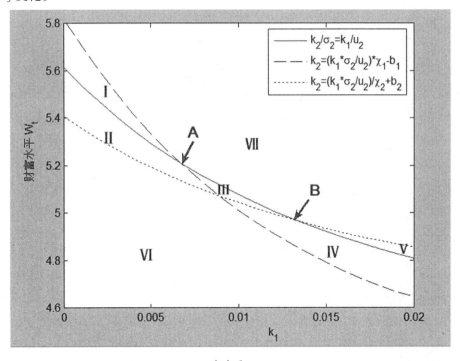

（a）k_1

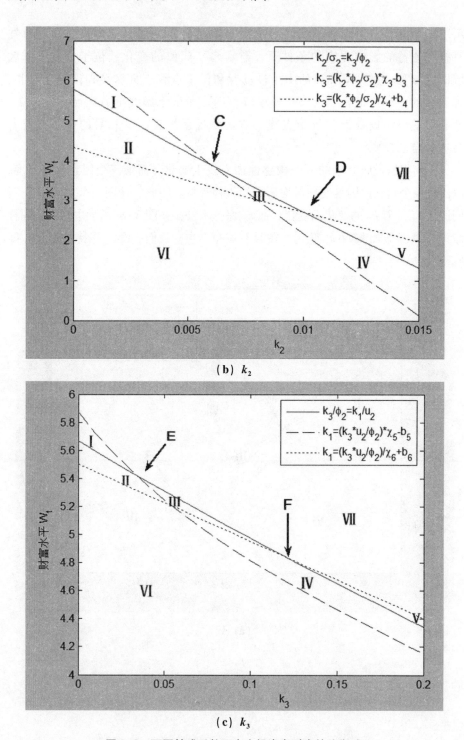

（b）k_2

（c）k_3

图3-8 不同敏感系数下中小投资者财富的均衡域

根据图 3-8，当各种敏感性参数发生变化时，财富均衡域的变化呈现出四个相同的特征。

其一，当敏感性参数上升时，图 3-8 中的三条线都随之下降。这一发现意味着，随着金融科技对投资顾问的投资回报、投资风险和管理费用的影响增加，中小投资者的财富水平阈值将降低，进而刺激中小投资者的投资需求并增加投资。其中，金融科技对投资顾问的投资回报影响越深，投资顾问的投资收益越高；金融科技对投资顾问的投资风险影响越深，投资顾问的投资风险水平越低；金融科技对投资顾问的管理成本影响越深，投资顾问的管理成本越低。

其二，I 区和 V 区的中小投资者将在金融科技对投资顾问的整体影响相对小时，考虑自己投资，即财富水平阈值分别位于虚线 A、C 和 E 点的左侧，或点线 B、D 和 F 点的右侧。换句话说，图 3-8（a）内，当金融科技对投资收益的影响大于其对投资风险的影响时，I 区和 V 区的中小投资者会选择自行投资；在图 3-8（b）中，I 区和 V 区的中小投资者将在投资风险对金融科技的敏感性高于管理成本时，选择自己投资；图 3-8（c）则表明当管理费用对金融科技的敏感性高于投资回报时，I 区和 V 区的中小投资者会自己投资。

其三，当金融科技对投资顾问的整体影响比较大时，II、III、IV 区的中小投资者会决定聘请投资顾问，即财富水平阈值分别位于虚线 A、C 和 E 点的右侧或点线 B、D 和 F 点的左侧。特别地，图 3-8（a）中金融科技对投资风险的影响相对较大时，II、III、IV 区的中小投资者会雇佣投资顾问；当金融科技对管理费用的影响相对较大时，如图 3-8（b）所示，II、III、IV 区的中小投资者会选择投资顾问；在图 3-8（c）中，当投资回报对金融科技比较敏感时，II、III、IV 区的中小投资者会寻求投资顾问的帮助。此外，随着金融科技的进步，区域 II、III 和 IV 的范围相应扩大。因此，位于此三个区域的越来越多的中小投资者可以选择与投资顾问合作并最大限度地提高回报。进一步地，财富水平相对较低的中小投资者将更多地受益于金融科技的发展。

其四，金融科技的兴起对 VI 区和 VII 区中小投资者的投资选择的影响程度较低。换句话说，无论金融科技对投资顾问的投资收益、投资风险和管理费用的影响程度如何，VI 区的中小投资者会决定自己进行投资，而 VII 区的中小投资者将会聘请投资顾问帮助投资。

图 3-8 还说明了对中小投资者财富在投资回报、投资风险和管理费用敏感性方面的变化的均衡域的不同影响。图 3-8（b）中，随着敏感性因子 k_2 从 0 变为 0.015，财富水平从 7 变为 0。这意味着金融科技对投资风险的影响最为强烈，财富水平阈值的下降程度最高。换言之，财富水平阈值对投资风险的敏感

性最强。此外，财富水平阈值仅受到金融科技对管理费用影响的变化的轻微影响。我们认为这是由于投资顾问对投资风险的变化最为敏感，因为金融科技的发展会降低投资风险，投资顾问将存在更多降低投资门槛的空间来吸引潜在的投资者，进而追求更大的投资市场份额。一方面，投资顾问可以通过更低的投资门槛吸引新的投资者，拓宽投资顾问市场，带来更大的利润；另一方面，更低的财富水平阈值能为中低财富水平的中小投资者提供一条新的投资路径，获得专业化的投资顾问服务并提升自身的投资收益。这是互利互惠的双赢局面。

综上所述，金融科技发展对投资顾问的投资回报、投资风险和管理费用的相关影响，必然会导致财富水平阈值的降低。尤其是投资顾问的投资门槛最容易受到投资风险变化的影响。换言之，金融科技对投资风险的影响越深，财富水平阈值下降得越快。自然而然地，较低的投资门槛将使中小投资者的投资需求愈加强烈，尤其是那些财富水平相对较低且在投资门槛降低之前无法负担投资顾问费用的中小投资者。

二、智能投资顾问出现后

与前节的参数设置相同，我们分别采用近五年的一年期国债平均收益率、A股平均收益率和混合型基金收益率作为无风险收益率 r、投资者自行投资的投资收益率 μ_1 和传统投资顾问的投资收益率 μ_2。由于智能投资顾问主要使用不同类型的 ETF 作为其主要投资标的物，我们将国内 ETF 近五年的平均回报视为智能投资顾问的投资收益率。因此，μ_3 为 5.7% 而 σ_3 为 0.28。由于表 3-1 已经介绍了近五年的一年期国债平均收益率、A 股平均收益率和混合型基金收益率的具体数值，我们在表 3-2 中仅介绍国内 ETF 近五年的平均收益率。

表 3-2　中国近五年的 ETF 的平均收益率

年份	2018	2019	2020	2021	2022	平均值
ETFs 收益率	-25.1%	34.4%	31.5%	7.1%	-19.5%	5.7%

（一）敏感性分析

1. 最大化收益对财富水平的敏感性分析

我们首先探讨最大化收益对财富水平的敏感程度。如图 3-9 所示，当最大化收益从 0.1 到 0.22 时，财富水平在 0.02 到 0.18 的范围内成比例变化。图 3-9 中的实线描绘了中小投资者的最大投资回报与其财富水平之间的关系，此时投资顾问市场中仅存在传统投资顾问。在投资顾问市场中既有传统投资顾问，也有智能投资顾问的情况下，图 3-9 中的虚线显示了中小投资者的最佳投资回报与其财富水平之间的关系。

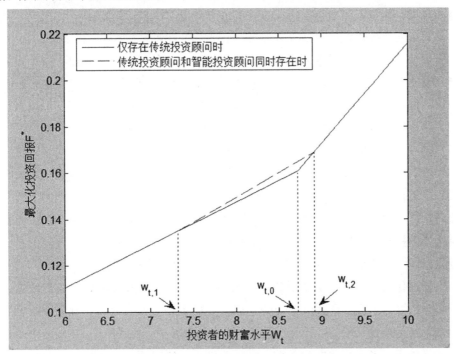

图 3-9　最大化收益对财富水平的敏感性

从图 3-9 中可知，在实线中，当中小投资者的财富水平低于财富水平阈值 $W_{t,0}$ 时，中小投资者将自己投资。这主要是由于中小投资者的财富水平相对较低，无法负担选择传统投资顾问帮助投资所需支付的管理费用。换句话说，当中小投资者认为选择传统投资顾问能带来的投资收益减去其支付给传统投资顾问的管理费用后的纯收益高于自己投资时能获得的投资收益时，中小投资者才会选择传统投资顾问帮助投资。否则，中小投资者会选择自己投资。此时，由于中小投资者自己投资的投资收益相对较低，阈值 $W_{t,0}$ 前的实线的变化较为平缓。相反，若是中小投资者的财富水平超过了 $W_{t,0}$，中小投资者将会聘请传统投资顾问帮助投资。这主要是因为传统投资顾问的投资组合回报率比中小投资者自己投资更高。毕竟，他们比中小投资者拥有更多的市场经验和知识。此时，由于中小投资者雇佣传统投资顾问帮助投资所能获得的投资收益相对较高，阈值 $W_{t,0}$ 后的实线较为陡峭。总而言之，当中小投资者的财富水平低于 $W_{t,0}$ 时，他们认为由传统投资顾问管理的投资组合（扣除管理费用）的投资回报低于自己管理的投资组合，因此，他们将决定自己投资。当财富水平高于 $W_{t,0}$ 时，中小投资者将聘请传统投资顾问来帮助他们进行投资。

图 3-9 的虚线表明了当中小投资者的财富水平低于阈值 $W_{t,1}$ 时，中小投资者将决定独自投资；当中小投资者的财富水平介于阈值 $W_{t,1}$ 和阈值 $W_{t,2}$ 之间时，他们将聘请智能投资顾问帮助投资；当中小投资者的财富水平高于阈值 $W_{t,2}$ 时，他们将雇佣传统投资顾问帮助投资。与前文的结论类似，这主要是由于中小投资者在财富水平较低的条件下无法负担投资顾问的管理费用。同时，考虑传统投资顾问的投资收益和管理费用高于智能投资顾问，且投资风险低于智能投资顾问，中小投资者选择传统投资顾问的门槛无疑高于智能投资顾问的门槛。此外，虚线的三段不同斜率的线段显示，在投资回报方面，智能投资顾问的表现优于中小投资者自己，而传统投资顾问的回报优于智能投资顾问和中小投资者自己投资的表现。换句话说，传统投资顾问的投资收益最高，智能投资顾问的投资收益次之，中小投资者自己投资的投资收益最低。很明显，随着中小投资者财富水平的提高，他们会选择聘请投资顾问帮助进行投资，从而获得更高的投资回报。同时，传统投资顾问的投资回报增长比智能投资顾问更快。

通过比较图 3-9 中的实线和虚线我们发现，当智能投资顾问进入传统金融市场时，财富水平位于阈值 $W_{t,0}$ 和阈值 $W_{t,2}$ 之间的中小投资者会选择智能投资顾问而不是传统投资顾问。同时，财富水平介于阈值 $W_{t,1}$ 和阈值 $W_{t,2}$ 之间的中小投资者将越来越多地受益于智能投资顾问的出现，他们获得了选择与智能投资顾问合作获得更高投资收益的机会，而不是自行管理投资。这主要是因为智能投资顾问的投资回报仍然优于中小投资者自己投资的投资回报，且智能投资顾问的管理成本低于传统投资顾问。因此，财富水平介于阈值 $W_{t,1}$ 和阈值 $W_{t,2}$ 之间的中低财富水平的中小投资者能够负担智能投资顾问的管理费用，并得到智能投资顾问的帮助以提升投资收益。同样地，在这种情况下，财富水平位于阈值 $W_{t,0}$ 和 $W_{t,2}$ 阈值之间的中高财富水平的中小投资者也将受益于智能投资顾问的出现，他们将有机会与智能投资顾问合作进而提高投资回报。

2. 财富水平阈值对死亡率的敏感性分析

接下来，我们将研究财富水平阈值对死亡率的敏感性。根据图 3-10，当死亡率从 0.01% 增长至 0.09% 时，财富水平阈值在 7.3 到 8.95 的范围内适当波动。考虑死亡率的变化幅度相对较低，财富水平阈值的波动幅度相对较低，我们利用图 3-10（a）（b）（c）分别证明了财富水平阈值 $W_{t,0}$、$W_{t,1}$ 和 $W_{t,2}$ 对死亡率的敏感性。

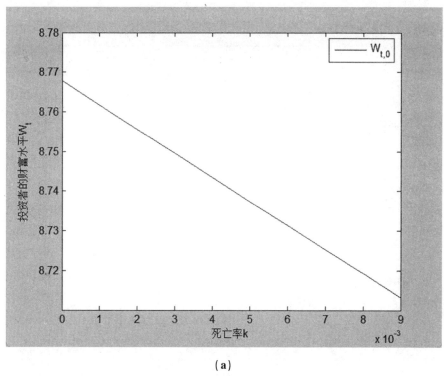

(a)

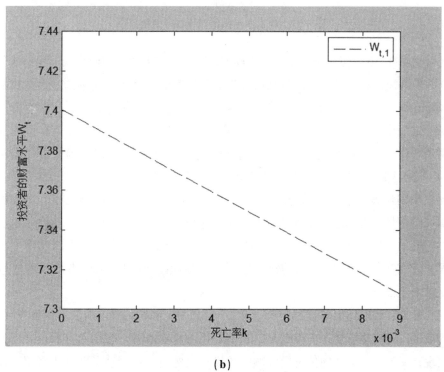

(b)

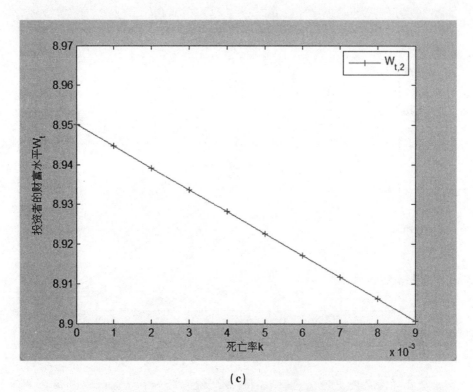

（c）

图 3-10　财富水平阈值对死亡率的敏感性

从图 3-10 可以看出，财富水平阈值均随着死亡率的增加而降低。我们认为这与长寿风险相关。长寿风险是由人们对预期寿命上升趋势的不确定性造成的风险，与死亡率密切相关。随着死亡率的增加，中小投资者的剩余预期寿命下降，进而中小投资者的长寿风险相应降低，这意味着中小投资者更有可能选择消费作为享受余生的一种方式。消费需求的增加随之而来的则是投资需求的下降，随着中小投资者的投资需求下降，财富水平阈值亦下降。而下降的死亡率则代表中小投资者的剩余预期寿命增加，也造成了中小投资者面临长寿风险困境。在漫长的剩余寿命中，中小投资者为了规避在死亡之前耗尽手中财富的窘况，更有可能选择增加投资，获取更高的投资回报，以保障中小投资者在晚年的生活质量。据此，财富水平阈值随着中小投资者增长的投资需求而上涨。

此外，我们还能通过对比阈值 $W_{t,0}$、阈值 $W_{t,1}$ 和阈值 $W_{t,2}$ 的波动幅度发现，阈值 $W_{t,0}$ 的波动幅度高于阈值 $W_{t,1}$ 和阈值 $W_{t,2}$ 的波动幅度。随着智能投资顾问的出现，一方面，下降的传统投资顾问的投资门槛进一步带动了财富水平相对较高的中小投资者的投资，并提升了中小投资者的投资收益；另一方面，投资门槛较低的智能投资顾问吸引着财富水平相对较低的中小投资者的目光，并提升了其投资收益。因此，受到智能投资顾问影响的中小投资者的整体财富水平相对较高，与未受到智能投资顾问影响的中小投资者相比，受到智能投资顾问影响的中小投资者能够拥有更强的底气抵御长寿风险为自身带来的不利影响。进而，受到智能投资顾问影响的中小投资者的财富水平阈值的波动性相对较低。

3. 财富水平阈值对时间偏好率的敏感性分析

本部分研究了财富水平阈值与时间偏好率之间的关系。如图 3-11 所示，当时间偏好率从 0.1 到 1 变化时，财富水平阈值在-1 到 10 的范围内变化。

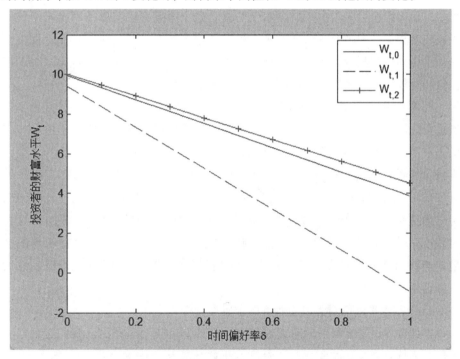

图 3-11　财富水平阈值对时间偏好率的敏感性

时间偏好率影响财富水平阈值的主要方式是影响中小投资者的消费水平。较高的时间偏好率预示着未来中小投资者的消费将更高。当中小投资者的初始财富不变时，较高的消费水平意味着较低的投资水平。因此，随着时间偏好率的增加，中小投资者的消费需求会上升而投资需求会下降。相应地，财富水平阈值也随之下降。我们认为主要原因是低收入和中等收入的中小投资者选择智能投资顾问或选择自行投资均更容易受到消费水平的影响。由于消费水平的提高，中小投资者可投资的财富将减少。因此，财富水平阈值 $W_{t,1}$ 的波动性相对较高。与高财富水平的中小投资者相比，低等和中等财富水平的中小投资者的消费支出对投资支出的挤出效应更大。进而，即使消费水平随着时间偏好率的上升而上升，拥有高财富水平的中小投资者仍将拥有相对足够的剩余财富来支付传统顾问的管理费。

图 3-11 显示，阈值 $W_{t,1}$ 的波动性大于阈值 $W_{t,0}$ 和阈值 $W_{t,2}$。阈值 $W_{t,1}$ 是中小投资者选择智能投资顾问的投资门槛，代表着中低财富水平的中小投资者的立场。由于财富水平的差异，中低财富水平的中小投资者的投资水平更易受到其消费水平的影响。阈值 $W_{t,0}$ 和阈值 $W_{t,2}$ 代表着中小投资者选择传统投资顾问的投资门槛，更有可能为中高财富水平的中小投资者发言。与中低财富水平的中小投资者相比，中高财富水平的中小投资者手中拥有充足的闲暇资金，即使消费需求增加，对其投资需求的影响也相对较小。因此，财富水平阈值 $W_{t,1}$ 的波动性相对较高，而阈值 $W_{t,0}$ 和阈值 $W_{t,2}$ 的波动性相对较低。

此外，阈值 $W_{t,0}$ 的波动幅度高于阈值 $W_{t,2}$ 的波动幅度。我们认为这是由于智能投资顾问进入传统投资顾问市场而下降的传统投资顾问的投资门槛进一步带动了财富水平处于阈值 $W_{t,0}$ 和阈值 $W_{t,2}$ 之间的中小投资者的投资，并提升了中小投资者的投资收益。换言之，我们认为受到智能投资顾问影响的财富水平处于阈值 $W_{t,0}$ 和阈值 $W_{t,2}$ 之间中小投资者的整体财富水平相较于智能投资顾问出现之前更高。进一步地，他们的投资需求被增加的消费需求所挤占的程度相对较小。受到智能投资顾问发展影响的中小投资者基于更多的财富积累的底蕴，能够削减消费需求对其投资需求的消极影响。进而，阈值 $W_{t,0}$ 的波动性大于阈值 $W_{t,2}$。

4. 财富水平阈值对无风险利率的敏感性分析

本部分对财富水平阈值对无风险利率的敏感性进行了研究。我们发现当无风险利率从 0 到 0.035 变化时，财富水平阈值变化范围为 0 到 25，如图 3-12 所示。

图 3-12 的趋势显示了财富水平阈值如何随着无风险利率的增长而增长。这是因为中小投资者和投资顾问的无风险资产的投资回报对中小投资者而言是无差的。换句话说，中小投资者可以在花费同样成本的条件下获得与投资顾问相同的无风险资产投资回报。一方面，较高的无风险利率会为中小投资者带来更大的回报，促进他们自己投资，增加了投资需求。进一步地，中小投资者将要求投资顾问能为他们提供更高的投资回报。由于这一要求，投资顾问将

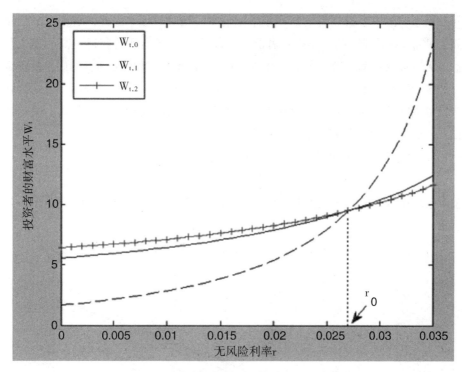

图3-12 财富水平阈值对无风险利率的敏感性

承担更多的市场研究费用和市场信息搜寻费用，以优化投资组合。据此，中小投资者将为投资顾问支付更高的管理费，财富水平阈值随着无风险利率一同增长。

与阈值$W_{t,0}$和阈值$W_{t,2}$相比，阈值$W_{t,1}$明显具有更高的波动幅度。同时，当无风险利率达到r_0时，阈值$W_{t,1}$超过了阈值$W_{t,2}$，这表明中小投资者此时不会考虑雇佣智能投资顾问帮助投资。我们认为，一旦中小投资者通过无风险投资提高了投资回报，智能投资顾问的相对高投资收益和相对低管理成本的优势将不再存在。能够获得更高无风险投资收益的中小投资者无疑会要求智能投资顾问为其提供更高的投资收益，而当智能投资顾问花费更多的市场搜寻成本提升自身投资组合的投资收益时，也代表着智能投资顾问失去了相较于传统投资顾问的低成本的优势。随着智能投资顾问的投资门槛上涨，中小投资者将更倾向于支付更多的管理费用选择能为其带来更高投资收益的传统投资顾问帮助投资。因此，阈值$W_{t,1}$的波动性明显高于阈值$W_{t,0}$和阈值$W_{t,2}$，且当无风险利率足够高时，中小投资者将不会考虑雇佣智能投资顾问帮助投资。

同样地，我们发现阈值$W_{t,0}$的波动幅度高于阈值$W_{t,2}$。考虑受到智能投资顾问发展影响的中小投资者的财富水平阈值 $W_{t,1}$ 相对较低，因此，财富水平位于阈值 $W_{t,0}$ 和阈值 $W_{t,2}$ 的中小投资者能在智能投资顾问出现后获得更高的投资收益。无风险收益率的增长会使得财富水平位于阈值 $W_{t,0}$ 和阈值 $W_{t,2}$ 的中小投资者对传统投资顾问帮助投资所获得的投资收益提出更高的要求。进而，未受到智能投资顾问发展影响的中小投资者的财富水平阈值的波动性相对较高。换句话说，阈值 $W_{t,0}$ 的波动幅度高于阈值 $W_{t,2}$。

5. 财富水平阈值对风险厌恶系数的敏感性分析

本部分探讨了财富水平阈值对风险厌恶系数的敏感性。我们发现，当风险厌恶系数从 0 到 1 变化时，财富水平阈值在 0 到 12 的范围内相应变化，如图 3-13 所示。

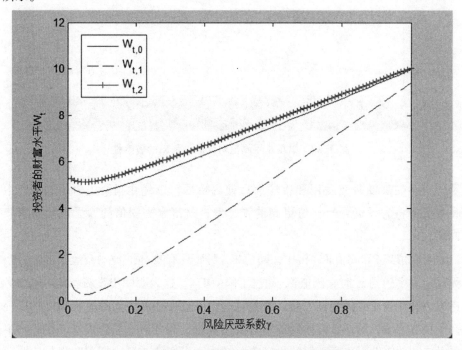

图 3-13　财富水平阈值对风险厌恶系数的敏感性

中小投资者的风险厌恶程度由风险厌恶系数表示。其中，当风险厌恶系数较小时，中小投资者倾向于寻求高风险、高回报的金融投资，他们更能容忍潜在的财富损失。较高的风险厌恶系数则表明中小投资者更难以接受财务损失，他们要么不愿意投资，要么投资于低收益、低风险甚至无风险的金融资产，要么更愿意在同样的风险条件下要求更高的回报率。

图 3-13 的趋势表明，随着风险厌恶系数的增加，财富水平阈值会先下降

后上升。我们认为产生这种现象的最根本的原因是风险厌恶系数较低的情形下，中小投资者偏好风险投资，并增加对投资顾问的需求，投资顾问更容易在相对较低的成本下满足中小投资者对投资组合的收益要求或者风险要求。此时，财富水平阈值会相应地下降。然而，风险厌恶系数越高，中小投资者越难以接受投资过程中可能出现的损失。换言之，在同样的风险条件下，中小投资者所要求的投资回报越高。因此，投资顾问为了满足中小投资者的需求导致自身的成本进一步增长以提高投资回报，最终使得投资顾问的投资门槛提高，随之而来的则是财富水平阈值上升。此外，阈值 $W_{t,2}$ 高于阈值 $W_{t,0}$。这是因为智能投资顾问的出现大大降低了中小投资者选择投资顾问的门槛，进一步地提高了中小投资者尤其是原本无法雇佣投资顾问的投资者对投资顾问的需求。伴随着中小投资者对投资顾问需求的上涨，部分原本仅能选择传统投资顾问的投资者在智能投资顾问出现后，能够获得更高的投资收益或更低的投资风险。

先前的理论假设表明，智能投资顾问相较于传统投资顾问，拥有更大的投资风险。因此，与传统投资顾问相比，中小投资者将会要求智能投资顾问在既定的财富水平的条件下提供更高的投资回报。因此，智能投资顾问的成本增长得更快，投资门槛也相应提升。进而，阈值 $W_{t,1}$ 的膨胀速度比阈值 $W_{t,2}$ 的更快。同时，我们发现阈值 $W_{t,0}$ 的波动幅度高于阈值 $W_{t,2}$ 的波动幅度。风险厌恶系数的增长会使得中小投资者对投资顾问帮助投资所获得的投资收益提出更高的要求。由于传统投资顾问的投资收益率相对较高，大幅提升投资收益所花费的成本势必高于智能投资顾问。进而，传统投资顾问的上升的成本在转嫁给中小投资者之后，中小投资者选择传统投资顾问的投资门槛进一步上涨，即阈值 $W_{t,2}$ 上涨。财富水平越高的中小投资者对传统投资顾问的投资收益的增长幅度要求越高。因此，受到智能投资顾问发展影响的整体中小投资者的财富水平阈值的波动性相对较低，而未受到智能投资顾问影响的中小投资者的财富水平阈值的波动性较高。

6. 财富水平阈值对加价系数的敏感性分析

本部分将研究财富水平阈值对加价系数的敏感性。如图 3-14 所示，我们发现当加价系数从 0 到 0.02 变化时，财富水平阈值在 5 到 14 的范围内波动。

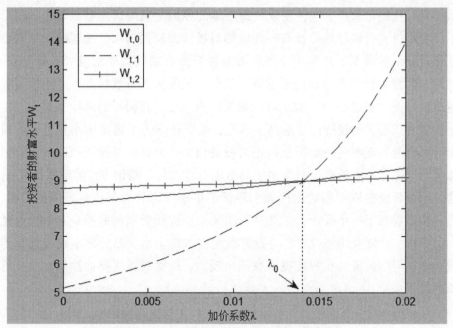

图3-14 财富水平阈值对加价系数的敏感性

从前文理论假设可知，投资顾问的管理费包括固定成本和可变成本。其中，可变成本受加价系数的影响，加价系数越高，意味着中小投资者雇佣投资顾问时必须支付更高的管理费用。

图3-14显示了财富水平阈值是如何随着加价系数的增加而上升的。我们认为主要是由于投资顾问的整体管理费在加价系数增加时增长。当投资顾问的可变成本和总管理成本增加后，投资顾问将会把已增加的成本部分通过转嫁给中小投资者的方式以谋取更高的利润。因此，中小投资者将不得不为相同的投资回报水平支付更高的成本，而财富水平阈值也随之增长。当加价系数接近0.015时，中小投资者停止选择智能投资顾问。我们认为这是由于在金融科技水平没有显著提升的情况下，智能投资顾问的投资回报增长率受到限制。但随着加价系数的增加，智能投资顾问收取的管理费将增加。因此，在投资收益扣除管理费后，智能投资顾问的投资回报无法与中小投资者的预期回报相匹配，中小投资者更愿意雇佣传统投资顾问而不是智能投资顾问。

同时，我们发现当投资顾问的可变成本足够小时，智能投资顾问的出现增加了传统投资顾问的投资门槛。我们认为，当加价系数相对较低时，智能投资顾问相对于传统投资顾问的成本优势将显著吸引新投资者进入投资顾问市场，并增加投资需求。因此，阈值 $W_{t,2}$ 大于阈值$_{W_{t,0}}$。然而，随着成本逐渐增加，智能投资顾问的成本优势将消失，进入投资顾问市场的新投资者随之减少。最终导致智能投资顾问放弃进入市场，换句话说，此时没有投资者会选择智能投资顾问帮助投资。因为智能投资顾问需要的财富门槛比传统的投资顾问更高，但能为中小投资者带来的收益相对更低。

此外，我们发现阈值 $W_{t,1}$ 的波动幅度远高于阈值 $W_{t,2}$ 的波动幅度。智能投资顾问的主要优势是能为中小投资者提供相对低成本和相对高投资收益的投资组合。而随着加价系数的增长，智能投资顾问相对于传统投资顾问的主要优势——低成本正在逐步消减。因此，导致阈值 $W_{t,1}$ 的波动因素除了成本的增长外，逐步下降的智能投资顾问对于中小投资者的吸引力也是一个重要影响因素。进一步地，阈值 $W_{t,1}$ 的膨胀速度比阈值 $W_{t,2}$ 更快。换句话说，当选择智能投资顾问而需支付的管理成本超出中小投资者的心理预期时，中小投资者就会改变他们选择智能投资顾问的想法。也就是说，智能投资顾问相较于传统投资顾问的吸引力不复存在，最后导致阈值 $W_{t,1}$ 大于阈值 $W_{t,2}$。因此，当加价系数足够大时，中小投资者不会选择智能投资顾问帮助他们进行投资。

7. 财富水平阈值对智能投资顾问的固定费用的敏感性分析

本部分将研究财富水平阈值对智能投资顾问的固定费用的敏感性。如图 3-15 所示，我们发现当智能投资顾问的固定费用从 0 到 2 变化时，财富水平阈值在 0 到 15 的范围内波动。

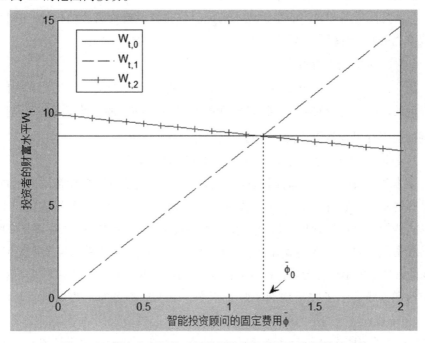

图 3-15　财富水平阈值对智能投资顾问的固定费用的敏感性

投资顾问向中小投资者收取的管理费用包含可变成本部分和不变成本部分，而 $\bar{\varphi}$ 通过影响着智能投资顾问的固定成本进而影响智能投资顾问的管理费用，最终对智能投资顾问和传统投资顾问的财富水平阈值产生影响。从图 3-15 可知，阈值 $W_{t,0}$ 与智能投资顾问的固定费用 $\bar{\varphi}$ 无关，而 $\bar{\varphi}$ 的增长会提升阈值 $W_{t,1}$ 和降低阈值 $W_{t,2}$。$\bar{\varphi}$ 的增加会提升投资者选择智能投资顾问的成本，在投资回报未提升而投资成本上涨的条件下，智能投资顾问的投资门槛相应提升，并降低了智能投资顾问的市场竞争力。随着 $W_{t,1}$ 的上涨，一方面，智能投资顾问的普惠性下降，投资者对投资顾问的市场需求随之下降；另一方面，面对成本上涨的智能投资顾问，传统投资顾问的市场竞争力提升，选择传统投资顾问帮助投资能为中小投资者带来更高的投资收益，进而传统投资顾问的投资门槛下降。因此，$W_{t,2}$ 随着 $\bar{\varphi}$ 的增长而下降。

此外，我们还发现在 $\bar{\varphi}=\bar{\varphi}_0$ 的条件下，$W_{t,0}=W_{t,1}=W_{t,2}$。而当 $\bar{\varphi}>\bar{\varphi}_0$ 时，$W_{t,1}>W_{t,2}$ 且 $W_{t,1}>W_{t,0}$。这表明了投资者不会考虑智能投资顾问，因为财富水平低于 $W_{t,1}$ 且高于 $W_{t,0}$ 的投资者选择传统投资顾问能获得更高的投资收益。智能投资顾问的市场优势在于低管理费用，一旦失去低成本的优势，智能投资顾问对投资者将失去吸引力。因此，智能投资顾问应当依托数字金融的发展提升平台技术，降低服务器和客户的维护成本的同时优化智能投资组合的构建，在保持低成本优势的同时提升投资收益。

（二）均衡域选择分析

图 3-16 和图 3-17 分别展示了平均预期回报和平均波动率的变化对智能投资顾问的均衡域选择的影响。我们在阈值 $W_{t,0}=W_{t,1}=W_{t,2}$ 的条件下考虑智能投资顾问的固定费用 $\bar{\varphi}$ 和传统投资顾问的固定费用 φ 的关系。

1. 不同平均预期收益下智能投资顾问的均衡域分析

在本节，我们探讨了智能投资顾问的平均期望收益对智能投资顾问的均衡域选择的影响，如图 3-16 所示。其中，图 3-16（a）分别用实线、虚线、十字线和点线展示了在平均期望收益不变、中小投资者的平均期望收益增长 20%、传统投资顾问的平均期望收益增长 20% 和智能投资顾问的平均期望收益增长 20% 的条件下中小投资者对投资顾问的决策。图 3-16（b）分别用实线、虚线、十字线和点线展示了在平均期望收益不变、中小投资者的平均期望收益增长 5%、传统投资顾问的平均期望收益增长 5% 和智能投资顾问的平均期望收益增长 5% 的条件下中小投资者对投资顾问的决策。据此，我们将中小投资者的决策区域划分为五部分，分别为区域Ⅰ、区域Ⅱ、区域Ⅲ、区域Ⅳ和区域Ⅴ。总体而言，位于实线、虚线、十字线和点线等线段的左上方区域的智能投资顾问会进入投资顾问市场，而位于线段右下方区域的智能投资顾问会因为没有投资者选择而退出市场。具体的数值我们在表3-3中介绍。

表3-3　不同平均预期收益下的传统投资顾问和智能投资顾问的固定费用

情景	φ under $\bar{\varphi}=0.5$	φ under $\bar{\varphi}=1$	φ under $\bar{\varphi}=1.5$	φ under $\bar{\varphi}=2$
参照点	2.0995	4.1991	6.2986	8.3982
$\mu_1+20\%$	2.7926	5.5852	8.3778	11.1704
$\mu_2+20\%$	2.5334	5.0669	7.6003	10.1337
$\mu_3+20\%$	1.1161	2.2322	3.3483	4.4645
$\mu_1+5\%$	2.2091	4.4183	6.6274	8.8365
$\mu_2+5\%$	2.2247	4.4494	6.6741	8.8988
$\mu_3+5\%$	1.7271	3.4541	5.1812	6.9082

从表3-3可知，不论中小投资者和传统投资顾问的平均期望收益的增长波动幅度是偏高（20%）还是偏低（5%），都会导致传统投资顾问的固定费用 φ 上升，而智能投资顾问的平均期望收益的上升则会导致 φ 的下降。这说明中小投资者和传统投资顾问的平均期望收益的增长会削弱中小投资者对智能投资顾问的兴趣，加大智能投资顾问进入投资顾问市场的难度。而智能投资顾问的平均期望收益的上升则会提升中小投资者对智能投资顾问的信心，一方面拓展了财富水平相对较低的中小投资者群体作为投资顾问的服务群体，另一方面也增加了中小投资者对投资顾问的总体需求。最终降低了智能投资顾问进入投资顾问市场的难度，并提升了智能投资顾问在投资顾问市场的占有率。

此外，我们发现当平均期望收益的增长波动幅度较高时，相较于传统投资顾问，中小投资者的平均期望收益的增长能更大幅度增加 φ。而当平均期望收益的增长波动幅度较低时，传统投资顾问的平均期望收益的增长对 φ 的积极影响的程度要高于中小投资者。这是因为中小投资者的平均期望收益的增长意味着投资者能通过自行投资获得更高的投资收益，对投资顾问不论是智能投资顾问还是传统投资顾问的需求均会下降。相对地，传统投资顾问的平均期望收益的增长主要是通过提升自身在投资顾问市场的竞争力，进而影响中小投资者对投资顾问的偏好和选择，并没有影响中小投资者对投资顾问的整体需求。因此，随着平均期望收益的增长波动幅度的提升，中小投资者的平均期望收益的增长对 φ 的影响程度更强。

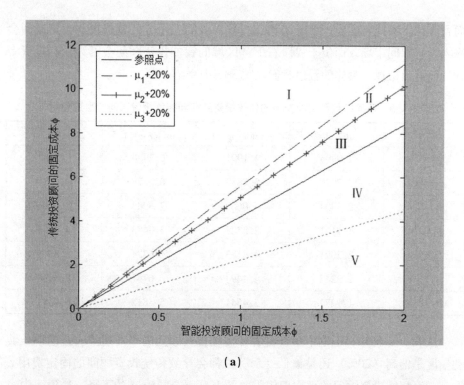

（a）

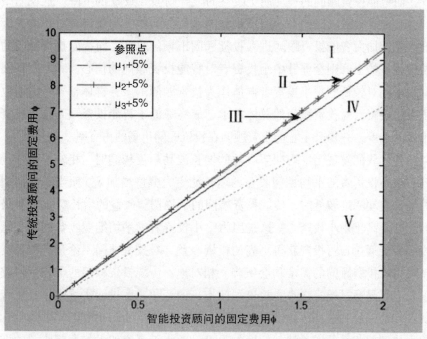

（b）

3-16　不同平均期望收益条件下智能投资顾问的均衡域

从图 3-16 可知当平均期望收益不变时，区域Ⅰ、Ⅱ和Ⅲ的智能投资顾问会占据一定的投资顾问市场份额，而在区域Ⅳ和Ⅴ中，因为没有中小投资者会选择智能投资顾问帮助投资，智能投资顾问无法进入投资顾问市场。当中小投资者的平均期望收益 μ_1 增长 20% 时，只有区域Ⅰ的智能投资顾问有资格进入投资顾问市场；当传统顾问的投资收益率 μ_2 增长 20% 时，区域Ⅰ和区域Ⅱ的智能投资顾问会进入投资顾问市场；当智能投资顾问的投资收益率 μ_3 增长 20% 时，只有区域Ⅴ的智能投资顾问不会进入投资顾问市场。我们认为 μ_1 或 μ_2 的增长会增强中小投资者自己投资或选择传统投资顾问的信心，促使投资者对智能投资顾问提出更高的要求，比如，更高的投资收益率或更低的管理费用。这些高要求提升了智能投资顾问进入市场的难度。相反，当 μ_3 增长时智能投资顾问会对投资者产生更强烈的吸引力，投资者可以接受更高的管理费用。因此，智能投资顾问的入市门槛将更容易达到。

随着平均期望收益的增长幅度的下降（由 20% 下降到 5%），我们发现区域Ⅰ和区域Ⅴ呈现扩张趋势，而区域Ⅱ、Ⅲ和Ⅳ呈现收缩趋势。这也意味着中小投资者和传统投资顾问的平均期望收益的增长对中小投资者的智能投资顾问需求的负面影响有所下降。换句话说，中小投资者和传统投资顾问的平均期望收益增长的幅度越低，智能投资顾问进入投资顾问市场的难度越低，中小投资者越有可能选择智能投资顾问。此外，在平均期望收益的增长幅度为 5% 的条件下，μ_2 的增长对智能投资顾问的入市决策的影响力增强，甚至超过 μ_1 的影响力。事实上，μ_1 的增长意味着中小投资者能通过自行投资获得更高的投资收益，在自己投资能获得更高的投资收益的情形下，中小投资者对投资顾问的需求会下降，不论是智能投资顾问还是传统投资顾问。而 μ_2 的增长仅影响传统投资顾问在投资顾问市场的竞争力，提升其在投资顾问市场的市场份额，压缩智能投资顾问在投资顾问市场的市场份额。换句话说，μ_2 的增长会影响中小投资者对投资顾问的决策，而不会影响中小投资者对投资顾问的需求。进而，智能投资顾问的入市门槛除了受到传统投资顾问的市场竞争力的影响外，还面临着低市场需求的压力。这种趋势在平均期望收益的增长幅度较低的情形下并不明显，而在高平均期望收益的增长幅度的条件下被进一步增强。

不论平均期望收益的增长幅度如何变化，μ_3 的增长对智能投资顾问的入市决策的影响最强。这是因为智能投资顾问的普惠性能进一步刺激中小投资者尤其是低财富水平的中小投资者对投资顾问的需求。一方面，μ_3 的增长能增强智能投资顾问在投资顾问市场的竞争力，为中小投资者带来更高的投资收益；另一方面，智能投资顾问相对传统投资顾问更低的财富水平阈值也增加了中小投资者对投资顾问的整体需求，为中小投资者尤其是原本无法负担传统投资顾问的财富水平相对较低的中小投资者开辟了对投资顾问的新选择。

2. 不同平均风险下智能投资顾问的均衡域分析

在本部分我们探讨了智能投资顾问的平均波动对智能投资顾问的均衡域选择的影响，如图3-17所示。其中，图3-17（a）分别用实线、虚线、十字线和点线展示了在平均波动不变、中小投资者的平均波动增长20%、传统投资顾问的平均波动增长20%和智能投资顾问的平均波动增长20%的条件下中小投资者对投资顾问的决策。图3-17（b）分别用实线、虚线、十字线和点线展示了在平均波动不变、中小投资者的平均波动增长5%、传统投资顾问的平均波动增长5%和智能投资顾问的平均波动增长5%的条件下中小投资者对投资顾问的决策。据此，我们将中小投资者的决策区域划分为五部分，分别为区域Ⅰ、区域Ⅱ、区域Ⅲ、区域Ⅳ和区域Ⅴ。总体而言，位于实线、虚线、十字线和点线等线段的左上方区域的智能投资顾问会进入投资顾问市场，而位于线段右下方区域的智能投资顾问会因为没有投资者选择而退出市场。具体的数值我们在表3-4中介绍。

表3-4　不同平均波动下的传统投资顾问和智能投资顾问的固定费用

情景	φ under $\bar{\varphi}=0.5$	φ under $\bar{\varphi}=1$	φ under $\bar{\varphi}=1.5$	φ under $\bar{\varphi}=2$
参照点	2.0995	4.1991	6.2986	8.3982
$\sigma_1+20\%$	2.0497	4.0993	6.1490	8.1987
$\sigma_2+20\%$	1.9291	3.8582	5.7873	7.7164
$\sigma_3+20\%$	2.5397	5.0793	7.6190	10.1586
$\sigma_1+5\%$	2.0850	4.1700	6.2550	8.3400
$\sigma_2+5\%$	2.0543	4.1086	6.1629	8.2172
$\sigma_3+5\%$	2.2068	4.4136	6.6204	8.8272

从表3-4可知，不论中小投资者和传统投资顾问的平均波动的增长波动幅度是偏高（20%）还是偏低（5%），都会导致传统投资顾问的固定费用φ下降。而智能投资顾问的平均波动的上升则会导致φ的上升。这说明中小投资者和传统投资顾问的平均波动的增长会增强投资的风险，并提升中小投资者对智能投资顾问的兴趣，降低智能投资顾问进入投资顾问市场的难度。而智能投资顾问

的平均波动的上升则会提升金融投资的风险，并降低中小投资者对智能投资顾问的信心。一方面，增长的投资风险会增加智能投资顾问的财富水平阈值，降低智能投资顾问的普惠性，财富水平相对较低的中小投资者群体更难获得智能投资顾问的帮助；另一方面，上升的财富水平阈值也会降低中小投资者对投资顾问的总体需求。最终，智能投资顾问进入投资顾问市场的难度提升，并且智能投资顾问在投资顾问市场的占有率降低。

此外，我们发现相较于中小投资者，传统投资顾问的平均波动的增长能更大幅度地降低 φ。这是因为中小投资者的平均波动的增长意味着中小投资者会降低自行投资获得投资收益的信心，转而寻求投资顾问的帮助并增加对投资顾问的需求。相对地，传统投资顾问的平均波动的增长会提升投资风险和降低自身在投资顾问市场的竞争力，进而影响中小投资者对投资顾问的偏好和选择，并没有影响中小投资者对投资顾问的整体需求。因此，传统投资顾问的平均波动的增长对 φ 的影响程度更强。

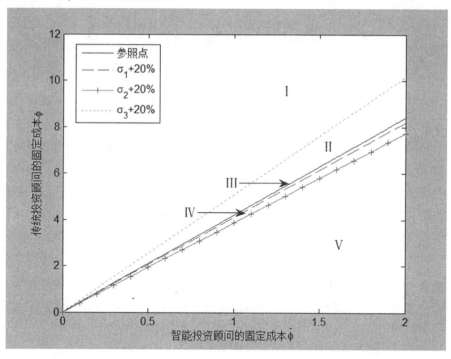

（a）

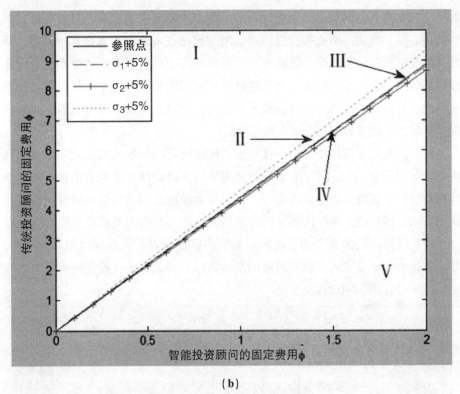

（b）

图 3-17　不同平均波动条件下智能投资顾问的均衡域

从图 3-17 可知当平均波动不变时，区域Ⅰ和Ⅱ的智能投资顾问会占据一定的投资顾问市场份额，而在区域Ⅲ、Ⅳ和Ⅴ中，因为没有中小投资者会选择智能投资顾问帮助投资，智能投资顾问无法进入投资顾问市场。当智能投资顾问的投资波动水平 σ_3 增长 20% 时，只有区域Ⅰ的智能投资顾问会进入市场；当投资者的投资波动水平 σ_1 增长 20% 时，区域Ⅰ、Ⅱ和Ⅲ的智能投资顾问会进入市场；当传统投资顾问的投资波动水平 σ_2 增长 20%，只有区域Ⅴ的智能投资顾问不会进入市场。我们认为 σ_1 或 σ_2 的增长会降低中小投资者自己投资或选择传统投资顾问的信心，促使中小投资者偏好智能投资顾问。这种偏好降低了智能投资顾问进入市场的难度。相反，当 σ_3 增长时，智能投资顾问的投资风险增长而投资收益却没有相应提升，此时中小投资者会放弃选择智能投资顾问而偏好自己投资或传统投资顾问帮助投资。换句话说，随着智能投资顾问的入市门槛提升，智能投资顾问进入投资顾问市场的难度也会上升。

随着平均波动的增长幅度的下降（由 20% 下降到 5%），我们发现区域Ⅰ和区域Ⅴ呈现扩张趋势，而区域Ⅱ、Ⅲ和Ⅳ呈现收缩趋势。这也意味着中小投资者和传统投资顾问的平均波动的增长对中小投资者的智能投资顾问需求的正面影响有所下降。换句话说，中小投资者和传统投资顾问的平均波动增长的幅度越低，智能投资顾问进入投资顾问市场的难度越高。此外，σ_2 的增长对智能投资顾问的入市决策的影响力高于 σ_1 的影响力。事实上，σ_1 的增长意味着中小投资者自行投资的投资风险更高，据此，中小投资者对投资顾问的需求会上升，不论是智能投资顾问还是传统投资顾问。而 σ_2 的增长会降低传统投资顾问在投资顾问市场的竞争力，中小投资者更可能选择智能投资顾问，进而提升了智能投资顾问在投资顾问市场的市场份额。换句话说，σ_2 的增长会提升中小投资者对智能投资顾问的需求。而 σ_1 的增长不仅会提升中小投资者对智能投资顾问的需求，还会提升中小投资者对传统投资顾问的需求。因此，相对于 σ_1，σ_2 对智能投资顾问的入市决策的影响更强。

不论平均期望收益的增长幅度如何变化，σ_3 的增长对智能投资顾问的入市决策的影响最强。这是因为智能投资顾问的财富水平阈值会随着 σ_3 的增长而下降，进一步降低了智能投资顾问的普惠性以及中小投资者尤其是低财富水平的中小投资者对投资顾问的需求。一方面，σ_3 的增长会降低智能投资顾问在投资顾问市场的竞争力，为中小投资者带来更高的投资风险；另一方面，智能投资顾问上涨的财富水平阈值也降低了中小投资者对投资顾问的整体需求。

第二节　大数据背景下机构投资者决策机理研究

本节我们探讨大数据背景下，机构投资者投资决策的内在机理。本节将考虑大数据信息识别精度、金融科技信息识别精度、受传统偏差影响人口占比和受主观偏差影响人口占比对大数据和金融科技减少偏差的积极效益、数字鸿沟信息识别精度、受大数据综合信用评分偏差影响人口占比和受在线问卷评分偏差影响人口占比对大数据和金融科技带来总偏差的效益，最后将正负机制进行对比分析。

一、大数据和金融科技减少偏差的分析

（一）大数据减少偏差的敏感性分析

首先，我们考虑结论 4 中群体 B 的信息识别精度对大数据减少的总偏差的敏感性分析。假定变量 N 为常数，群体 B 的信息识别精度则在 0 到 80 的范围内

波动，如图 3-18 所示。

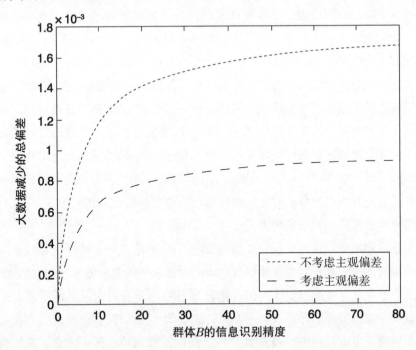

图 3-18 群体 B 信息识别精度对大数据减少的总偏差的敏感性

从图 3-18 中可以看出大数据减少的总偏差在 0 到 0.0018 的范围内波动，其中，上方的点线代表在不考虑主观偏差时大数据减少的总偏差随群体 B 的信息识别精度的变化，下方的虚线代表在考虑主观偏差时大数据减少的总偏差随群体 B 的信息识别精度的变化。首先探讨在不考虑主观偏差时的变化，从曲线走向看，前半段随着群体 B 的信息识别精度提高，大数据减少的总偏差增长趋势明显，在精度约等于 15 时出现拐点，此后曲线随着精度的继续提高而放缓。在考虑主观偏差时，曲线出现相似的变化趋势，且拐点位于精度约等于 10 处。出现这种情况的原因在于机构投资者一开始面对的融资方属于在传统模式下观测到的受偏差影响较大的融资方，所以在取值较低时变化速率较快，随着群体 B 信息识别精度的提高，机构投资者面临的高价值融资方基本可识别到，所以减少的总偏差增速放缓。

与前文的理论分析相对应，我们认为机构投资者在进行投资决策时，会将所有融资方的风险程度、投资回报率按等级划分。在信息识别精度较低时，机构投资者更有可能因为节约信息搜寻成本和评估成本而拒绝对已被认定为拒绝的融资方进行全面分析，此时采用大数据技术提高信息识别精度能重新全面地评估被拒绝的融资方，将这部分重新纳入投资名单。而随着信息识别精度的进一步提高，机构投资者的融资名单不是从拒绝投资向接受投资转变，而是投资金额以及投资期限的变动，因此，此时表现出的总偏差随着信息识别精度的提高而放缓。与此同时，我们发现相同的信息识别精度下，考虑主观偏差比不考虑主观偏差时大数据减少的总偏差更多。可能的原因在于，大数据技术对主观偏差并不起作用，主观偏差的存在依然限制着机构投资者投资决策的准确度。两者之间的差值随着群体 B 信息识别精度的提高而趋于稳定，且差值表现为机构投资者决策时主观偏差的大小。

其次，考虑结论 4 中 B 组的人口占比对大数据减少总偏差的敏感性分析。我们将群体 B 的人口占比取值 0 到 0.5。具体模拟图如图 3-19 所示。

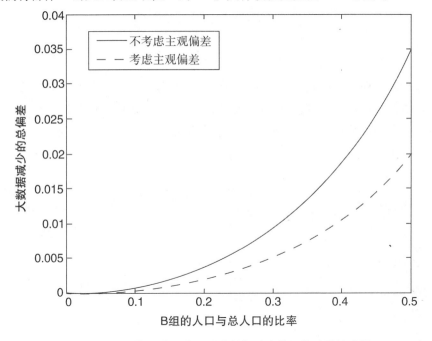

图 3-19 群体 B 人口占比对大数据减少的总偏差的敏感性

从图 3-19 中可以看出，大数据减少的总偏差在 0 到 0.04 的范围内变化，此时实线代表在不考虑主观偏差时，大数据减少的总偏差随群体 B 的人口占比的变化；虚线代表考虑主观偏差时，大数据减少的总偏差随群体 B 的人口占比的变化。首先，不考虑主观偏差时，两者的曲线变动呈现出指数增长，即 B 组人口比例每向上变动一个百分点，大数据减少的总偏差变动幅度增大。

与前文的理论分析相对应，我们探讨的 B 组人口占比从侧面表示为机构投资者识别融资方能力。大数据技术有助于机构投资者识别潜在受偏差影响人口，此时与传统模式相比，大数据帮助机构投资者纳入受偏差影响融资方，且大数据技术越成熟，纳入受偏差影响客户群体越多。从现实情况来看，如果机构投资者的投资次数是可变的，采用大数据技术后，机构投资者投资范围变广，投资次数变多，且多出来的即为受偏差影响融资方，B 组人口占比增大。此时对受偏差影响群体的投资数增速与总投资数增速的差值逐渐拉大，表现为随着 B 组人口占比增大，大数据减少的总偏差增大。与此同时，B 组人口占比相同时，不考虑主观偏差时大数据减少的总偏差比考虑主观偏差时大数据减少的总偏差更多，且差值增大。可能的原因在于，拟纳入受偏差影响的融资方越多，机构投资者总体产生的主观偏差也越大，而这种主观偏差多到可抵消一部分大数据技术的积极影响。由此可见，采用金融科技克服主观偏差也是必要的。

（二）金融科技减少偏差的敏感性分析

我们继续探讨结论 5 中金融科技的信息识别精度、受主观偏差影响的人口占比和大数据信息识别精度对金融科技减少的总偏差的敏感性分析。首先，将群体 B 的信息识别精度取值 0 到 30。具体模拟图如图 3-20 所示。

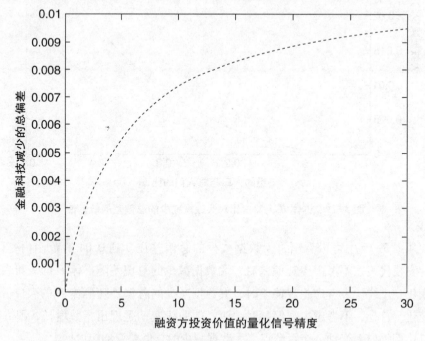

图 3-20　金融科技信息识别精度对金融科技减少的总偏差的敏感性

从图 3-20 可以看出，金融科技减少的总偏差在 0 到 0.01 的范围内波动。从曲线变动趋势来看，曲线斜率逐渐减小。随着金融科技对融资方投资价值的量化信号精度的提高，金融科技减少的总偏差增大，且增长幅度减小，这与大数据的变化趋势一致。产生这种变化的可能原因是当融资方投资价值的量化信号精度较低时，机构投资者探测到的受偏差影响的融资方是较多的，并且大部分受偏差影响的融资方并不处于机构投资者原本的投资门槛之上，此时，随着融资方投资价值的量化信号精度的提高，大部分位于门槛之下受偏差影响的融资方获得了机构投资者的投资机会，此时，机构投资者选择了受偏差影响融资方的投资申请，减少的总偏差增大。然而，随着融资方投资价值的量化信号精度继续提高，机构投资者已经识别到了大部分受偏差影响的融资方，剩下的即使也受到了偏差影响，但其真实投资价值仍在门槛之下，所以此时继续提高融资方投资价值的量化信号精度，金融科技减小的总偏差增速放缓。

由此可以看出，当采用金融科技时，与大数据技术相似，信息识别精度较低时，传统模式得到的融资方信息是不完全的，此时投资者不会考虑对其投资，而金融科技则通过挖掘信息对融资方进行全面评估。在整体信息识别精度较低时，机构投资者会将过去拒绝的融资方重新纳入投资考虑范围，此时金融科技减少的总偏差增幅较大。随着信息识别精度的进一步增加，机构投资者更多考虑对已经处于投资范围的融资方增加投资金额或者投资次数，此时金融科技减少的总偏差增幅较小。因此，在考虑融资方投资价值的量化信号精度时，机构投资者要注重投资成本和技术开发之间的平衡关系。技术开发固然有好处，但是当金融科技识别精度足够机构投资者做出最优决策，就不必再进一步开发金融科技，否则成本超过收益的模式是不可取的。

其次，我们考虑受主观偏差影响的人口占比对金融科技减小的总偏差的敏感性分析，将受主观偏差影响的人口占比取值 0 到 1，模拟图如图 3-21 所示。

从图 3-21 可以看出，金融科技减小的总偏差在 0 到 1 的范围内波动。从曲线的变动趋势来看，受主观偏差影响的人口比例在 0 到 0.9 的范围内时，金融科技减少的总偏差较小；在 0.9 到 1 的范围内时，金融科技减少的总偏差较大。由此可知，相比于大数据技术，金融科技通过增加受主观偏差影响的人口占比从而减少总偏差的效用较弱。可能的原因在于主观判断处于机构投资者投资决策的第二顺位，即机构投资者不会优先考虑融资方的公司形象。在受主观偏差影响的人口比例较低时，机构投资者在可选择的融资方范围内公司差异较小，同类融资方属于同质化竞争，此时机构投资者不太关注融资方公司形象（例如办公环境、员工素质等），而是考虑公司的长期价值、盈利模式和风险水平。在

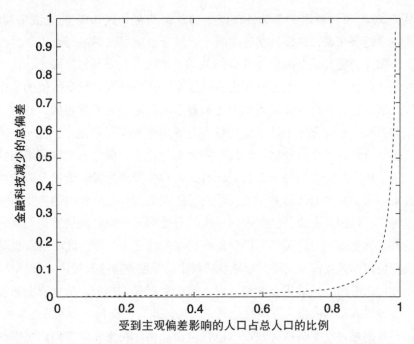

图 3-21　受主观偏差影响的人口占比对金融科技减少的总偏差的敏感性

　　这种情况下，通过填写在线问卷减少的总偏差是较小的。当受主观偏差影响的人口比例增大时，纳入的融资方种类更多，不同融资方的公司形象也有所差别，此时机构投资者开始重视融资方公司形象，因此金融科技减少的总偏差增大。

　　我们进一步分析受到主观偏差影响的人口占比取值在 0.9 到 1 之间时出现急速增长的原因。与上节中讨论的理论类似。假设在现实生活中，机构投资者在进行投资决策时得到的受主观偏差影响的人口占比在 0 到 0.9 之间，此时机构投资者无论是在牛市还是熊市，都有一定数量占比的在传统投资模式下就能识别到的高价值融资方可选择。在牛市时，机构投资者可以优先选择原本价值就高的融资方，其次选择原本价值次高且遭受偏见的融资方；在熊市时，机构投资者可以只选择原本价值就高的融资方进行投资，并保存实力等待下一次牛市。此时，机构投资者在进行投资决策时减少的偏差较小。与之相反，假设机构投资者在进行投资决策时得到的受主观偏差影响的人口占比在 0.9 到 1 之间，此时无论是在哪种情况下，机构投资者都不得不选择较多的受偏差影响的融资方进行投资，因此，机构投资者不得不继续开发金融科技识别优质融资方，此时机构投资者选择的受偏差影响融资方较多，金融科技减少的总偏差较大。

　　最后，探究大数据信息识别精度对金融科技减少的总偏差的敏感性分析，将大数据信息识别精度取值 0 到 30，模拟图如图 3-22 所示。

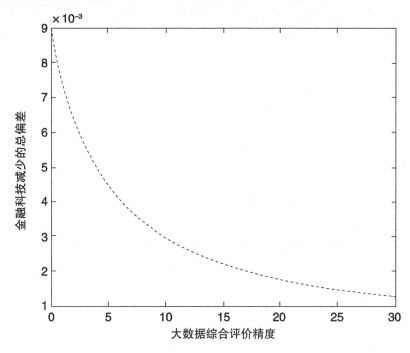

图 3-22   大数据信息识别精度对金融科技减少的总偏差的敏感性

　　从图 3-22 中可以看出，金融科技减少的总偏差在 0 到 0.009 的范围内变化，从曲线的变化趋势来看，金融科技减少的总偏差随着大数据信息识别精度的提高而降低。根据上文分析中提到的机构投资者决策顺序理论，在大数据信息识别精度较低时，融资方是有差异的，此时机构投资者重视主观偏差，通过在线问卷减少主观偏差的能力较强。随着大数据信息识别精度的提高，公司之间的差异减小，此时机构投资者的主观判断属于第二顺位，机构投资者较少考虑主观偏差，金融科技减少的主观偏差也较小。

　　大数据综合评价精度与金融科技减少的总偏差呈现负相关，展示了金融科技在数据处理和评分模型优化方面的发展和应用，大大提高了评分精度。一方面，金融科技利用大数据技术对海量数据进行处理和分析，能够更全面地了解融资方的经营状况，从而更准确地评估其投资价值。通过分析各种数据源，如社交媒体、消费行为等，金融科技能够捕捉到以前被忽视的信息，从而减少评分偏差。另一方面，金融科技还通过引入人工智能和机器学习等技术，对评分模型进行优化和改进。这些技术能够根据历史数据和实时数据自动调整评分模型，使其更好地适应市场变化和借款人的多样性。此外，机器学习算法还可以发现数据中的复杂模式和关联关系，进一步提高评分精度。金融科技的发展还推动了评分体系的标准化和透明化。过去，不同的金融机构可能采用不同的评分体系，导致评分结果存在差异。而现在，金融科技公司致力于开发更加客观、公正的评分体系，并将其标准化，从而减少了评分偏差的产生。综上所述，大数据综合评分精度与金融科技减少的总偏差呈现负相关关系。金融科技在数据处理、评分模型优化和评分体系标准化等方面的优势，使得评价精度得到了显著提高，从而减少了金融服务中的偏差。这种关系对于提高风险控制效果、优化客户体验以及推动金融行业的健康发展具有重要意义。

（三）大数据和金融科技减少偏差的敏感性分析

考虑大数据和金融科技减少的总偏差的敏感性分析。我们探讨大数据和金融科技中共有的融资方真实投资价值精度 ρ_h 的影响，保持其他变量为常数，融资方真实投资价值精度 ρ_h 取值 0 到 20，模拟图如图 3-23 所示。

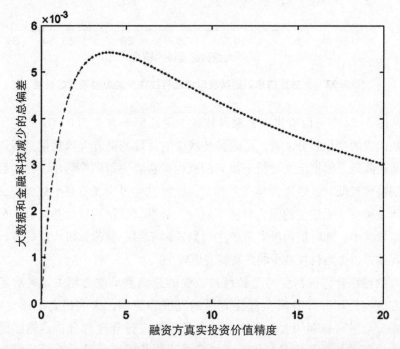

图 3-23　融资方真实投资价值精度对大数据和金融科技减少的总偏差的敏感性

此时大数据和金融科技减少的总偏差取值 0 到 0.006，融资方真实投资价值精度 ρ_h 在 0 到 20 的范围内波动。从曲线的变动趋势来看，当融资方真实投资价值精度在 0 到 5 的范围内变动时，大数据和金融科技减少的总偏差随之增大；当融资方真实投资价值精度位于 5 到 20 的范围内，大数据和金融科技减少的总偏差减小。在探讨融资方真实投资价值精度与大数据和金融科技减少的总偏差的关系时，我们发现存在一个阈值，在阈值之前两者呈现正相关关系，在阈值之后呈现负相关关系，并逐渐趋向一个稳定值。我们认为其原因在于，融资方真实投资价值精度反映了机构投资者纳入投资范围的融资方价值，在采用大数据和金融科技初期，机构投资者考虑的融资方真实投资价值精度提高，相应减少的总偏差也增大，随着融资方真实投资价值精度的进一步提高，机构投资者面临的融资方原本就属于高价值公司，因此总偏差逐渐缩小到一个固定值。

从数据驱动的投资决策角度来看，随着大数据和金融科技的发展，投资者可以获得海量数据和信息，从而做出更明智的投资决策。在初期，这种数据驱动的投资方式有助于提高投资价值精度，使得二者呈现出正相关的关系。从技术进步的角度来看，金融科技公司不断开发出新的分析工具和技术，帮助投资者更高效地处理和分析数据。这些技术进步使得投资者能够更快地识别投资机会和风险，从而进一步提高投资价值精度。从市场适应性的角度来看，随着时间的推移，投资者对大数据和金融科技的适应性逐渐增强，开始运用这些工具来优化投资策略。在这一阶段，融资方真实投资价值精度与大数据和金融科技减小的总偏差保持正相关关系。然而，随着市场环境的变化，投资者行为也可能发生变化。例如，在市场波动较大的时期，机构投资者可能变得更加谨慎，转而采用更为保守的投资策略，这使得二者之间的关系转变为负相关。

综上所述，融资方真实投资价值精度与大数据和金融科技减少的总偏差先正相关后负相关的趋势可能是由多种因素共同作用的结果。机构投资者需要密切关注市场动态，充分利用大数据和金融科技带来的优势，同时关注潜在风险，以实现长期稳定的投资回报。

二、大数据和金融科技带来的数字鸿沟总偏差的分析

考虑结论 6 中数字鸿沟的影响。在上述理论分析中，我们认为由于信息技术的发展，能接触互联网的人与不能接触互联网的人之间产生的数字红利是不一致的，两类人群的数字红利差距就是本节讨论的数字鸿沟。我们探讨数字鸿沟的内在机理，即不同变量如何导致大数据和金融科技带来总偏差。

首先，探讨大数据带来的数字鸿沟识别精度与大数据和金融科技带来的数

字鸿沟的总偏差的敏感性分析，将大数据带来的数字鸿沟识别精度取值 0 到 30，具体模拟图如图 3-24 所示。

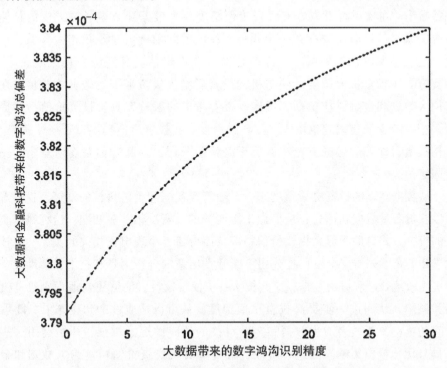

图 3-24　数字鸿沟识别精度对大数据带来的总偏差的敏感性

从图 3-24 中可以看出，大数据和金融科技带来的数字鸿沟总偏差取值 0.000379 到 0.000384。从曲线的变动趋势来看，随着大数据带来的数字鸿沟识别精度的提高，大数据和金融科技带来的数字鸿沟总偏差是增大的，即大数据带来的数字鸿沟识别精度与数字鸿沟总偏差呈现正相关关系。从理论分析中可知，大数据带来的总偏差是由于年龄较大的融资者较少使用互联网，在网络上无法搜寻到全面的融资者信息，评估结果有偏带来的。这类融资者在大数据技术的加持下，与在互联网上信息丰富、记录完整的同类融资方相比，在机构投资者的选择中不存在优势。当存在多样化的投资选择时，机构投资者会倾向于投资采用大数据技术观测到的优质的融资者，因为他们的真实投资价值高。随着大数据带来的数字鸿沟的识别精度增加，大数据和金融科技带来的数字鸿沟的总偏差增大。

大数据和金融科技的快速发展导致了数据量的爆炸式增长，这使得人们更容易获得信息和知识。然而，这也可能导致数字鸿沟的加剧，因为部分人群可能无法适应新技术的发展，从而加大了与熟悉这些技术的人群之间的差距。同时，大数据和金融科技带来的技术进步也可能导致技术壁垒的形成。拥有更多技术资源和技能的人群可以更好地利用这些技术获取信息、分析和预测市场，从而提高自己的投资回报，而技术资源相对匮乏的人群则可能面临投资困境。随着大数据和金融科技的普及，投资者面临的信息量急剧增加。虽然这些信息有助于投资者更好地了解市场动态和投资机会，但他们也可能受到信息过载的影响。部分投资者可能无法有效处理这些海量信息，从而影响其投资决策和投资回报。因此，数字鸿沟精度与大数据和金融科技带来的数字鸿沟总偏差之间存在正相关关系。

其次，我们探讨金融科技带来的数字鸿沟识别精度与大数据和金融科技带来的总偏差之间的关系。将金融科技带来的数字鸿沟取值 0 到 30，具体模拟图如图 3-25 所示。

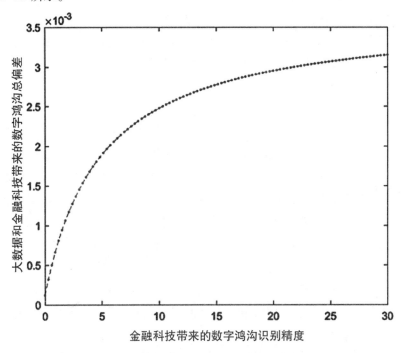

图 3-25　数字鸿沟识别精度对金融科技带来的总偏差的敏感性

此时大数据和金融科技带来的数字鸿沟总偏差在 0 到 0.0035 的范围内波动。从曲线的变动趋势来看，两者呈现出正相关关系，即金融科技带来的数字鸿沟识别精度越高，大数据和金融科技带来的数字鸿沟总偏差越大。从理论分析中可知，金融科技带来的总偏差是由受教育程度较低的融资方缺乏专业指导导致在线问卷结果有偏带来的。这类融资方由于互联网技术使用不熟练以及专业知识的匮乏，在采用金融科技进行在线问卷填写时出现信息遗漏等问题，与其他同类型的融资方相比，在技术的加持下，机构投资者在进行投资评估时会优先考虑信息填写较为完整准确的融资方。由此可以推出，金融科技带来了数字鸿沟，随着数字鸿沟识别精度的提高，部分专业知识弱的融资方容易遭受技术偏见，导致数字鸿沟的总偏差增大。

投资者教育是确保投资者能够更好地理解和运用金融科技的关键因素。然而，不同国家和地区的投资者教育水平可能存在差异，导致部分投资者无法充分利用金融科技带来的优势，这可能加剧数字鸿沟，影响数字鸿沟识别精度。在大数据和金融科技的应用中，文化和语言可能成为一道障碍。一些投资者可能因为语言障碍而无法充分了解金融产品和服务，从而导致机构投资者决策的失误。这也可能加剧数字鸿沟，影响数字鸿沟识别精度。综上所述，金融科技带来的数字鸿沟识别精度与大数据和金融科技带来的数字鸿沟总偏差之间存在正相关关系。为缩小这一鸿沟，需要加强投资者教育、提升基础设施建设、完善监管框架，并关注隐私和安全问题，以确保所有投资者都能够公平地获取和使用金融科技带来的优势。

对比图 3-24 和图 3-25，我们进一步探讨在相同精度下，大数据和金融科技带来的总偏差的差别。可以发现，从纵坐标的取值来看，大数据带来的总偏差总是大于金融科技带来的总偏差，在两条曲线的后半段，大数据带来的总偏差的斜率大于金融科技带来的总偏差的斜率。这可能是因为：第一，拟合上文提及的机构投资者决策顺序理论，机构投资者会优先考虑运用大数据搜集到的融资方基本情况，而不是优先考虑融资方在线问卷中的自我评价；第二，现有的在线问卷测评还是普适的，并不是完全的专业问题，即便有些问题不能理解，也只是占少部分；第三，虽然大数据和金融科技都同样依托互联网平台，但在线测评问卷还是需要有人工复审、问题咨询、问卷更新等步骤，相较之下耗费的人力成本更多。因此，在相同的数字鸿沟识别精度下，大数据带来的总偏差大于金融科技带来的总偏差。

再次，我们探讨受大数据综合评分偏差影响人口占比对大数据带来的总偏差的敏感性分析，将受大数据综合评分偏差影响人口占比取值 0 到 0.5，具体模拟图如图 3-26 所示。

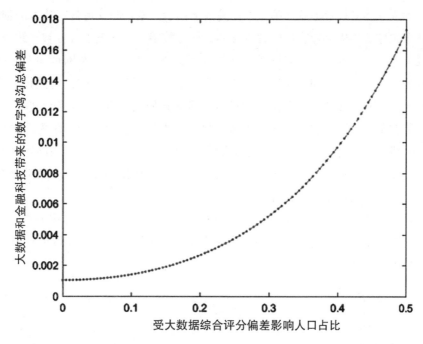

图 3-26 受大数据综合评分偏差影响人口占比对大数据带来的总偏差的敏感性

从图 3-26 中可以看出，大数据带来的总偏差在 0 到 0.018 的范围内波动。从曲线的变动趋势来看，两者呈现出正相关关系，即随着受大数据综合评分偏差影响人口占比提高，大数据带来的数字鸿沟总偏差增大。我们考虑其产生原因：如果数据评分中存在偏差，那么使用这些评分作为依据进行社会资源分配或决策就会存在不公平，从而导致了数字鸿沟的形成和扩大。比如，如果一个特定群体的得分普遍偏低，那么这个群体可能会得到较少的资源投入和支持，从而导致数字鸿沟的加深。另外，评分偏差也可能是数字鸿沟持续存在的一个结果。当数字鸿沟存在时，某些群体可能会出于种种原因处于不利地位，进而在数据评分中被低估，而这种评分偏差的存在会进一步加大数字鸿沟。这种反馈的机制会导致数字鸿沟扩大，同时也会加剧评分偏差的程度。

由上述分析可知，受大数据综合评分偏差影响人口占比越高，部分人群，特别是中老年人群体面临的数字鸿沟越严重，而随着我国数字技术的发展，这种消极的趋势是不可避免的，可能导致中老年人被排除在现实社会和虚拟社会之外。因此，我们要采取恰当的举措消除这种影响。第一，提高数据质量与准确性。要加强数据收集和处理的标准化，确保数据的准确性和可靠性；对大数据评分系统进行定期的审计和评估，以识别和纠正偏差；开发利用多维度的数据，形成立体的投资形象。第二，促进数字创新。鼓励和支持数字技术的创新，为各个领域提供更多包容性的解决方案；推动数字支付、电子政务和在线教育、在线养老等领域的发展；鼓励人工智能发展，减少人们对复杂网页和专业操作流程的学习，提供更加便捷的解决方案。第三，加强数字基础设施建设。政府应加大对互联网和通信基础设施的投资，确保人们能够方便地访问互联网和使用数字技术，特别是农村地区和偏远地区，挖掘当地金融需求，为人们提供获取平等线上服务的机会。第四，建立合作伙伴关系。解决数字鸿沟问题需要政府、企业、非营利组织和社区的共同努力，建立合作伙伴关系可以帮助整合资源和知识，推动数字技术的普及和应用。

最后，我们讨论受在线问卷评分偏差人口影响占比对金融科技带来的数字鸿沟总偏差的敏感性分析，将受在线问卷评分偏差影响人口占比取值 0 到 0.5，具体模拟图如图 3-27 所示。

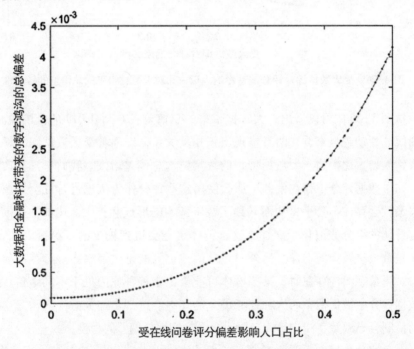

图 3-27　受在线问卷评分偏差影响的人口占比对大数据和金融科技总效益的敏感性

从图 3-27 中可以看出，金融科技带来的数字鸿沟的总偏差在 0 到 0.0045 的范围内波动。从曲线的变动趋势来看，两者呈现出正相关关系，即随着受在线问卷评分偏差影响人口占比的提高，金融科技带来的数字鸿沟总偏差增大。在理论分析中，我们认为受教育程度较低的融资方无法理解在线问卷中的专业问题，填写内容不准确导致在进行问卷评估时对该群体的评估准确度低，由此产生偏差。而当受问卷评估偏差影响人口在机构投资者投资范围内占比越大，受偏差影响人口越多，机构投资者面临的总偏差越多。

由上述分析可知，在线问卷评分偏差可能导致某些群体的意见和需求被忽视，从而加剧数字鸿沟。为了避免这种情况，我们可以采取以下措施：第一，设计科学合理的问卷。确保问卷设计能够全面覆盖不同群体，避免偏见和歧视。一方面，问卷的设置既要大众化，所有人都能填写；另一方面，问卷的题目也需要有区别性，根据人们在网上填写的基础信息，例如学历、专业、工作行业等量身定制一套问卷。同时，要使用中立的语言，避免使用可能引起特定群体不适或误解的词汇。第二，提高问卷的可访问性。确保问卷可以通过多种设备访问，包括手机、平板电脑和其他电脑。提供多种语言版本，以适应不同语言背景的参与者。第三，透明化问卷的分发和收集过程。公开问卷的分发渠道和收集过程，确保过程的透明度。记录和报告参与者的响应率和样本特征，以便于后续分析。及时公布问卷分析的技术和评分标准，听取广大网友的意见，对问卷的分析机制更新迭代。第四，加强数据分析和解释能力。培训研究人员和分析师，提高他们对数据偏差和代表性问题的认识。使用统计方法来识别和校正可能的偏差。第五，制定包容性政策。在制定政策和决策时，考虑问卷调查的结果，确保政策的包容性。通过政策干预，支持那些可能因数字鸿沟而处于不利地位的群体。

对比图 3-26 和图 3-27，我们发现在受偏差影响人口占比取值相同时，大数据带来的数字鸿沟偏差大于金融科技带来的数字鸿沟偏差。可能的原因在于以下几点：第一，根据上文分析中的机构投资者决策顺序理论，在相同条件下，机构投资者更多考虑大数据的效用而非在线问卷自我评估的效用；第二，现有融资方采用在线问卷提交融资信息的情况比采用大数据进行数据收集的情况要少。第三，大数据收集到的融资方信息比融资方自行填写的信息更不全面。因此，在受偏差影响人口占比相同时，大数据带来的总偏差要大于金融科技带来的总偏差。为了进一步缩小数字鸿沟，我们需要继续致力于提高民众金融素养、增强金融包容性、推动技术创新和制定合理的政策措施。

三、大数据和金融科技带来的总效益的分析

（一）大数据和金融科技带来的总效益的敏感性分析

我们接下来探讨大数据和金融科技带来的总效益，即在正负两种作用机制

下，大数据和金融科技究竟对机构投资者是积极的还是消极的。根据结论 7，我们首先假设变量 K（受主观偏差影响人口占比）为固定值 0.5，将受在线问卷评分偏差影响人口占比取值 0 到 0.8，具体模拟结果如图 3-28 所示。

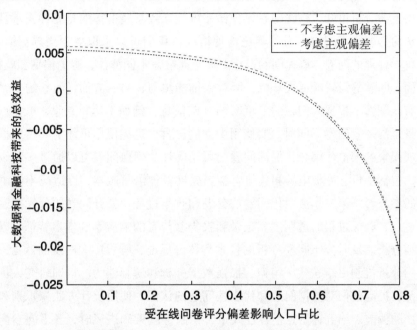

图 3-28　受在线问卷评分偏差影响人口占比对金融科技带来的总偏差的敏感性

大数据和金融科技带来的总效益在 -0.025 到 0.005 的范围内波动。从曲线的变动趋势来看，两者呈现出负相关关系，即随着受在线问卷评分偏差影响人口占比的增加，大数据和金融科技带来的总效益减少。从图 3-28 中可以看出，当受在线问卷评分偏差影响人口占比取值 0.5 时，大数据和金融科技带来的总效益为 0。这说明，当受在线问卷评分偏差影响人口占比 H 小于受主观偏差影响人口占比 K 时，大数据和金融科技减少的总偏差大于带来的总偏差，此时大数据和金融科技产生积极效益；当受在线问卷评分偏差影响人口占比 H 大于受主观偏差影响人口占比 K 时，大数据和金融科技带来的总偏差大于减少的总偏差，此时大数据和金融科技带来负面效益。因此，机构投资者要关注数字鸿沟的影响，使其始终保持在一个较低的影响水平，否则采用大数据和金融科技会不利于机构投资者做出投资决策。

我们进一步分析影响上述结果的可能存在的外部因素。第一，问卷设计存在偏差，导致收集到的数据不准确或不具有代表性。这将影响到数据分析的准确性，可能导致错误的决策，从而降低金融效益。第二，在线问卷可能涉及敏感信息，如个人信息、财务状况等。如果金融机构未能充分保护用户隐私和数据安全，可能导致用户担忧，降低对金融机构的信任度，进而影响效益。第三，金融机构错误解读问卷数据，导致错误的决策，进而影响效益。例如，可能错误判断市场需求，推出不符合客户需求的产品，导致收益下降。为避免受在线问卷评分偏差影响人口占比对大数据和金融科技带来的总效益产生负向影响，金融机构应确保问卷设计准确、有效，同时重视用户隐私和数据安全保护。此外，应合理控制问卷频率，确保数据分析结果准确可靠，以实现更大的效益。

（二）大数据和金融科技带来的总效益的决策域分析

我们继续探讨当 N 取固定值 0.2 时，L 的变动对机构投资者决策的影响。将 L 分别取值 0.05、0.1 和 0.15 时的曲线绘制在同一个坐标轴上，实线表示当 $L=$ 0.05 时，机构投资者面临的总效益分布情况，虚线表示 $L=0.1$ 时的分布，点线表示 $L=0.15$ 时的分布。结果如图 3-29 所示。

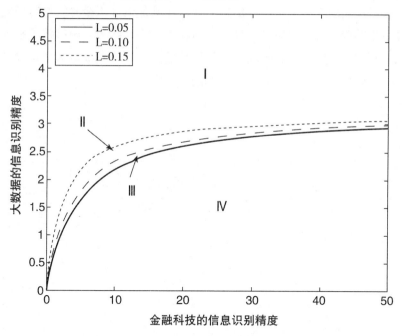

图 3-29　大数据和金融科技带来的总效益的决策域

三条曲线都呈现出相似的变化趋势，以 $L=0.15$ 的曲线为例，当机构投资者采用大数据和金融科技识别信息精度的取值点在曲线上时，表示大数据和金融科技减少的偏差等于大数据和金融科技带来的数字鸿沟偏差，此时机构投资者采用大数据和金融科技带来的总效益为 0。当取值位于Ⅰ区域时，表示大数据和金融科技减少的总偏差大于大数据和金融科技带来的数字鸿沟偏差，此时机构投资者采用大数据和金融科技带来的总效益为正，采用大数据和金融科技技术是有利的。当取值位于Ⅱ、Ⅲ和Ⅳ区域时，表示大数据和金融科技减少的总偏差小于大数据和金融科技带来的数字鸿沟偏差，此时机构投资者采用大数据和金融科技带来的总效益为负。其他曲线含义同理。由此，我们得出了机构投资者进行投资决策的最优方案：采用大数据和金融科技来辅助投资决策需要有限度，大数据和金融科技的运用程度是不一致的，只有这样才能确保大数据和金融科技对机构投资者的决策方案是最优的，否则会适得其反，导致数字鸿沟的消极作用抵消技术运用的积极作用。

其次，从图3-29中我们还可以看出，随着 L 取值的增大，总效益为 0 的曲线逐渐向上方移动，原本总效益为正的点，随着 L 的增大而变为负数，这也从侧面印证了数字鸿沟的消极作用。从前文的理论分析中可知，L 表示受大数据综合评分偏差影响的人口占比，占比越大表示在其他条件不变时，年龄导致的大数据评分不准确的融资方越多，数字鸿沟越大，大数据和金融科技带来的总偏差越大。随着 L 的增大，在区域Ⅱ和区域Ⅲ的点带来的总效益为负，只有提高大数据和金融科技的信息识别精度，才能弥补损失。

第四章

大数据背景下投资者优化方案研究

在本章，我们基于前文所构建的大数据背景下投资者决策的理论模型以及机理分析，对中小投资者和机构投资者的投资决策进行了实证分析。其中，第一节进行了中小投资者的投资决策的实证分析，而第二节则对机构投资者进行详尽的实证分析。在中小投资者的投资决策实证分析中，一方面，我们基于CFPS数据库以及北京大学数字普惠金融指数探究了大数据的发展对中小投资者投资的影响，同时还考虑了内生性和稳健性以及异质性问题；另一方面，我们在上述实证分析的基础上深入探索了政府大力推进数字金融发展的政策对我国中西部欠发达地区的中小投资者投资的政策效应。结果显示，大数据的发展对中小投资者的投资具有一定的促进作用，并且政府推动数字金融发展的政策对我国中西部地区的中小投资者的影响相较于东部地区更为强烈。而在机构投资者的投资决策模型中，我们采用北京大学数字普惠金融指数探讨大数据对机构投资者产生影响的两方面。首先，采用机构投资者新增投资额和资产损失率两个指标研究大数据能否对资金需求方精准画像，帮助机构投资者选择盈利能力强、发展前景好的公司产品，从而做出更好的决策。其次，我们对基准回归结果进行稳健性检验和异质性分析，讨论分组条件下的不同表现。最后，我们进一步选用双重差分模型对结果进行验证。以机构投资者是否采用大数据技术作为政策变量，探讨机构投资者采用大数据技术前后投资决策的变化。结果显示，大数据和金融科技技术有助于优化机构投资者的投资决策。

第一节　大数据背景下中小投资者优化方案研究

为了进一步证实理论分析的结果，我们利用CFPS数据库与北京大学数字普惠金融指数合并而成的2012、2014、2016、2018和2020年五年的面板数据进行了实证分析。我们旨在考察大数据的发展是否会促进中小投资者投资。首先，我们分析大数据的发展状况对中小投资者的投资变化的影响。在考虑了内生性和稳健性之后，实证结果仍然支持理论分析的结果，即大数据的发展能促进中小投资者的投资。其次，通过异质性检验，我们发现大数据的发展对中小投资者的投资在不同财富水平、性别、慢性病状态、家庭规模以及受教育程度的条件下存在显著差异，并探究了原因。最后，我们利用双重差分法探索了政府大力推进数字金融发展的政策对我国中西部欠发达地区的中小投资者投资的政策效应。结果显示，大数据的发展具有普惠性，相对于东部发达地区，中西部欠发达地区受到的影响明显更为强烈。这一结果表明大数据的发展对财富水平相对较低的中小投资者能产生更强烈的影响。

一、数据来源与变量描述

（一）数据来源

2012 年、2014 年、2016 年、2018 年和 2020 年中小投资者样本取自国内 CFPS 的个人和家庭数据库。本研究数据主要来源于中国家庭追踪调查（CFPS）数据库、北京大学数字普惠金融指数、《中国城市统计年鉴》和地方统计局。我们选取了 CFPS 数据库中 2012 年、2014 年、2016 年、2018 年和 2020 年的个人和家庭数据，并在数据清理后得到 11105 个样本。我们将北京大学数字普惠金融指数视作衡量大数据发展水平的指标。该指数涵盖了省、市、县三个层级，我们在实证过程中使用的是市级层级的数据。个人和家庭层面的数据依托 CFPS 数据库整理得到，而城市层面的数据除数字金融发展指数外均来源于《中国城市统计年鉴》和地方统计局。数字普惠金融指数越高，意味着我国大数据发展水平更强。同时，我们利用表 4-1 展示了数字普惠金融指数的具体构建指标。

表 4-1　数字普惠金融指标体系

一级维度	二级维度
覆盖广度	账户覆盖率
使用深度	支付业务
	货币基金业务
	信贷业务
	保险业务
	投资业务
	信用业务

续表

一级维度	二级维度
数字化程度	移动化
	实惠化
	信用化
	便利化

注：该指数由北京大学数字金融研究中心和蚂蚁集团研究院的研究团队通过蚂蚁集团在数字普惠金融方面的海量数据编制而成。总指数采用算术平均法合成，覆盖广度、使用深度和数字化程度的权重分别为54%、29.7%和16.3%。

（二）被解释变量

我们采用家庭的金融投资比例作为被解释变量，用于替代中小投资者的金融投资水平。其中，家庭金融投资比例的计算方式如下所示：

$$金融资产比例 = \frac{家庭年金融资产额}{家庭年总资产额}$$

具体的家庭年金融资产额和家庭年总资产额的数据来源于CFPS数据库。CFPS数据库的家庭库中的问卷调查询问了受访者一年内家庭的金融资产数目以及一年内家庭的总资产数目。当金融资产比例提高时，我们认为中小投资者的金融投资水平也随之提升。此外，我们利用中小投资者的家庭年金融资产额与家庭年净资产额的比值作为金融投资的辅助代理变量验证其稳健性。类似地，中小投资者的金融投资水平会随着家庭年金融资产额与家庭年净资产额的比值的增长而提升。

（三）解释变量

我们使用北京大学数字金融研究中心构建的省市级维度的数字普惠金融指数代表国内大数据发展水平。该指数一共包含四个维度，分别是总指数维度、覆盖广度维度、使用深度维度和数字化程度维度。考虑到总指数维度和使用深度维度指标构建过程中涉及相关投资业务的数据，而数字化程度指标构建的核心场景是消费。在具体实证过程中，我们使用数字普惠金融指数的覆盖广度维度代表大数据金融的发展程度。[1] 由于2012年至2020年的数字普惠金融指数的

① 郭峰，王靖一，王芳，等. 测度中国数字普惠金融发展：指数编制与空间特征 [J]. 经济学（季刊），2020，19（4）：1401-1418.

发展较为迅速，为了降低数据的波动性，我们对解释变量进行了对数化处理。

（四）控制变量

本研究的控制变量主要包括三类：第一是户主特征变量。我们采用户主的年龄、养老保险参保状态、婚姻状态、信仰状态、受教育年限和户籍状态作为户主特征变量。第二类是家庭特征变量。我们将家庭规模、年收入、年消费、年储蓄视为家庭特征变量。总收入、总消费、总储蓄和总负债等指标均进行了对数化处理。① 第三类是城市特征变量。城市特征变量主要包含人口密度和金融发展水平（信贷/GDP）以控制地区发展状况差异。② 表4-2展示了各变量的选择和定义。

表4-2　变量选取和定义

变量类型	变量名称	变量定义
被解释变量	金融资产比例	家庭年金融资产/家庭年总资产
解释变量	大数据发展	ln（数字金融普惠指数的覆盖广度）
个人层面控制变量	养老保险	投资者的养老保险参保状态（参保=1，未参保=0）
	婚姻状态	1代表已婚，0代表其他
	信仰状态	1代表有信仰，0代表无信仰
	受教育年限	投资者的受教育年限
	户籍地	1代表城镇户籍，0代表乡村户籍
家庭层面控制变量	家庭规模	投资者家庭人口数
	总收入	ln（投资者家庭年收入）
	总消费	ln（投资者家庭年消费）
	总储蓄	ln（投资者家庭年储蓄）
	总债务	ln（投资者家庭年债务）
城市层面控制变量	人口密度	各城市的人口密度（常住人口/地域面积）
	金融发展水平	各城市的金融发展水平（信贷/GDP）

---

① 钱海章，陶云清，曹松威，等. 中国数字金融发展与经济增长的理论与实证 [J]. 数量经济技术经济研究，2020（6）：26-46.

② 易行健，周利. 数字普惠金融发展是否显著影响了居民消费：来自中国家庭的微观证据 [J]. 金融研究，2018（11）：47-67.

（五）描述性统计分析

表4-3展示了变量描述统计。除了大数据发展以外，我们在回归模型中还控制了其他特征变量（养老保险、婚姻状态、信仰状态、受教育年限、户籍地、家庭规模、总收入、总消费、总储蓄、总负债、人口密度和金融发展水平等）。表内数据说明了中国各城市大数据发展水平存在差异，并且大多数中小投资者处于参保、已婚、无信仰、低学历、城镇户口和小家庭规模的状态。

表4-3 变量描述统计

变量	均值	标准差	中位数	最小值	最大值	观测值
金融资产比例	0.1483	0.224	0.0512	0	0.9772	11105
大数据发展	5.2237	0.3326	5.2606	4.155	5.8126	11105
养老保险	0.6302	0.4828	1	0	1	11105
婚姻状态	0.7647	0.4242	1	0	1	11105
信仰状态	0.1136	0.3173	0	0	1	11105
受教育年限	6.6014	4.8023	7	0	19	11105
户籍地	0.6459	0.4783	1	0	1	11105
家庭规模	3.4485	1.87	3	1	17	11105
总收入	10.5623	1.8027	10.88	0	15.9361	11105
总消费	9.7277	2.9088	10.4855	0	14.0951	11105
总储蓄	7.3533	4.8672	9.4728	0	15.425	11105
总负债	2.1733	4.4449	0	0	15.895	11105
人口密度	1194.973	1331.303	579.3935	66.1311	3923.67	11105
金融发展水平	1.3571	0.7531	1.3252	0.1679	7.86	11105

二、基础模型构建

在本节，我们旨在探究大数据的发展是否会提高中小投资者的金融投资水平。具体而言，我们用城市级的数字普惠金融指数的覆盖广度维度来度量城市的大数据发展的情形，并探索大数据发展与城市的家庭年金融资产与家庭年总资产的比值之间是否存在统计上的显著影响。回归模型如式（4.1）所示。

$$Investment_{it} = \alpha_0 + \alpha_1 Finance_{mt} + \alpha_2 Individual\ Control_{it} + \alpha_3 Household\ Control_{it} +$$
$$\alpha_4 City\ Control_{it} + \varepsilon_{it} \tag{4.1}$$

其中，下标 i 代表第 i 位中小投资者，t 代表年份，m 表示国内各城市。$Investment_{it}$ 表明中小投资者的金融投资比例，该比例越高意味着中小投资者的金融投资水平越高。$Finance_{mt}$ 表示各市的数字普惠金融指数的覆盖广度维度，该指数越高则代表着城市的大数据发展水平越高。最后，$Individual\ Control_{it}$、$Household\ Control_{it}$ 和 $City\ Control_{it}$ 分别代表了个人层面、家庭层面和城市层面的控制变量。ε_{it} 为模型随机误差项。根据前文的理论假设，α_1 预期为正，即大数据的发展有助于中小投资者扩大金融投资。

三、实证分析

(一) 大数据对中小投资者投资的基本估计结果

我们根据式 (4.1) 进行了回归分析，描述了大数据发展对中小投资者投资影响的结果，并同时展示了固定效应和随机效应的回归结果。如表 4-4 所示，其中，在未加入和加入控制变量的两种情形下，列 (1) 和列 (2) 代表了固定效应的回归结果，列 (3) 和列 (4) 表明了随机效应的回归结果。研究发现，加入控制变量后，列 (2) 和列 (4) 的结果说明数字金融发展的系数在 1% 的水平上显著为正。总体而言，大数据发展显著地提高了投资者的金融投资比例，促进了金融市场发展，这也与前文的理论分析结果相一致。

表 4-4　大数据对中小投资者投资的基本估计结果

变量	金融投资比例			
	(1)	(2)	(3)	(4)
	固定效应	固定效应	随机效应	随机效应
大数据发展	0.1293***	0.1423***	0.0835***	0.0573***
	(3.7)	(4.21)	(5.98)	(3.50)
养老保险		0.0044		0.0036
		(0.84)		(0.85)
婚姻状态		−0.0151		−0.0065
		(−1.15)		(−1.22)
信仰状态		0.0055		0.0056
		(0.68)		(0.93)
受教育年限		0.0024		0.0014***
		(0.53)		(2.71)

续表

变量	金融投资比例			
	（1）	（2）	（3）	（4）
	固定效应	固定效应	随机效应	随机效应
户籍地		0.001		−0.0104**
		(0.07)		(−2.24)
家庭规模		−0.0052**		−0.0121**
		(−2.35)		(−10.75)
总收入		−0.0006		−0.0006
		(−0.43)		(−0.51)
总消费		−0.0003		0.0002
		(−0.43)		(0.39)
总储蓄		0.0182***		0.0199***
		(31.63)		(49.07)
总负债		−0.0028***		−0.0035***
		(−5.64)		(−11.06)
人口密度		−0.0001		−0.0001***
		(−1.14)		(−7.66)
金融发展水平		0.0066*		0.0042*
		(1.89)		(1.66)
常数	−0.444***	−0.5888***	−0.2247**	−0.1989***
	(−2.75)	(−3.33)	(−3.50)	(−2.70)
个体固定效应	是	是	是	是
时间固定效应	是	是	是	是
观测值	11105	11105	11105	11105
R^2	0.0169	0.2302	0.0243	0.2593

注：***、**、*分别代表1%、5%、10%的显著性水平，下同。

　　线性回归结果表明大数据发展显著提高了中小投资者金融投资比例。换句话说，大数据发展水平每提高一个单位，中小投资者的金融投资就会增加

0.1423 个单位。此外，随机效应回归与固定效应回归的结果基本相一致，并且表 4-5 的 Hausman 检验结果表明固定效应更适合前文的基础回归模型。

表 4-5　Hausman 检验结果（被解释变量：金融投资比例）

	（b）	（B）	（b-B）	Sqrt（diag（V_b-V_B））
	fe	re	Difference	S. E.
大数据发展	0.1423	0.0573	0.085	0.0287
养老保险	0.0044	0.0036	0.0008	0.0031
婚姻状态	-0.0151	-0.0065	-0.0086	0.0118
信仰状态	0.0055	0.0056	-0.0002	0.0051
受教育年限	0.0024	0.0014	0.001	0.0044
户籍地	0.001	-0.0104	0.0114	0.0146
家庭规模	-0.0052	-0.0121	0.0068	0.002
总收入	-0.0006	-0.0006	0.0000	0.001
总消费	-0.0003	0.0002	-0.0005	0.0005
总储蓄	0.0182	0.0199	-0.0017	0.0003
总负债	-0.0028	-0.0035	0.0007	0.0004
人口密度	-0.0001	-0.0001	-0.0001	0.0001
金融发展水平	0.0066	0.0042	0.0024	0.0035

注：b＝consistent under Ho and Ha；obtained from xtreg

B＝inconsistent under Ha，efficient under Ho；obtained from xtreg

Test：Ho：difference in coefficients not systematic

chi2（17）＝（b-B）′［（V_b-V_B）$^{(-1)}$］（b-B）＝69.58

Prob>chi2＝0.0000

（二）内生性分析

　　考虑大数据发展水平是城市层面的宏观变量，而中小投资者金融投资是个人层面的微观变量。虽然大数据发展受中小投资者投资的影响较小，并且在选择数字普惠金融指数时挑选了与投资指标无关的覆盖广度维度的指数，尽可能地降低了解释变量与被解释变量存在互为因果关系的可能性，但仍可能由于遗漏变量引发内生性问题，进而导致基准模型估计的系数存在有偏的可能性。因此，我们通过工具变量法来控制可能的内生性问题。

借鉴钱海章等的思路,我们选取历史上国内各城市在1984年的每百人固定电话数量和每百万人邮局数量分别与上一年全国互联网投资额的交互项,作为城市大数据发展的工具变量。表4-6显示在控制变量均控制的条件下加入工具变量后,相对于基础模型,大数据发展的系数更高并且具有较强显著性,这表明工具变量法有助于缓解基准模型的内生性问题。此外,工具变量也通过了弱工具变量检验、识别不足检验和过度识别检验。因此,考虑大数据发展与中小投资者金融投资比例之间可能存在的内生性后,大数据的发展仍可以显著促进中小投资者的投资,这与基础回归的结果是一致的。

表4-6 工具变量估计结果

	一阶回归结果	IV 估计回归结果
	大数据发展	金融投资比例
大数据发展		0.2754***
		(4.13)
固定电话数量	3.50e-06***	
	(45.04)	
邮局数量	7.82e-09**	
	(2.50)	
养老保险	-0.0057***	0.0049
	(-3.20)	(0.92)
婚姻状态	0.0011	-0.0152
	(0.25)	(-1.18)
信仰状态	0.0002	0.0053
	(0.09)	(0.68)
受教育年限	0.0043***	0.0019
	(2.98)	(0.43)
户籍地	0.0041	0.003
	(0.79)	(0.20)
家庭规模	-0.0027***	-0.0046**
	(-3.44)	(-1.97)
总收入	0.0001	-0.0007
	(0.13)	(-0.45)

	一阶回归结果	IV 估计回归结果
	大数据发展	金融投资比例
总消费	0.0003	−0.0004
	(1.19)	(−0.46)
总储蓄	−0.0001	0.0182***
	(−0.77)	(34.09)
总负债	0.0001	−0.0028***
	(0.91)	(−4.80)
人口密度	−0.0003***	0.0001
	(−23.43)	(0.27)
金融发展水平	−0.0067***	0.0072
	(−4.37)	(1.55)
个体固定效应	是	是
时间固定效应	是	是
识别不足检验	LM statistic = 1542.152 Chi-sq (1) P-val = 0.0000	
弱识别检验	Wald F statistic = 1017.672	
过度识别检验	Chi-sq (1) P-val = 0.1543	

（三）稳健性检验

为了进一步验证上述基准回归的稳健性，我们分别从替代被解释变量、替代解释变量以及替换模型三方面进行了稳健性检验，如表4-7所示。

表4-7 稳健性检验结果

变量	金融投资净比例	金融投资比例	金融投资比例
	(1)	(2)	(3)
大数据发展	0.1538***	0.0994**	0.0370*
	(4.40)	(2.26)	(2.48)
养老保险	0.0061	0.0095	0.00346
	(1.12)	(1.56)	(0.75)

续表

变量	金融投资净比例	金融投资比例	金融投资比例
	（1）	（2）	（3）
婚姻状态	−0.0147	−0.0210	−0.00492
	（−1.10）	（−1.62）	（−1.10）
信仰状态	0.0041	0.0095	0.00503
	（0.50）	（1.10）	（0.82）
受教育年限	0.0031	1.71e−07	0.00132**
	（0.66）	（0.00）	（3.11）
户籍地	0.0068	0.0133	−0.0104*
	（0.44）	（0.71）	（−2.40）
家庭规模	−0.0065***	−0.0034	−0.0133***
	（−2.81）	（−1.41）	（−12.41）
总收入	0.0001	−0.0018	−0.000284
	（0.01）	（−1.09）	（−0.25）
总消费	−0.0003	−0.0001	0.000489
	（−0.46）	（−0.10）	（0.75）
总储蓄	0.0187***	0.0188***	0.0210***
	（32.38）	（29.49）	（49.79）
总负债	−0.0013**	−0.0025***	−0.00392***
	（−2.50）	（−4.65）	（−9.02）
人口密度	−0.0001	−0.0001*	−0.0000193***
	（−1.17）	（−1.84）	（−10.09）
金融发展水平	0.0078**	0.0051	0.00470
	（2.16）	（1.53）	（1.59）
个体固定效应	是	是	是
时间固定效应	是	是	是
常数	−0.6549***	−0.3876*	−0.115
	（−3.54）	（−1.88）	（−1.71）
观测值	11105	8304	11105

续表

变量	金融投资净比例	金融投资比例	金融投资比例
	（1）	（2）	（3）
R^2	0.2232	0.2980	0.2430

表4-7的列（1）表明替代被解释变量后的稳健性检验结果。其中，变量金融投资净比例即金融资产与家庭净资产的比例替代了原始的被解释变量金融资产比例。我们发现在替换了被解释变量后的回归结果仍然表明解释变量和被解释变量之间存在显著的正相关关系，同时系数发生了较小幅度的上涨，验证了基准回归结果的稳健性。

列（2）表明删减样本后的稳健性检验结果。考虑中国的直辖市存在较大的经济特殊性，本书删除了北京市、天津市、上海市和重庆市的样本数据。同样地，我们发现虽然回归系数和显著性均有不同幅度的下降，但是在删减了样本后的解释变量和被解释变量之间的回归结果仍然是显著并且是正向的，验证了基准回归结果的稳健性。

列（3）表明替换模型后的稳健性检验结果。我们将 GMM 模型替换了工具变量法中的 2SLS 模型，在原本的工具变量的基础上再次进行了回归。从回归结果来看，解释变量和被解释变量之间的关系仍然是显著且呈现正向关系，与书中内生性检验的结果相互印证。

（四）异质性检验

前文分析表明，大数据发展有利于增强中小投资者投资。为了更准确地评估大数据发展水平对中小投资者投资具体的影响程度，加深对大数据与中小投资者投资之间关系的认识，我们进一步研究了哪类群体从大数据的发展中获利更多，以详细解析大数据发展的收入分配效应。此外，我们还验证了中小投资者的性别异质性和慢性病状态异质性来证实长寿风险与中小投资者投资之间的关联。

1. 家庭类型异质性检验

从表4-8可知，我们检验了恩格尔系数异质性。从中小投资者收入不平衡这一客观事实出发，我们依靠恩格尔系数将中小投资者划分为贫困家庭和非贫困家庭两个等级。根据联合国粮农组织提出的标准，恩格尔系数超过59%为贫困。因此，我们将恩格尔系数超过59%的退休者家庭划分为贫困家庭，恩格尔系数低于59%的划分为非贫困家庭。

表4-8　家庭类型异质性检验结果

变量	金融投资比例	
	非贫困家庭	贫困家庭
大数据发展	0.1072**	0.251***
	(2.34)	(2.95)
控制变量	是	是
个体固定效应	是	是
时间固定效应	是	是
常数	−0.3826	−1.3099***
	(−1.55)	(−2.95)
观测值	7801	3304
R^2	0.1594	0.1217

回归结果表明，大数据水平的增长对所有群体的中小投资者的金融投资比例均产生了显著的正向影响。此外，与非贫困家庭的中小投资者相比，大数据的发展对贫困家庭的中小投资者的影响程度明显更高，这也说明了大数据发展是具有普惠性的。我们认为受到大数据影响而下降的投资门槛将鼓励中小投资者，特别是那些家庭收入水平相对较低的中小投资者进行更多投资。换句话说，贫困家庭的中小投资者在大数据发展水平较高时更有可能选择投资顾问帮助投资以提升投资收益，而家庭收入水平较高的非贫困家庭的中小投资者即使大数据的发展程度为0，仍然有能力负担投资顾问的管理费进而通过投资顾问帮助投资并提高其收入水平。这一结果与前文的理论分析的结果一致。

2. 性别异质性检验

为了探讨长寿风险对中小投资者的金融投资的影响，我们将中小投资者按照性别划分为男性中小投资者组和女性中小投资者组，回归结果如表4-9所示。

表4-9　性别异质性检验结果

变量	金融投资比例	
	女性	男性
大数据发展	0.2002***	0.121***
	(3.29)	(2.94)

续表

变量	金融投资比例	
	女性	男性
控制变量	是	是
个体固定效应	是	是
时间固定效应	是	是
常数	-0.9082^{***}	-0.5022^{**}
	(-2.83)	(-2.32)
观测值	4661	6444
R^2	0.1088	0.2177

回归结果表明，大数据的发展对中小投资者的跨性别投资产生了强烈的有益影响。此外，大数据的发展对女性中小投资者的影响程度明显高于男性。我们认为原因在于我国女性的平均预期寿命高于男性。截至 2021 年，我国女性的平均预期寿命为 80.5 岁，男性为 74.7 岁。[1] 因此，女性比男性面临着更为强烈的长寿风险，进而影响到中小投资者投资。这也与前文的假设即长寿风险有利于促进中小投资者的投资相印证。换句话说，长寿风险高的女性更有可能在大数据发展水平高时选择投资顾问帮助投资以提升投资收益。而男性虽然长寿风险较低，但在传统"男主外女主内"观念的影响下，他们也会在大数据发展的推动下选择投资顾问帮助投资以增加投资收益。

3. 慢性病异质性检验

类似地，我们通过检验中小投资者的慢性病异质性探索长寿风险对中小投资者的金融投资的影响，我们将中小投资者按照是否患有慢性病划分为有慢性病组和无慢性病组，回归结果如表 4-10 所示。

表 4-10   慢性病异质性检验结果

变量	金融投资比例	
	有慢性病	无慢性病
大数据发展	0.1332^{**}	0.141^{***}
	(1.99)	(2.85)

---

① 资料来源：世界卫生组织发布的 2021 年版《世界卫生统计报告》。

变量	金融投资比例	
	有慢性病	无慢性病
控制变量	是	是
个体固定效应	是	是
时间固定效应	是	是
常数	−0.4251	−0.4932*
	(−1.25)	(−1.92)
观测值	3346	7759
R^2	0.1392	0.1190

事实上，慢性病发生概率增加与人口老龄化之间的相互作用使慢性病成为影响中小投资者尤其是中老年中小投资者的经济状况的关键因素之一。回归结果表明，大数据的发展对未患有慢性病中小投资者的投资影响更大。我国慢性病的发病率正随着人口老龄化的加深而上升，并且慢性病的发生会降低患病人口的寿命。数据统计，我国慢性病在整体的疾病负担中占比达到76%，而在疾病死亡率中的占比高达86.6%。因此，相对于已经患有慢性病的中小投资者群体，未患有慢性病的中小投资者寿命更长，并且面临着更高的长寿风险。进一步地，大数据发展对未患有慢性病且面临着更高长寿风险的中小投资者的影响更强。

4. 家庭规模异质性检验

我们检验了家庭规模的异质性。虽然国家于2021年7月20日做出实施三孩生育政策及配套支持措施的重大决策，但目前国家的生育率依然比较低。2022年我国人口开始负增长，总和生育率跌破1.1，是全球倒数。因此，本研究将家庭人口小于3的家庭划分为小规模家庭，反之则划分为大规模家庭。家庭规模越大，家庭中老年人和未成年人的数目可能越多，家庭负担就越沉重，这使得家庭规模也成为影响中小投资者经济状况的关键因素之一。回归结果如表4-11所示。

表4-11 家庭规模异质性检验结果

变量	金融投资比例	
	小规模家庭	大规模家庭
大数据发展	0.191***	0.144**
	(3.45)	(3.09)

续表

变量	金融投资比例	
	小规模家庭	大规模家庭
控制变量	是	是
个体固定效应	是	是
时间固定效应	是	是
常数	−0.731*	−0.691**
	(−2.40)	(−2.98)
观测值	6543	4562
R^2	0.0995	0.1567

　　回归结果表明，虽然大数据的发展对不同规模家庭的中小投资者的金融投资比例均存在显著正向影响，但是对规模较小的家庭的中小投资者影响更大。这是因为规模大的家庭更有可能是多孩家庭或者老年人占比较高的家庭，家庭的经济负担沉重，因此难以负担投资顾问的管理费用。而家庭规模较小的家庭经济负担较小，他们有能力负担投资顾问的管理费进而通过投资顾问帮助投资并提高其收入水平。换句话说，家庭规模对中小投资者的金融投资行为产生重要影响。尤其在当前中国生育率低下的背景下，规模较小的家庭更有可能通过增加金融投资来增加他们的收入，并改善他们的经济状况。

　　5. 受教育程度异质性检验

　　最后，我们检验了受教育程度的异质性。基于受访者的受教育年限，本研究将数据分为低教育组（小学及以下）和高教育组（初中及以上）并进行了分组回归。回归结果如表4-12所示。

表4-12　受教育程度异质性检验结果

变量	金融投资比例	
	高教育	低教育
大数据发展	0.159**	0.128*
	(3.24)	(2.51)
控制变量	是	是

续表

变量	金融投资比例	
	高教育	低教育
个体固定效应	是	是
时间固定效应	是	是
常数	-0.512	-0.514*
	(-1.71)	(-2.03)
观测值	5597	5508
R^2	0.1843	0.1864

　　回归结果显示，大数据发展对中小投资者的金融投资比例存在显著的正向影响，但是这种促进作用主要体现在高教育组群上，没有体现出普惠性。这与我们的预期基本吻合，因为以大数据发展为基础的金融投资需要中小投资者具备一定程度的教育经历。只有中小投资者具备一定的文化水平和自学能力，才能够更好地在大数据迅速发展的背景之下增加金融投资活动从而实现收入的增加。低教育组的中小投资者缺乏必要的知识储备，因此，即便大数据发展程度较高，大数据发展对低教育组中小投资者的促进作用也相对较小。有必要指出，这一结果也展示了人力资本在金融投资活动当中的重要性。在现代经济中，人力资本已经成为一种重要的资源，对个体的经济生活和社会发展都有着不可替代的作用。在金融投资领域，中小投资者需要具备一定的金融知识和技能，才能够更好地理解市场走势、评估风险和制定投资策略，从而实现对自身财富的增值和保值。因此，对中小投资者来说，提升金融素养和知识水平是非常必要的。

四、政策效应检验

　　通过前文的分析可知，大数据的发展对贫困家庭的金融投资比例的影响更强烈。因此，我们使用双重差分法从地域角度进一步探讨了政策引导下我国东、中、西部大数据发展的普惠性。其中，东、中、西部地区的大数据发展水平如图4-1所示。

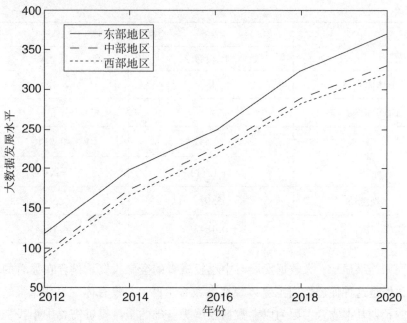

图4-1　东、中、西部地区大数据发展水平

　　总体来看，我国东、中、西部的大数据水平皆随着时间的变化呈现上升趋势。其中，东部地区的大数据水平无疑是最高的，相较大数据水平差异较小的中部和西部地区，东部发达地区明显与中西部欠发达地区的大数据水平拉开了相当的差距。此外，中部和西部地区2020年比2012年提高了2.6倍左右，而东部地区提高了约2.1倍，具体的数值可见表4-13。一方面，中西部地区大数据水平虽然偏低，但上升幅度相对较高，有着足够的增长潜力。另一方面，东部地区大数据水平一直领先，这也是由于东部地区互联网技术更加发达。

表4-13　数字普惠金融指数覆盖广度

年份	东部地区	中部地区	西部地区
2012	118.69	91.91	87.05
2014	195.51	172.66	166.78
2016	247.67	225.21	217.42
2018	325.26	289.79	283.67
2020	369.45	330.19	312.01

数据来源：北京大学数字普惠金融指数。

参考钱海章等的做法，我们将 2016 年 9 月央行发布的《G20 数字普惠金融高级原则》作为一项外生冲击的政策，并认为中西部欠发达地区与东部发达地区相比受到政策的影响强度存在显著差异，从而将中西部地区作为实验组，东部地区作为控制组，进一步地使用双重差分法研究大数据发展的政策效应。

（一）模型设定

具体的双重差分基准模型设置如下：

$$Investment_{it} = \beta_0 + \beta_1 DID_{mt} + \beta_2 Control_{it} + \varepsilon_i + \varepsilon_t + \varepsilon_{it} \qquad (4.2)$$

$$DID_{mt} = time_t \times treat_m \qquad (4.3)$$

其中，$Investment_{it}$ 为被解释变量，即中小投资者金融投资；DID_{mt} 为核心解释变量，表明位于中西部欠发达地区的中小投资者受到政策冲击当年及之后的年份取值为 1，否则取值为 0。我们依托中小投资者所在户籍地将其分为中西部欠发达地区的中小投资者和东部发达地区的中小投资者，用变量 $treat_m$ 表示，中西部欠发达地区作为实验组取值为 1，东部发达地区作为对照组取值为 0。2012 年和 2014 年作为未实施政策的时期取值为 0，2016 年、2018 年和 2020 年作为政策实施后的实验期取值为 1，用变量 $time_t$ 表示。文中所选取的控制变量以 $Control_{it}$ 表示，ε_i 代表中小投资者个体固定效应，ε_t 为时间固定效应，随机扰动项用 ε_{it} 表达。

（二）双重差分法回归结果

我们根据式（4.2）进行了 DID 回归，验证中西部欠发达地区与东部发达地区相比受到政策的影响强度是否存在显著差异，如表 4-14 所示。其中，列（1）是不加任何控制变量时的回归结果，列（2）是加入一系列控制变量后的回归结果。

表 4-14 双重差分法回归结果

变量	金融投资比例	
	（1）	（2）
大数据发展	0.0241***	0.024***
	（2.79）	（2.99）
养老保险		0.0034
		（0.64）
婚姻状态		−0.0147
		（−1.12）

续表

变量	金融投资比例	
	（1）	（2）
信仰状态		0.0034
		(0.41)
受教育年限		0.0031
		(0.68)
户籍地		0.0023
		(0.17)
家庭规模		−0.0057***
		(−2.57)
总收入		−0.0005
		(−0.34)
总消费		−0.0002
		(−0.32)
总储蓄		0.0182***
		(31.61)
总负债		−0.0028***
		(−5.65)
人口密度		−0.0001**
		(−2.23)
金融发展水平		0.0045
		(1.33)
个体固定效应	是	是
时间固定效应	是	是
常数	0.1551***	0.1074**
	(27.03)	(2.01)
观测值	11105	8304
R^2	0.0128	0.1067

从双重差分法估计结果可知，对大数据发展水平较低的中西部欠发达地区

146

而言，有关数字金融国家战略的推进确实显著提高了该地区中小投资者的金融投资比例。这也与我们前述有关"中小投资者收入水平异质性"部分的实证结果相互印证，即大数据的发展具有普惠性，对经济欠发达地区的中小投资者投资产生的影响更强烈。

（三）平行趋势检验

双重差分模型的关键假设前提是，处理组和控制组在外生冲击前应当有一致或相近的变化趋势，不能存在显著的趋势差异。对此，本研究采用事件研究法进行平行趋势检验。为避免多重共线性，试点政策前一年被设定为基准期。如图4-2所示。

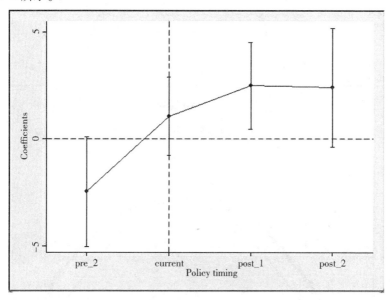

图 4-2　平行趋势检验

图4-2以政策试点前一期（2014年）作为基准组进行事件研究，可以明显地观察到政策实施前的系数不显著异于0。因此，可以判断平行趋势检验假设成立，即在政策实施前，实验组和控制组的变化差异不大。总体来说，运用双重差分法检验政策实施对中小投资者金融投资的影响是有效的。

（四）安慰剂检验

在实际研究中，平行趋势检验与安慰剂检验方法常常可以共同用于双重差分法实证结果的稳健性检验。

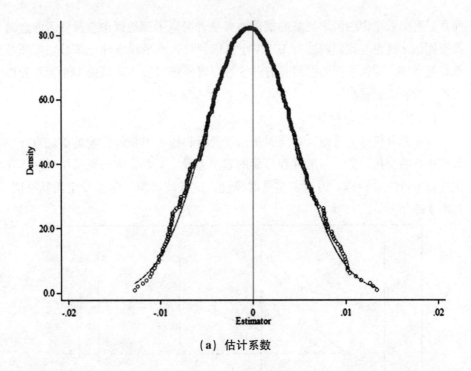

（a）估计系数

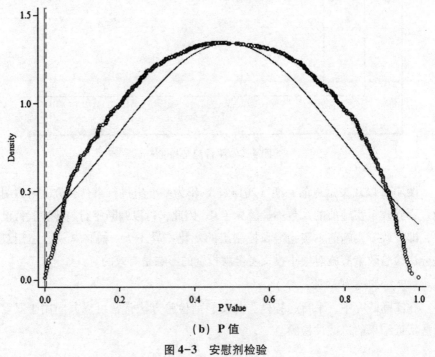

（b）P 值

图 4-3 安慰剂检验

图 4-3 记录了被解释变量的估计系数经 500 次回归后的分布情况，可以看出估计系数分布都集中在零点附近，并近似服从正态分布，并且大多数估计值的 P>0.1，即虚构的政策时间变量估计系数不显著。这证明随机生成的虚拟时间没有政策效应，进而证明大力推进大数据发展的政策可有效促进欠发达地区的中小投资者的金融投资。

第二节　大数据背景下机构投资者优化方案研究

一、研究假设

基于第三章大数据背景下机构投资者决策机理的研究，我们提出研究假设 1：机构投资者运用大数据和金融科技可以提高客户画像精度，减小偏差。具体表现在两方面：提高投资额和降低投资风险。

过去，机构投资者向融资方提供融资服务主要依赖于传统综合评分机制，对于缺乏产品历史信息等信息而导致综合评分偏低、画像有偏的融资方，机构投资者一方面不愿意向其投资，另一方面在信息不对称的情况下，无法准确预测融资方盈利能力和资金损失风险，控制机构投资者整体投资风险。当前，在信息互联互通的环境下，机构投资者可与外部科技公司合作，运用大数据技术，从"软"信息中为受到偏差影响的融资方挖掘信用，增加长期以来受到投资偏差影响的长尾群体的投资额。同时，大数据整合信息为融资方精准画像，准确识别融资方的融资风险，进行分级管理，降低投资风险。在面对面投资模式下，机构投资者常常会依靠主观判断初步筛选可投资的融资方。在可能出现的错误的判断下，一方面错失了原本盈利能力强的融资方，减少对其投资额；另一方面容易向高亏损风险的融资方提供资金，引发逆向选择问题，导致投资风险攀升。金融科技使得传统线下融资发展为网络融资，减少融资方材料的审批的程序，以更客观有效的形式提高融资方画像的精度。因此，机构投资者运用金融科技，一方面能识别出更多优质融资方，提高对其投资额；另一方面能识别出更多潜在盈利能力差的融资方，降低投资风险。综上可知，大数据和金融科技能提高机构投资者对融资方整体的画像精度，减小偏差，提高投资额和降低投资风险。

从我国投资资金供给对象来看，小微企业和农业是受到长期投资偏见的两大主体。机构投资者是为小微企业和农业提供投资的主要机构，机构投资者在对企业投资时考虑企业的财务报告、抵押品和信用记录等"硬"信息。由于小微企业成立时间短、规模小，这些信息的缺失造成了长期的投资偏见。大数据和金融科技的发展，一方面使得机构投资者从税务信息、上下游企业的交易信息等为小微企业挖掘信用；另一方面更加便于对小微企业的贷款流程进行管控。同时，农村地区金融基础薄弱、农户缺乏有效抵押物等，导致我国农业投资也受到长期投资偏见。大数据和金融科技的发展，一方面利用"软"信息弥补了抵押物的不足，另一方面能通过线上交易简化投资流程。因此我们认为大数据和金融科技的运用有助于缓解小微企业和农业的投资偏见。

我们提出研究假设2：大数据和金融科技发挥作用的内部渠道为降低信息不对称、降低成本，外部渠道为促进市场公平竞争。首先，早有学者研究发现，长期以来，我国中小融资方受到严重的投资偏见，其主要原因在于信息不对称。[①] 对于缺乏完整产品信息、盈利背景的企业，机构投资者不愿意向其提供融资服务。由上述理论分析可知，大数据能对融资方精准画像，利用过去传统综合评分无法识别到的"软"信息为这类缺乏产品历史信息和成立时间较短的融资方挖掘优势，从而降低机构投资者对两者的要求。金融科技以发展线上投资的形式，使得申请流程更加简便。线上融资业务的出现减少了审批程序，在无须提交复杂材料的条件下提高效率。对机构投资者而言，发展大数据和金融科技可以降低信息不对称，从而提高投资额。一方面，"软"信息可以弥补"硬"信息的不足；另一方面，使用技术可以提高融资方的画像精度，从而降低投资偏见。其次，传统综合评分以融资方基本信息、融资方主动提供的财务报告和机构投资者调查数据为主。一方面，机构投资者要耗费大量的人力财力物力进行实地走访、调研，收集相关信息，控制风险；另一方面，融资方为提高其融资产品的吸引力需多次前往证券交易所进行申请，确认审批流程是否顺利。大数据则利用互联网获取融资方的相关新闻报道等信息，以更加先进的技术对数据进行归纳整理，管控融资方项目运行全流程，减少了机构投资者监督管理中人力财力的消耗，提高了融资方的画像精度，为管理层提供有效的经营策略。[②]因此，我们认为大数据技术的运用能降低成本，进而提高机构投资者的投资额。最后，从外部渠道来看，金融科技促使市场投资环境变得更加公平。一方面，科技的进步推动了金融业态升级，各公司纷纷利用互联网、云计算、大数据、

---

① 杨丰来，黄永航. 企业治理结构、信息不对称与中小企业融资 [J] 金融研究，2006
（5）：159-166；杨龙见，吴斌珍，李世刚，等. "以税增信"是否有助于小微企业贷
款？——来自"银税互动"政策的证据 [J]. 经济研究，2021（7）：96-112.
② 谢平，邹传伟. 互联网金融模式研究 [J]. 金融研究，2012（12）：11-22.

人工智能和区块链等新兴科技为金融业务开拓市场、创新服务，开启了智能高效的新时代，在互联网公开透明公正有序的环境下，投资所有信息都可以从互联网获得，公开的环境减少了机构投资者之间的信息差。另一方面，随着金融科技的不断发展，行业的相关政策日趋完善，资本市场深化改革的步伐也逐渐加快，证券市场的市场化改革政策频出，保障和鼓励了金融科技的高速发展。

我们提出研究假设 3：数字鸿沟在大数据和金融科技的发展过程中表现出负面效应。数字鸿沟表现为对信息、网络技术的拥有程度、应用程度的差别而产生的信息落差。首先，中老年人互联网的使用频率低、学习能力弱，对互联网的使用频率远低于年轻人。在当今人口老龄化时代，无法记录中老年群体消费等"软"信息，在数据记录中留下了空白区域，阻碍了大数据的快速发展。因此，机构投资者在使用大数据和金融科技提供投资服务时，如果老年人不能使用互联网，与互联网脱节，容易导致机构投资者对融资方的整体画像精度下降，产生负面效应。其次，机构投资者运用金融科技开通线上交易为融资方提供投资服务，但部分受教育年限低的借款者，不懂专业的金融词汇，无专业指导无法熟知申请时的细节条款和各类投资产品的使用范围，也不能熟练浏览网络页面获取详细信息。因此，当我国国民受教育程度普遍较低时，受偏差影响的人口比例增加，机构投资者使用大数据和金融科技为融资方画像的整体精度降低。综上可知，大数据和金融科技的运用帮助机构投资者对融资方进行精准画像。但随着年轻人和老年人使用互联网的差距拉大和国民受教育程度降低，数字鸿沟扩大，机构投资者的整体客户画像精度降低。此时，数字鸿沟产生了负面效应。

二、研究设计

（一）数据来源与样本说明

本研究选用的财务数据主要来源于国泰安数据库和各机构投资者年报，大数据和金融科技指数来源于北京大学数字金融研究中心编制的普惠金融指数。宏观数据源自中经网、国家统计局。剔除不完整和遗漏数据后，最终选择 102 家机构投资者 2015—2020 年面板数据。

（二）变量选择

1. 被解释变量

本研究选择投资额和资金损失风险作为代理变量，研究机构投资者运用大数据和金融科技提高融资方画像精度，减小投资偏差的问题。从机构投资者的角度，机构投资者在传统综合评分和面对面投资模式下，融资方的画像有偏。

一方面，机构投资者不愿意向受到投资偏见的优质融资方提供贷款；另一方面，在信息不对称的情况下无法准确判断资金损失风险，进行分级管理。大数据和金融科技能对融资方进行精准画像，挖掘识别优质融资方，提高投资额；同时机构投资者能利用大数据和金融科技识别出潜在盈利能力弱、亏损风险大、发展前景差的融资方，降低投资风险。因此，本研究选用新增投资额衡量机构投资者投资能力，新增投资额越高，表明投资的范围越广泛；选用资金损失率衡量整体投资风险，资金损失率越低，表明机构投资者对融资方的画像越准确，分级管理风险能力越强。

小微企业和农业是长期以来受投资偏见严重的两大主体，因此，本研究选用小微企业和农业投资额来进一步验证大数据和金融科技对降低投资偏见的效用。其中，小微企业投资额用各机构投资者小微企业投资额衡量，农业贷款可得性用各机构投资者涉农投资额衡量。两种投资越高，表明这两个主体在贷款中受偏见越少。

2. 解释变量

大数据和金融科技发展程度的指标使用北京大学数字金融研究中心编制的省级层面中国数字普惠金融指数，该指数利用了蚂蚁集团的海量数据，覆盖了多个业务领域。大数据是数字经济的基础，金融科技是科技在金融领域的创新应用，两者密不可分。因此，本研究选用该指数同时衡量大数据和金融科技的发展。

3. 控制变量

本研究选定机构投资者层面和宏观层面影响机构投资者投资额和投资风险的指标作为控制变量。机构投资者层面控制变量包括流动性水平（$liquid$）、经营能力（$deposit$）、盈利能力（roa）、安全性水平（cra）。宏观层面控制变量包括经济发展能力（gdp）、货币政策（M_2）、银行竞争度（hhi）。

4. 工具变量

在内生性检验中，工具变量需满足与内生解释变量高度相关，与随机扰动项和其他解释变量不相关的条件。因此，本研究选取互联网普及率（$internet$）作为工具变量。互联网普及率的计算公式为互联网宽带接入用户人数/年末总人数。互联网普及率越高，表明互联网在经济社会中的重要性越高，该工具变量与解释变量高度相关。大数据和金融科技的发展以互联网为基础，互联网普及率越高，大数据和金融科技发展越快。同时，该工具变量也满足严格外生性要求，与机构投资者经营状况无任何经济联系。

5. 作用渠道变量

本研究选用信息不对称（$equity$）、成本（$cost$）研究大数据和金融科技提高融资方画像精度、减小偏差的内部作用渠道，选用市场投资环境（env）研究大数据和金融科技的外部作用渠道。其中，信息不对称用机构投资者股票投资占比衡量。信息不对称程度越高，机构投资者出于安全性的要求越不愿意向信息公开较少的融资方投资，即股票投资占比越高，信息不对称程度越低。成本用机构投资者的成本收入比来衡量，反映了机构投资者的经营成本和经营收入之间的关系。成本收入比越高，获得一单位收入所需成本越高，营业支出越高。市场环境用各省份与银行竞争度（hhi）相同的方法，用平均营业收入计算。市场环境越公平，变量取值越小。

6. 调节变量

由上述理论分析可知，在大数据和金融科技提高融资方的画像精度、减少偏差时，数字鸿沟可能会影响大数据和金融科技的运用效果。数字鸿沟表现为两点：一是老年人与年轻人之间能否充分接触和熟练使用互联网的差异。当数字鸿沟扩大时，说明接触互联网的人口中老年人口占比减少，即老年网民占比减少。二是受教育程度不同的群体之间的差异。当数字鸿沟扩大时，不同群体间的受教育程度出现两极分化，此时国民平均受教育程度较低。因此，本研究选用老年网民占比（age）和人均受教育程度（edu）作为调节变量研究数字鸿沟对主效应的影响。数字鸿沟越大，老年网民占比越低、人均受教育程度越低，机构投资者运用大数据和金融科技对融资方的整体画像精度越低，大数据和金融科技带来的偏差越大。这表现出数字鸿沟的负面效果。

表 4-15　变量选取与定义

变量类型	变量名称	变量符号	变量定义
被解释变量	新增投资额	invest	ln（新增投资额）
	资金损失率	loss	投资损失额/总投资额
	小微企业投资额	MSE	ln（小微企业投资额）
	农业投资额	AG	ln（涉农投资额）
解释变量	大数据和金融科技发展水平	fin	ln（金融科技总指数）
微观层面控制变量	流动性水平	liquid	存款总额/贷款总额
	经营能力	deposit	存款增长率
	盈利能力	roa	资产回报率
	安全性水平	cra	核心资本充足率

续表

变量类型	变量名称	变量符号	变量定义
宏观层面控制变量	经济发展能力	*gdp*	地区 GDP 增长率
	货币政策	M_2	广义货币变化量/上期货币供给额
	银行竞争度	*hhi*	赫芬达尔—赫希曼指数
作用渠道变量	信息不对称	*equity*	ln（股票投资占比）
	成本	*cost*	成本收入比
	市场环境	*env*	同 *hhi* 计算方法
调节变量	老年网民占比	*age*	60 岁以上网民人数/网民总人数
	受教育程度	*edu*	人均受教育年限
工具变量	互联网普及率	*internet*	互联网宽带接入用户人数/年末总人数

（三）描述性分析

如表 4-16 所示，被解释变量 *invest* 最大值与最小值之间相差 10.18，且呈右偏分布；*loss* 最大值与最小值之间相差 13.47 个百分点，最大值与平均值相差 12 个百分点，表明机构投资者虽然注重投资风险，但各机构之间的资金损失率之间仍存在较大差距。根据上述理论分析，可能的原因在于各机构运用大数据和金融科技的程度不一致。解释变量 *fin* 采取对数形式，其最大值为 6.068，最小值为 5.246，标准差为 0.192，指数变化平稳，表明我国大数据和金融科技发展水平稳步提升。调节变量 *edu* 的最大值为 10.48，最小值为 8.338，可见我国教育水平增长较快，但整体来看仍处于初级教育水平；从均值来看，我国人均受教育程度不高。*age* 的最大值为 11.2，最小值为 3.9，标准差较大，可见我国老年人使用互联网的能力在不断增强。*cra* 和 *cost* 差值较大，机构投资者间股票投资占比及成本收入比有较大差异。

表 4-16 变量描述性统计

变量	单位	样本量	均值	标准差	最小值	最大值
invest	—	598	22.66	1.366	16.28	26.46
loss	%	612	1.813	0.927	0.420	13.89

续表

变量	单位	样本量	均值	标准差	最小值	最大值
MSE	—	169	6.042	1.050	3.312	8.436
AG	—	133	5.164	0.922	3.339	7.484
fin	—	612	5.688	0.192	5.264	6.068
liquid	%	612	1.520	0.277	0.634	3.242
deposit	%	612	0.142	0.109	−0.233	1.224
roa	%	612	0.808	0.334	−0.279	2.314
cra	%	612	13.45	2.519	0.420	33.35
gdp	%	612	9.729	1.188	6.934	11.62
M_2	%	612	9.947	1.901	8.100	13.34
hhi	—	612	7.056	1.743	4.220	12.96
equity	%	520	2.13	1.041	0.105	3.663
cost	%	523	32.40	6.389	18.93	101.6
env	—	612	2.761	1.194	0.924	4.753
edu	年	612	8.975	0.461	8.338	10.48
age	%	612	6.267	2.469	3.900	11.20
internet	%	612	31.62	8.830	10.43	45.44

在进行实证分析之前，为直观分析机构投资者发展运用大数据和金融科技的作用效果，本研究将互联网机构投资者——微众银行与国有四大行、城商行和农商行进行对比。结果如图4-4所示。其中，纵坐标表示资金损失率。从图中可以看出，在2017年以前，农商行资金损失率最高，国有四大行和城商行次之。可能的原因是，随着网络投资的兴起，农商行在此期间竞争力相较于其他类型银行较弱。在2017年以后，随着网络借贷平台开始衰落，各类银行资金损失率也开始下降。此时大数据和金融科技受到越来越广泛的关注，尤其是资金实力雄厚的国有银行，两者的开发运用使得其处于竞争优势的地位。与传统银行不同，微众银行以自身开发的大数据技术为基础，在传统综合评级数据基础上加入腾讯公司专有个人数据集，基于大数据信用评级进行白名单筛选，从而更好服务于长尾客户。同时微众银行熟练运用金融科技的力量，既无物理网点，又无财产担保，并采用人工智能替代传统客服模式，是我国传统银行类机构投资者的转型方向。由图4-4可知，微众银行的资金损失率明显低于传统银行类

机构投资者。但 2019 年微众银行资金损失率有所抬头，主要原因在于，2019 年
微众银行宣布将资金损失率的划定由逾期 90 天改为逾期 60 天。而大部分传统
银行仍然选用逾期 90 天作为标准，此时微众银行资金损失率仍低于传统银行。
由图 4-4 可知，大数据和金融科技对降低投资风险具有促进作用，即银行类机
构投资者运用大数据和金融科技能为融资方精准画像，识别潜在盈利能力弱、
发展前景差的融资方，降低投资风险。

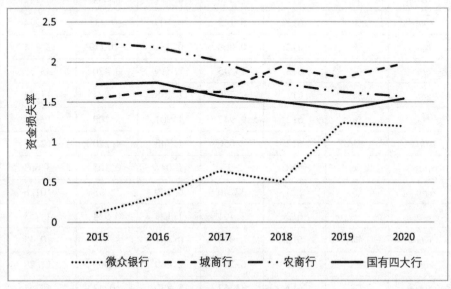

图 4-4　互联网银行与传统银行对比

（四）模型设定

本研究设定的模型如下。其中模型（4.4）和模型（4.5）为基准模型，用
于研究大数据和金融科技在提高融资方的画像精度、减少偏差中的积极作用。
模型（4.4）中，被解释变量为新增投资额（*invest*），模型（4.5）中，被解释
变量为资金损失率（*loss*）。模型（4.6）和模型（4.7）中加入了调节变量 *M* 及
其与解释变量的交互项，用于研究数字鸿沟在主效应中的消极作用。下标 *i* 表示
第 *i* 家投资机构，*t* 表示年份，*fin* 表示金融科技总指数。*bank* 表示机构层面控制
变量，包括流动性水平（*liquid*）、经营能力（*deposit*）、盈利能力（*roa*）和资本
充足率（*cra*）。*city* 表示宏观层面控制变量，包括经济发展能力（*gdp*）、货币政
策（*M₂*）和银行竞争度（*hhi*）。*M* 表示调节变量，包括受教育程度（*edu*）和
人口老龄化（*age*）。*μ* 表示个体固定效应，*γ* 表示时间固定效应，*ε* 表示随机误
差项。

$$invest_{i,t}=\beta_1 fin_{i,t}+\beta_2 bank_{i,t}+\beta_3 city_{i,t}+\mu_i+\gamma_i+\varepsilon_{i,t} \tag{4.4}$$

$$loss_{i,t}=\beta_1 fin_{i,t}+\beta_2 bank_{i,t}+\beta_3 city_{i,t}+\mu_i+\gamma_i+\varepsilon_{i,t} \tag{4.5}$$

$$invest_{i,t}=\beta_1 fin_{i,t}+\beta_2 M+\beta_3 fin_{i,t}\times M_{i,t}+\beta_4 bank_{i,t}+\beta_5 city_{i,t}+\mu_i+\gamma_i+\varepsilon_{i,t} \tag{4.6}$$

$$loss_{i,t}=\beta_1 fin_{i,t}+\beta_2 M_{i,t}+\beta_3 fin_{i,t}\times M_{i,t}+\beta_4 bank_{i,t}+\beta_5 city_{i,t}+\mu_i+\gamma_i+\varepsilon_{i,t} \tag{4.7}$$

三、实证分析

（一）基准回归

机构投资者利用大数据和金融科技提高融资方的画像精度、降低投资偏差的回归结果如表4-17所示。列（1）至（4）都表示双向固定效应，其中列（2）和列（4）为加入控制变量后的回归结果。

表4-17　基准回归结果

	（1）	（2）	（3）	（4）
	invest	invest	loss	loss
fin	4.534***	5.565***	−6.100***	−5.073***
	(1.567)	(1.435)	(1.639)	(1.410)
liquid		−0.839***		−0.438***
		(0.153)		(0.150)
deposit		2.359***		−1.143***
		(0.246)		(0.233)
roa		−0.003		−1.258***
		(0.137)		(0.134)
cra		−0.030**		−0.023
		(0.015)		(0.015)
gdp		0.376		1.069***
		(0.258)		(0.260)
M_2		0.621***		−0.389*
		(0.203)		(0.200)
hhi		−0.147		−0.114
		(0.153)		(0.153)

续表

	（1）	（2）	（3）	（4）
	invest	*invest*	*loss*	*loss*
常数项	-2.453	-17.511	35.096***	27.690**
	(8.550)	(10.968)	(8.944)	(10.805)
个体效应	Yes	Yes	Yes	Yes
时间效应	Yes	Yes	Yes	Yes
N	613	613	599	598
R^2	0.039	0.311	0.372	0.487
F	3.436	18.703	48.284	38.276

注：括号内为标准误；***、**、*分别表示在1%、5%、10%的置信水平上显著，下同。

列（2）金融科技总指数（*fin*）的估计系数为5.565，在1%的置信水平上显著为正，表明金融科技的发展有助于提高机构投资者的新增投资额。这说明大数据和金融科技的发展能提高机构投资者的客户画像精度，识别长尾客户群体中的优质客户，为这些客户提供投资，扩大融资规模，减少投资偏见。该结论与理论模型的分析一致。列（4）中金融科技指数估计系数为-5.073，且在1%的水平上显著为负，表明发展大数据和金融科技能提高机构投资者对融资方的整体画像精度，识别出更多潜在的盈利能力弱、发展前景差的融资方。机构投资者能准确划分对融资方投资的风险等级，对投资资金进行分级管理，降低机构投资者整体投资风险。该结论与理论分析一致。随着机构投资者运用大数据和金融科技的程度加深，融资方画像精度提高。对于过去受传统综合评分偏差影响和受主观偏差影响的融资方，随着大数据和金融科技发展，其画像精度提高。一方面，机构投资者识别出优质融资方的能力增强，从而纳入更多受偏差影响的融资方，扩大机构投资者投资的覆盖面，因此新增投资额提高；另一方面，机构投资者能准确判断融资方盈利能力，识别出更多潜在的盈利能力弱、发展前景差的融资方，从而对风险程度不同的投资资金进行分级管理，以便更好控制风险，降低资金损失率。

为确定机构投资者运用大数据和金融科技能否缓解特定对象的信贷偏见，本研究选用长期以来受偏见的两大主体——小微企业和农业进行分析。结果如表4-18所示。

表 4-18 两类主体的投资

	（1）	（2）
	MSE	*AG*
fin	3.277**	3.090*
	（1.582）	（1.744）
liquid	−0.495**	−0.183
	（0.197）	（0.218）
deposit	0.334	0.146
	（0.244）	（0.302）
roa	0.012	−0.006
	（0.176）	（0.192）
cra	0.017	−0.033**
	（0.016）	（0.016）
gdp	−0.331	−0.392
	（0.217）	（0.253）
M_2	0.232	0.009
	（0.235）	（0.018）
hhi	−0.143	−0.182
	（0.168）	（0.191）
常数项	−10.839	−9.061
	（11.433）	（12.887）
个体效应	Yes	Yes
时间效应	Yes	Yes
N	169	133
R^2	0.676	0.529
F	19.984	8.416

　　列（1）中金融科技总指数在5%的水平上显著为正，表明大数据和金融科技的运用有助于提高机构投资者对小微企业的投资。列（2）中金融科技总指数在10%的水平上显著为正，表明大数据和金融科技有助于提高机构投资者涉农投资。大数据和金融科技的发展提高了这两类长期受信贷偏见主体的投资额。

从两者的系数来看，涉农投资的边际系数低于小微企业投资，即大数据和金融科技对提高小微企业投资的影响更大。这符合我国长期以来大力支持小微企业发展的要求。

（二）稳健性检验

为了进一步检验基准回归结果的可靠性，本研究做了三个稳健性检验。

第一个检验，考虑新增投资额和机构投资者投资风险具有动态延续性，即 $t-1$ 期的数据影响 t 期的新增投资额和资金损失率，本书选用系统 GMM 模型重新回归，结果如表4-19所示。

表 4-19　系统 GMM 检验

	（1）	（2）
	invest	*loss*
$invest_{t-1}$	0.720***	
	(0.064)	
$loss_{t-1}$		0.576***
		(0.081)
fin	0.705***	−0.739***
	(0.234)	(0.246)
liquid	−0.086	−0.194
	(0.221)	(0.200)
deposit	2.042***	−1.065***
	(0.412)	(0.290)
roa	−0.328*	−0.668***
	(0.195)	(0.161)
cra	−0.046***	0.012
	(0.018)	(0.012)
gdp	−0.028	0.038
	(0.040)	(0.024)
M_2	−0.090***	0.003
	(0.022)	(0.020)

续表

	（1）	（2）
	invest	*loss*
hhi	0.031	0.019
	(0.031)	(0.019)
常数项	4.100**	5.349***
	(1.941)	(1.927)
AR（1）	0.000	0.003
AR（2）	0.603	0.160
Hansen test	0.240	0.168
N	486	509

列（1）加入了新增投资额的滞后项后，滞后项在1%的水平上显著为正，金融科技总指数也在1%的水平上显著为正。列（2）加入滞后项后，滞后项在1%的水平上显著为正，金融科技总指数在1%的水平上显著为负。结果表明加入滞后项后，机构投资者运用大数据和金融科技依然能够提高投资额，降低资金损失率。该结论与基准回归结果一致。

第二个检验为剔除部分样本，结果如表4-20所示。在所有机构投资者样本中，有21家机构投资者在2015—2020年上市，其中有6家银行在香港上市。

表4-20　剔除部分样本检验

	（1）	（2）	（3）	（4）
	剔除在港样本	剔除上市样本	剔除在港样本	剔除上市样本
	loan	*loan*	*npl*	*npl*
fin	5.611***	5.102***	−4.907***	−4.588***
	(1.524)	(1.642)	(1.499)	(1.670)
liquid	−0.801***	−0.823***	−0.437***	−0.462**
	(0.163)	(0.185)	(0.159)	(0.187)
deposit	2.408***	2.434***	−1.181***	−1.232***
	(0.251)	(0.272)	(0.237)	(0.265)
roa	0.002	−0.045	−1.303***	−1.306***
	(0.136)	(0.149)	(0.134)	(0.151)

续表

	（1）	（2）	（3）	（4）
	剔除在港样本	剔除上市样本	剔除在港样本	剔除上市样本
	loan	*loan*	*npl*	*npl*
cra	−0.024	−0.028*	−0.024	−0.021
	(0.015)	(0.017)	(0.015)	(0.017)
gdp	0.453*	0.010	0.963***	1.483***
	(0.267)	(0.338)	(0.270)	(0.353)
M_2	0.629***	0.499**	−0.349*	−0.238
	(0.215)	(0.234)	(0.211)	(0.238)
hhi	−0.149	−0.038	−0.160	−0.203
	(0.156)	(0.171)	(0.156)	(0.177)
常数项	−18.938	−11.218	27.621**	19.949
	(11.659)	(12.815)	(11.494)	(13.072)
个体效应	Yes	Yes	Yes	Yes
时间效应	Yes	Yes	Yes	Yes
N	568	472	582	486
R^2	0.492	0.472	0.323	0.342
F	37.042	28.261	18.787	16.998

机构投资者上市后，一方面，机构投资者融资能力提升，有较强的综合竞争力，在互联网金融快速发展的环境下依然可以保持自身的盈利能力，在大数据技术和金融科技快速发展的潮流中，保持自身坚挺；另一方面，上市意味着机构投资者有着良好的发展前景，业务范围不再局限于注册地范围内。因此，需要关注机构投资者上市是否会对结果产生影响。在列（1）和列（3）中剔除了在香港地区上市的银行样本，结果依然稳健。列（2）和列（4）剔除所有上市银行的样本，与基准回归结果一致。观察系数，可以发现剔除上市银行样本后金融科技总指数显著性都有所下降，且系数均小于剔除上市样本后的结果，表明上市使得机构投资者运用大数据和金融科技提高新增投资额和降低资金损失率的作用更加明显。

第三个检验，在回归中可能存在遗漏变量、金融科技指数效用滞后及反向因果关系影响回归结果的准确性，因此本部分将解释变量滞后一期和运用工具变量法解决模型中存在的内生性问题，结果如表4-21所示。

表4-21 内生性检验

	（1）	（2）	（3）	（4）
	invest	*loss*	*invest*	*loss*
fin_{t-1}	5.078***	-4.207***		
	(1.622)	(1.585)		
fin			2.865***	-0.658***
			(0.507)	(0.213)
liquid	-0.672***	-0.345*	-0.671***	-0.434***
	(0.187)	(0.181)	(0.235)	(0.102)
deposit	2.386***	-1.104***	2.823***	-1.435***
	(0.287)	(0.269)	(0.547)	(0.313)
roa	0.008	-1.420***	0.046	-1.030***
	(0.176)	(0.171)	(0.203)	(0.105)
cra	-0.024	-0.030*	-0.245***	0.059***
	(0.017)	(0.017)	(0.026)	(0.016)
gdp	0.469	0.840***	-0.040	0.044*
	(0.316)	(0.316)	(0.045)	(0.024)
M_2	1.242**	-0.788	-0.138	-0.118**
	(0.532)	(0.517)	(0.123)	(0.055)
hhi	-0.261	-0.026	0.072*	0.038**
	(0.217)	(0.213)	(0.040)	(0.017)
常数项	-21.161	28.224*	47.135***	5.293***
	(15.597)	(15.264)	(3.583)	(1.543)
控制变量	Yes	Yes	Yes	Yes
个体效应	Yes	Yes	Yes	Yes
时间效应	Yes	Yes	Yes	Yes
N	499	509	598	612
R^2	0.458	0.275	0.109	0.370

	(1)	(2)	(3)	(4)
	invest	*loss*	*invest*	*loss*
F	29.618	13.623		

列（1）和列（2）显示将金融科技总指数滞后一期后的回归结果。列（1）显示金融科技总指数滞后一期的系数在1%的水平上显著为正；列（2）显示金融科技总指数滞后一期的系数在1%的水平上显著为负，与基准回归结果一致。列（3）和列（4）皆采用互联网普及率作为工具变量。一方面，大数据和金融科技具有辐射带动作用，会影响互联网的普及程度。大数据和金融科技发展程度越高，互联网普及范围越广泛。另一方面，互联网的普及并不直接影响金融机构的行为，满足外生性的要求。首先，对金融科技指数进行 Durbin—Wu—Hausman 检验。结果显示，以 *fin* 作为被解释变量时，DWH 检验 *P* 值为 0.00，可以说明解释变量 *fin* 为内生变量。其次，工具变量法的结果显示，列（3）中金融科技总指数在1%的水平上显著为正，列（4）金融科技总指数的系数在1%的水平上显著为负。表明在保持与原有结果一致的基础上，工具变量法能有效解决模型的内生性问题。

（三）作用渠道

本研究进一步分析机构投资者发展大数据和金融科技提高融资方的画像精度、降低投资偏差的内外作用渠道。一是从内部渠道来看，大数据和金融科技的运用使得"软"信息代替缺少的"硬"信息，信息更为可靠全面。同时，线上投资提高了审批效率，有效降低机构投资者对投资风险的担忧。相比投资于共同基金，股票投资风险更高，不确定性更大，要求投资者拥有更强的洞察力和更多的信息。因此，发展大数据和金融科技能够提高股票占比，从而降低信息不对称。二是从内部渠道来看，大数据技术基于互联网整合信息，管控投融资全流程。这有利于降低机构投资者收集数据和控制风险中的人力成本和财力成本。随着机构投资者向融资方投资时的边际成本下降，机构投资者在短时间内同时处理业务能力提高，机构投资者在融资方选取中占有优势，即择优选取。因此，发展大数据和金融科技有助于降低成本。三是从外部渠道来看，大数据和金融科技依托互联网技术，颠覆机构投资者传统投资模式，营造更为公平的市场环境，此时，除了技术的使用差别，所有的机构投资者都是同质的。本研究选用股票投资额占比、成本收入比为内部作用渠道衡量指标，选用市场环境为外部作用渠道衡量指标，结果如表4-22所示。

表 4-22　作用渠道分析

	（1）	（2）	（3）
	equity	cost	env
fin	1.135***	−36.010***	−1.685**
	(0.265)	(9.180)	(0.755)
liquid	0.110	1.952**	0.548
	(0.147)	(0.966)	(0.364)
deposit	−0.131	−2.508	0.752
	(0.219)	(1.587)	(0.616)
roa	−0.282**	−3.230***	0.495
	(0.141)	(0.875)	(0.365)
cra	0.013	0.063	0.022
	(0.012)	(0.101)	(0.035)
gdp	0.041	−5.786***	−0.075
	(0.242)	(1.688)	(0.593)
M_2	−0.015	−5.445***	0.054
	(0.015)	(1.292)	(0.042)
hhi	−0.444***	1.198	−0.339
	(0.130)	(1.010)	(0.339)
常数项	−1.354	355.422***	12.317*
	(2.745)	(70.195)	(7.091)
个体效应	Yes	Yes	Yes
时间效应	Yes	Yes	Yes
N	495	522	612
R^2	0.501	0.123	0.261
F	49.545	4.886	10.711

列（1）显示金融科技总指数在 1% 的水平上显著为正，表明大数据和金融科技的发展有助于提高机构投资者股票投资占比，降低信息不对称程度。大数

据和金融科技发展程度越高，信息不对称程度越低。列（2）显示金融科技总指数在1%的水平上显著为负，表明大数据和金融科技的发展有助于降低机构投资者运营成本。大数据和金融科技的发展程度越高，机构投资者运营成本越低。列（3）显示金融科技总指数在5%的水平上显著为负，表明大数据和金融科技的发展有助于营造公平的市场环境。大数据和金融科技的发展程度越高，机构投资者处在的市场越公平。

从作用渠道来看，大数据和金融科技都是从机构投资者的投资渠道出发。首先，大数据和金融科技可以通过互联网，从网上为机构投资者挖掘信息，降低信息不对称。对融资方来说，部分公司成立时间较短、公司信息披露流程不完善。在缺少"硬"信息的情况下，机构投资者倾向于投资同等类型信息更全的公司，即使部分未被选择公司的盈利能力较强，发展速度快。在未能深入了解这些公司的产品能力时，机构投资者做出判断，对这些公司的综合评分较低，从而形成偏差。大数据帮助机构投资者挖掘"软"信息，机构投资者运用这些"软"信息对融资方重新评分，对融资方精准画像，从而准确判断公司的投资价值。因此，大数据和金融科技能降低双方信息不对称，从而减少投资偏差。其次，大数据和金融科技利用科技的力量，降低成本。在传统投资中，机构投资者需花费大量的人力财力物力管控投资全流程。在投资之前，机构投资者需收集信息，对融资方进行实地调研，判断投资风险；在投资时，机构投资者需对融资方资金用途、去向进行监控，对公司的现金流和财务信息进行分析，以确保资金的安全和盈利能力；在盈利后，机构投资者需进一步确定项目是否可继续进行，回笼资金。在大数据和金融科技的加持下，这些过程都能通过软件技术进行监测分析，软件能同时处理大量信息，并进行实时监测。因此，大数据和金融科技可降低信息不对称、降低成本，从而减少传统投资偏差。最后，从外部渠道来看，大数据和金融科技的大范围使用，在全社会范围内营造出数字化的市场环境，过去关系型融资、对大企业的融资倾斜的融资方式逐渐被淘汰，技术的使用使得市场环境更加公平公正，机构之间的关联度也更强，有助于优化机构投资者的投资决策。

为进一步检验作用渠道的稳健性，本研究做了稳健性检验。考虑到选用的作用渠道变量：信息不对称、成本可能具有风险的动态延续性，即 $t-1$ 期的数据影响 t 期的效果，本研究选用系统 GMM 模型重新回归，结果如表4-23所示。

表 4-23 系统 GMM 检验

	（1）	（2）	（3）
	equity	*cost*	*env*
L. equity	0. 922 ***		
	（0. 008）		
L. cost		0. 841 ***	
		（0. 010）	
L. env			0. 359 ***
			（0. 105）
fin	5. 583 ***	−0. 096 **	−0. 066 *
	（0. 524）	（0. 0413）	（0. 721）
常数项	45. 296 ***	0. 023	0. 023
	（3. 680）	（3. 208）	（3. 208）
控制变量	Yes	Yes	Yes
个体效应	Yes	Yes	Yes
时间效应	Yes	Yes	Yes
N	418	431	431

列（1）中加入了信息不对称变量的滞后项，且滞后项在 1% 的水平上显著为正，金融科技总指数也在 1% 的水平上显著为正。列（2）中加入了成本的滞后项，且滞后项在 1% 的水平上显著为正，金融科技总指数在 5% 的水平上显著为负。列（3）中加入了市场环境的滞后项，且滞后项在 1% 的水平上显著为正，金融科技总指数在 10% 的水平上显著为负。结果表明加入滞后项后，机构投资者运用大数据和金融科技依然能通过降低信息不对称、降低成本和营造公平市场环境的作用渠道产生影响。该结论与回归结果一致。

（四）调节效应

在理论分析中，数字鸿沟越大，机构投资者运用大数据和金融科技为融资方画像的精度越低，带来的偏差越大。为解释数字鸿沟在主效应中的作用，将老年网民占比和人均受教育程度作为调节变量加入模型，并对解释变量和调节变量进行中心化处理，结果如表 4-24 所示。列（1）和列（3）为加入人均受教育程度的结果，列（2）和列（4）为加入老年网民占比的结果。

表 4-24　调节效应

	(1)	(2)	(3)	(4)
	invest	invest	loss	loss
fin	6.219***	5.294***	-4.706***	-4.562***
	(1.624)	(1.407)	(1.478)	(1.365)
edu	0.317*		-0.329**	
	(0.169)		(0.156)	
fin*edu	0.571*		-0.120	
	(0.291)		(0.269)	
age		-0.204***		0.133***
		(0.049)		(0.047)
fin*age		0.351***		-0.461***
		(0.079)		(0.078)
liquid	-0.926***	-0.812***	-0.397***	-0.426***
	(0.153)	(0.152)	(0.150)	(0.149)
deposit	2.406***	2.331***	-1.174***	-1.149***
	(0.244)	(0.246)	(0.233)	(0.234)
roa	-0.026	-0.014	-1.263***	-1.264***
	(0.136)	(0.136)	(0.134)	(0.134)
cra	-0.026*	-0.026*	-0.024	-0.022
	(0.015)	(0.015)	(0.015)	(0.015)
gdp	0.404	0.349	1.028***	1.074***
	(0.255)	(0.256)	(0.258)	(0.258)
M_2	0.753***	0.063	-0.391*	-0.139***
	(0.212)	(0.043)	(0.210)	(0.043)
hhi	-0.094	-0.152	-0.204	-0.121
	(0.157)	(0.153)	(0.158)	(0.153)
常数项	11.773***	17.558***	-0.254	-2.155
	(4.007)	(2.918)	(3.687)	(2.880)
个体效应	Yes	Yes	Yes	Yes

续表

	（1）	（2）	（3）	（4）
	invest	*invest*	*loss*	*loss*
时间效应	Yes	Yes	Yes	Yes
N	598	598	612	612
R^2	0.466	0.508	0.319	0.357
F	30.097	38.342	16.578	21.214

列（1）显示的金融科技总指数与人均受教育程度的交互项在10%的水平上显著为正，表明随着人均受教育程度的提高，机构投资者运用大数据和金融科技对新增投资额的促进作用更加明显。列（3）显示金融科技总指数与人均受教育年限的交叉项不显著，但其系数仍未为正，表明教育调节大数据和金融科技与资金损失率的作用较弱。可能的原因在于，从平均年限来看，虽然受高等教育人数在不断增加，但国民平均受教育程度仍然较低，高等教育的优势未能完全凸显。列（2）显示金融科技总指数在1%的水平上显著为正，交互项系数也在1%的水平上显著为正。表明随着老年网民占比的提高，即老年人使用互联网的比例提高，大数据和金融科技提高机构投资者新增投资额的正向促进作用更加明显。列（4）中金融科技总指数与老年网民占比交互项在1%的水平上显著为负，表明随着老年网民占比提高，即数字鸿沟的缩小，机构投资者运用大数据和金融科技降低资金损失率的作用变强。从我国现实来看，数字鸿沟正在不断缩小，大数据和金融科技在提高融资方画像精度、减少偏差中的作用越来越强。这表现在随着人均受教育程度的提高，大数据和金融科技促进新增投资额的作用更加明显；随着老年网民占比的提高，大数据和金融科技提高新增投资额和降低资金损失率的作用更加显著。数字鸿沟扩大对机构投资者运用大数据和金融科技提高融资方画像精度、减少偏差具有负面效应。当前我国数字鸿沟正在不断缩小，其负面效果越来越弱。

数字鸿沟随着大数据和金融科技的发展而产生，表现为能接触到互联网的人与不能接触到互联网的人之间的信息红利差距越来越大。在理论中，数字鸿沟在其他条件恒定下，会随着大数据和金融科技的发展而增大，即负面效应越来越强。然而，从我国实际情况来看，数字鸿沟仍然保持在一个较为稳定的水平，甚至有缩小的趋势，表现为我国老年网民占比逐年递增，人均受教育程度提高。可能的原因在于以下三点。一是全面脱贫的成果。全面脱贫的一项重要任务是教育脱贫，当前偏远地区的青年群体中，受教育人口比例直线上升，随着我国义务教育事业的发展，越来越多家长注重孩子的教育，大学生的比例提高，国民人均受教育水平提高。二是手机等通信设备的智能化。与过去相比，目前智能手机普及率非常高，且手机的智能程度也在不断提高，即便是老年人也能运用手机的语言功能进行操作。技术的进步也能根据客户的需求定制个性化服务，例如，针对中老年人的无障碍通道和在线联系渠道，从而实现产品定制和信息的精准推送。三是网络风险防控能力增强。随着信息技术的发展，越来越多的个人数据被挖掘出来，对隐私信息的风险防控也成为重要的课题。虽然国家在不断提出相关政策保护个人的隐私，但数字鸿沟依然不可忽视，在开发运用大数据和金融科技时要注重数字鸿沟的扩大。

考虑回归中可能存在遗漏变量、金融科技指数效用滞后及反向因果关系，导致调节效应的回归结果有误，因此，本部分将解释变量滞后一期和运用工具变量法解决模型中存在的内生性问题，结果如表 4-25 所示。列（1）至列（4）皆采用互联网普及率作为工具变量。

表 4-25　内生性检验

	（1）	（2）	（3）	（4）
	invest	*invest*	*loss*	*loss*
fin	-8.000***	-7.084***	-0.517	-0.664
	(0.995)	(0.988)	(0.496)	(0.458)
edu	1.370***		-0.181**	
	(0.146)		(0.072)	
*fin*edu*	1.641***		-0.257*	
	(0.561)		(0.0282)	
age		0.045***		-0.024***
		(0.008)		(0.004)
*fin*age*		-0.005*		0.008*
		(0.0042)		(0.019)
常数项	82.343***	79.127***	4.953	6.048*
	(7.266)	(7.436)	(3.617)	(3.444)
控制变量	Yes	Yes	Yes	Yes
个体效应	Yes	Yes	Yes	Yes
时间效应	Yes	Yes	Yes	Yes

续表

	（1）	（2）	（3）	（4）
	invest	*invest*	*loss*	*loss*
N	598	598	612	612
R^2	0.243	0.159	0.378	0.410

结果显示，加入工具变量后，列（1）和列（3）中金融科技总指数与人均受教育程度的交互项分别在1%的水平上显著为正和在10%的水平上显著为负，列（2）和列（4）中金融科技总指数与老年网民占比的交互项分别在10%的水平上显著为负和在10%的水平上显著为正。加入工具变量后，模型显著性虽然有所变化，但结论与上文保持一致。工具变量法能有效解决模型的内生性问题。

（五）异质性分析

为了更精确地评估金融科技对机构投资者投资的差异化影响，本研究从机构投资者性质、机构投资者规模、大数据和金融科技的不同发展阶段三方面进行分析。

1. 机构投资者性质差异

首先将机构投资者分为证券类机构投资者和银行类机构投资者，结果如表4-26所示。列（1）和列（3）显示的是证券类机构投资者的回归结果，列（2）和列（4）显示的是银行类机构投资者的回归结果。列（5）和列（6）显示的是组间差异回归结果，采用解释变量 *fin* 与机构投资者类别 *industry* 之间的交互项系数表示。

表4-26 分证券类、银行类机构投资者回归结果

	（1）	（2）	（3）	（4）	（5）	（6）
	证券类	银行类	证券类	银行类	组间差异	
	invest	*invest*	*loss*	*loss*	*invest*	*loss*
fin	4.496***	7.029	−7.564***	0.027	5.611***	−5.453***
	(1.665)	(4.608)	(2.357)	(5.152)	(1.435)	(1.362)
fin * industry					0.106**	−1.401***
					(0.241)	(0.231)
liquid	−0.723***	−1.803***	0.099	−1.062***	−0.859***	−0.111
	(0.179)	(0.399)	(0.164)	(0.390)	(0.161)	(0.153)

	（1）	（2）	（3）	（4）	（5）	（6）
	证券类	银行类	证券类	银行类	组间差异	
	invest	invest	loss	loss	invest	loss
deposit	1.901***	3.701***	−1.324***	−1.268***	2.370***	−1.328***
	(0.298)	(0.440)	(0.262)	(0.431)	(0.248)	(0.227)
roa	0.069	−0.126	−1.211***	−1.124***	−0.009	−1.189***
	(0.190)	(0.192)	(0.169)	(0.206)	(0.137)	(0.130)
cra	−0.045**	0.003	−0.005	0.002	−0.032**	−0.006
	(0.020)	(0.024)	(0.018)	(0.025)	(0.015)	(0.015)
gdp	0.631**	0.402	0.752***	0.484	0.394	0.775***
	(0.299)	(0.561)	(0.277)	(0.606)	(0.261)	(0.253)
M_2	0.520**	1.138**	−0.516**	−0.053	0.627***	−0.417**
	(0.227)	(0.533)	(0.204)	(0.572)	(0.203)	(0.192)
hhi	−0.001	−1.125***	−0.102	0.395	−0.163	−0.001
	(0.172)	(0.421)	(0.157)	(0.447)	(0.154)	(0.149)
常数项	−11.898	−22.375	49.160***	−8.588	−17.475	26.849**
	(12.736)	(34.887)	(18.062)	(38.986)	(10.938)	(10.404)
个体效应	Yes	Yes	Yes	Yes	Yes	Yes
时间效应	Yes	Yes	Yes	Yes	Yes	Yes
N	353	245	360	252	598	612
R^2	0.494	0.474	0.326	0.387	0.488	0.359
F	22.862	14.352	11.630	10.409	35.438	21.428

列（1）中金融科技总指数在1%的水平上显著为正，列（2）中金融科技总指数不显著，表明金融科技发展能显著提高证券类机构投资者的投资额，对银行类机构投资者投资额的提高作用较弱。列（3）中证券类机构投资者金融科技总指数在1%的水平上显著为负，列（4）中银行类机构投资者金融科技总指数不显著，说明大数据和金融科技发展能显著降低证券类机构投资者的资金损失率。可能的原因在于：相比于银行类机构投资者，证券类机构投资者更早与科技公司和大型机构展开金融科技合作。证券类机构投资者能先一步意识到大数据和金融科技在投资领域的促进作用。长期以来，证券类机构投资者和银行

类机构投资者发展金融科技的差距主要在数据获取和应用领域。因此，相比于银行类机构投资者，证券类机构投资者利用大数据和金融科技服务于投资领域的作用更强。列（5）和列（6）中交互项系数分别在5%和1%的水平上显著，表明证券类机构和银行类机构有明显差异，分组回归结果可靠。

2. 机构投资者规模差异

以机构投资者资产规模中位数为界，将机构投资者分为大、小规模，结果如表4-27所示。列（1）和列（3）显示的是大规模机构投资者的结果，列（2）和列（4）显示的是小规模机构投资者的结果，列（5）和列（6）显示的是组间差异回归结果。采用解释变量 fin 与机构投资者规模 $size$ 之间的交互项系数表示。

表 4-27 分大、小机构投资者规模回归结果

	（1）	（2）	（3）	（4）	（5）	（6）
	大规模	小规模	大规模	小规模	组间差异	
	invest	*invest*	*loss*	*loss*	*invest*	*loss*
fin	6.236***	4.729	-4.251***	-14.279***	5.525***	4.917***
	(1.655)	(3.199)	(1.444)	(4.828)	(1.439)	(1.414)
fin^*size					0.007**	-0.018**
					(0.018)	(0.018)
$liquid$	-0.806***	-1.078***	-0.040	-0.769***	0.829***	0.443***
	(0.202)	(0.270)	(0.173)	(0.284)	(0.152)	(0.149)
$deposit$	2.121***	2.571***	-0.938***	-1.144***	2.342***	1.112***
	(0.355)	(0.365)	(0.300)	(0.364)	(0.249)	(0.235)
roa	0.524**	-0.288	-1.520***	-1.199***	0.000	1.272***
	(0.207)	(0.191)	(0.177)	(0.203)	(0.137)	(0.134)
cra	-0.055**	-0.030	-0.019	-0.001	-0.031**	-0.023
	(0.026)	(0.021)	(0.022)	(0.023)	(0.015)	(0.015)
gdp	0.815***	-0.283	0.455*	2.147***	0.373	1.074***
	(0.275)	(0.546)	(0.237)	(0.599)	(0.256)	(0.257)
M_2	0.837***	0.189	-0.435**	-0.533	0.619***	-0.370*
	(0.232)	(0.379)	(0.198)	(0.405)	(0.203)	(0.199)

续表

	（1）	（2）	（3）	（4）	（5）	（6）
	大规模	小规模	大规模	小规模	组间差异	
	invest	*invest*	*loss*	*loss*	*invest*	*loss*
hhi	−0.276	0.010	−0.268*	0.289	−0.152	−0.127
	(0.174)	(0.270)	(0.149)	(0.296)	(0.153)	(0.153)
常数项	−23.348*	−4.459	26.401**	84.676**	−17.212	26.703**
	(12.616)	(24.982)	(11.015)	(37.781)	(10.962)	(10.796)
个体效应	Yes	Yes	Yes	Yes	Yes	Yes
时间效应	Yes	Yes	Yes	Yes	Yes	Yes
N	303	295	306	306	598	612
R^2	0.559	0.405	0.353	0.334	0.488	0.313
F	24.126	12.518	10.503	9.702	35.432	17.427

列（1）中金融科技总指数在1%的水平上显著为正，列（2）中金融科技总指数不显著，表明大数据和金融科技发展有助于提高大规模机构投资者的投资额，但对小规模机构投资者的促进作用不明显。可能的原因：在分组时，大规模机构投资者对应的大数据和金融科技发展程度更高、指数更大，因此提高新增投资额的作用更加明显。说明大数据和金融科技发展程度越高，机构投资者减少投资偏差的作用越明显。列（3）和列（4）中金融科技总指数都在1%的水平上显著为负，表明商业银行发展大数据和金融科技能显著降低机构投资者的资金损失率。表现为大数据和金融科技提高对融资方的画像精度，识别潜在盈利能力弱、发展前景差的融资方，控制投资风险。列（5）和列（6）中交互项系数均在5%的水平上显著，表明不同规模的机构投资者有明显差异，分组回归结果可靠。

3. 分阶段回归

在发展大数据和金融科技的路径选择上，机构投资者可通过创立自身金融科技子公司或者与外部金融科技公司合作。银行是机构投资者的组成部分之一，2020年发布的《商业银行和非银行支付机构金融科技业务发展情况调查报告》指出，当前有91%以上的银行选择与外部机构合作，实现数据互通和技术共享。在金融科技发展早期，机构投资者初步意识到大数据和金融科技的价值，但大多采取被动跟随战略，未将其列入战略规划，例如，进行盲目的资金投入、错误的定位等。这时它们为应对互联网金融的冲击，效仿科技公司进行多渠道建设。然而，这种被动跟随战略仅从热点出发，并未考虑机构投资者自身特点，局部创新的方式给机构投资者带来了较差的体验感，忽略了整体性和长期发展的可行性。此时机构投资者发展大数据和金融科技的速度缓慢，对其运用主要停留在形式上，未取得突破性的进展。2017 年，国有四大行先后与百度、阿里巴巴、腾讯和京东达成战略协议，为机构投资者拥抱大数据和金融科技提供可行方案。由此大部分机构投资者纷纷主动与外部机构合作，大数据和金融科技在机构投资者投资领域的发展步入更高阶段。通过分析当前机构投资者整体困境和学习借鉴优秀的实践成果，不再盲目追求不切实际的发展目标，转而积极探索适合自身发展的、具有独特优势的转型之路。在此阶段，机构投资者主动发展大数据和金融科技，自上而下进行数字化建设。此时，机构投资者大数据和金融科技运用程度加深，发展步入更高阶段。

因此，机构投资者发展大数据和金融科技可大致分为两个阶段，一是早期被动跟随阶段，二是主动探索转型阶段。本研究以 2018 年为界，分析大数据和金融科技在不同阶段服务投资领域的不同效用。结果如表 4-28 所示。列（1）和列（3）显示的是机构投资者主动探索阶段的回归结果，列（2）和列（4）显示的是机构投资者被动跟随阶段的回归结果，列（5）和列（6）显示的是组间差异回归结果。采用解释变量 *fin* 与机构投资者采用大数据和金融科技技术的时间段 *time* 之间的交互项系数表示。

表 4-28　分阶段回归结果

	（1）	（2）	（3）	（4）	（5）	（6）
	2018—2020	2015—2017	2018—2020	2015—2017	组间差异	
	invest	*invest*	*loss*	*loss*	*invest*	*loss*
fin	12.291**	4.520**	-24.839**	2.371	4.268***	-2.037
	(5.860)	(1.891)	(9.709)	(1.734)	(1.490)	(1.416)
fin * *time*					1.290***	-2.908***
					(0.442)	(0.422)
liquid	-3.003***	-1.497***	0.342	-0.385**	-1.011***	-0.053
	(0.428)	(0.253)	(0.395)	(0.178)	(0.162)	(0.152)
deposit	2.524***	2.142***	-1.339***	-0.224	2.325***	-1.050***
	(0.363)	(0.346)	(0.337)	(0.234)	(0.244)	(0.223)

续表

	(1)	(2)	(3)	(4)	(5)	(6)
	2018—2020	2015—2017	2018—2020	2015—2017	组间差异	
	invest	*invest*	*loss*	*loss*	*invest*	*loss*
roa	−0.777***	0.094	−0.814***	−0.560***	−0.122	−0.990***
	(0.292)	(0.178)	(0.268)	(0.137)	(0.141)	(0.134)
cra	0.009	−0.004	−0.033	0.021	−0.029*	−0.025*
	(0.026)	(0.022)	(0.024)	(0.016)	(0.015)	(0.014)
gdp	−0.020	0.032	−0.050	0.579	0.501*	0.789***
	(0.461)	(0.534)	(0.432)	(0.412)	(0.257)	(0.249)
M_2	−0.963**	0.148**	1.073***	0.154***	2.831***	−5.354***
	(0.384)	(0.067)	(0.356)	(0.051)	(0.782)	(0.746)
hhi	−0.791**	0.016	0.512	−0.298*	−0.180	−0.059
	(0.375)	(0.220)	(0.350)	(0.171)	(0.152)	(0.146)
常数项	−32.418	−8.602	130.568**	−15.923	40.488***	78.781***
	(30.309)	(13.899)	(50.219)	(12.851)	(13.399)	(12.712)
个体效应	Yes	Yes	Yes	Yes	Yes	Yes
时间效应	Yes	Yes	Yes	Yes	Yes	Yes
N	305	293	306	306	598	612
R^2	0.407	0.258	0.311	0.126	0.497	0.372
F	14.779	7.023	9.799	3.129	36.691	22.612

列（1）和列（2）中金融科技总指数都在5%的水平上显著为正，即大数据和金融科技发展在两个阶段都有助于提高新增投资额。但列（1）中金融科技总指数系数显著高于列（2）中的系数，表明在机构投资者主动探索阶段，大数据和金融科技发展对新增投资额的促进作用更加明显。列（3）中金融科技总指数在5%水平上显著为负，列（4）中金融科技总指数不显著。可见在机构投资者主动探索阶段，发展大数据和金融科技能显著降低机构投资者资金损失率。综上可知，更高阶段的主动探索拥抱大数据和金融科技能帮助机构投资者更好地进行投资决策。在大数据和金融科技发展的更高阶段，机构投资者的融资方画像精度更高，新增投资额提高，资金损失率下降。列（5）和列（6）中交互项系数均在1%的水平上显著，表明不同发展阶段的机构投资者有明显差异，分

组回归结果可靠。

（六）DID 分析

为进一步验证大数据和金融科技在投资领域的作用效果，参考徐晓萍等[①]的结果，本研究进一步采用双重差分模型进行验证。由上述理论模型可知，机构投资者投资业务的发展可分为两个发展阶段：一是以传统综合评分和面对面融资为主的融资方式，二是采用大数据综合评分和线上投资为主的新型融资方式。双重差分模型更好拟合了两个发展阶段大数据和金融科技的作用效果。一方面，大数据综合评分隶属机构投资者风控的一部分，通过多元化的数据，为融资方精准画像，全面评估融资方的信用和盈利能力。同时，大数据技术广泛用于机构投资者的白名单筛选，从而提高机构投资者投资质量。另一方面，大数据提高新增投资额，助力机构投资者扩大投资范围，纳入更多可选择的融资方，这些融资方群体过去常常因为缺乏产品历史记录而被排除在机构投资者之外。在金融科技的加持下，机构投资者向互联网金融转型，投资业务的经营方式逐渐由线下转为线上，减少了机构投资者的主观偏差。一方面，线上投资更加客观，减轻了可能存在的逆向选择问题，即在融资方的选择上降低了选择信用较差的客户的风险；另一方面，机构投资者利用互联网拓宽投资范围，为线下距离较远的融资方提供了更加方便的融资渠道。因此，本部分仍然选用新增投资额（invest）和资金损失率（loss）作为被解释变量，与上文一致。

从中国机构投资者的实践出发，本节以机构投资者是否在交易时采用大数据技术（DID）作为机构投资者发展大数据和金融科技的代理变量，并将其作为一项准自然实验，进一步探讨银行发展大数据和金融科技前后的投资差异。考虑到的原因如下。一是技术的运用是大数据和金融科技在投资领域发展的主要表现。一方面，它利用大数据挖掘"软"信息，建立庞大的信息资源库，并采用大数据分析技术对融资方精准画像，提供最优投资决策；另一方面，它依托金融科技的力量使得投资全流程线上化，提高机构投资者效率和分析的准确度。二是各机构投资者发展大数据和金融科技的方式有差异，但最终目标都是实现数字化转型。实力较强的机构投资者利用大数据筛选白名单，独立开发技术。实力较弱的机构投资者则选择与外部机构合作，通过联合投资拓宽投资覆盖范围。三是各机构投资者开发大数据技术的时间不一致。实力雄厚的机构投资者创新能力强、发展速度快，开发大数据技术的时间早于实力较弱的机构投

---

①　徐晓萍，李弘基，戈盈凡. 金融科技应用能够促进银行信贷结构调整吗？ ——基于银行对外合作的准自然实验研究 ［J］. 财经研究，2021（6）：92–107.

资者。根据实践情况来看，首次大数据和人工智能取得成功的机构投资者倾向于将资金更多投入技术提升和线上产品研发，实现良性循环。

为统计机构投资者大数据技术的发展情况，本研究通过网页搜索相关新闻和年报，确定各机构投资者首次开发大数据技术的时间。本研究设置的筛选条件有以下四点：一是在网站、APP、第三方平台等进行线上投资。二是相关新闻报道中涉及大数据技术、金融科技、人工智能等关键词。三是机构投资者独立开发大数据技术或者与外部科技公司合作。四是考虑到信息传递的时滞性，如果在上半年机构投资者开发大数据技术，则当年及以后 DID 取值为 1；如果在下半年开发大数据技术，则下一年及以后 DID 取值为 1。截至 2019 年年底，共收集到 137 家机构投资者数据，其中有 109 家机构投资者已开发大数据技术，设置为处理组；28 家银行未开发大数据技术，设置为对照组。对处理组机构投资者，令虚拟变量 $treated = 1$；对对照组机构投资者，令虚拟变量 $treated = 0$。同时设置时间虚拟变量 $time$，令开发大数据技术后的年份 $time = 1$，其他年份 $time = 0$。本研究将基于 DID 法的回归模型设定如下：

$$invest_{i,t} = \delta_0 + \delta_1 DID_{i,t} + \delta_2 bank + \delta_3 city + \mu_i + \gamma_i + \varepsilon_{i,t} \tag{4.8}$$

$$loss_{i,t} = \delta_0 + \delta_1 DID_{i,t} + \delta_2 bank + \delta_3 city + \mu_i + \gamma_i + \varepsilon_{i,t} \tag{4.9}$$

$$DID_{i,t} = time_t \times treated_i \tag{4.10}$$

其中，$invest$ 和 $loss$ 为被解释变量，表示机构投资者 i 在 t 期的新增投资额和资金损失率；DID 为解释变量，若银行在 t 期开发大数据技术则取值为 1，否则为 0。$institution$ 和 $city$ 表示机构投资者和宏观层面的控制变量，与上文一致。μ 为个体固定效应，γ 为时间固定效应，ε 表示误差项。

1. 基准回归

从模型来看，δ_1 即 DID 估计量，是文本研究的系数。如果开发大数据技术有助于提高新增投资额，增加投资，则 δ_1 的系数应该显著为正；如果开发大数据技术有助于降低银行资金损失率，降低投资风险，则 δ_1 的系数应该显著为负。回归结果如表 4-29 所示。其中第（1）和（3）列中未加入控制变量，第（2）和（4）列中加入控制变量。

表 4-29　双重差分模型

	（1）	（2）	（3）	（4）
	invest	invest	loss	loss
DID	0.217***	0.148**	-0.397***	-0.178***
	(0.068)	(0.064)	(0.080)	(0.067)

续表

	(1)	(2)	(3)	(4)
	invest	*invest*	*loss*	*loss*
liquid		-1.094^{***}		-0.519^{***}
		(0.111)		(0.113)
desposit		1.827^{***}		-0.571^{***}
		(0.190)		(0.193)
roa		0.074		-0.944^{***}
		(0.104)		(0.109)
cra		-0.007		-0.028^{**}
		(0.013)		(0.014)
gdp		0.290		0.831^{***}
		(0.266)		(0.282)
M_2		-0.123^{**}		0.194^{***}
		(0.051)		(0.054)
hhi		0.806		-33.609^{**}
		(12.598)		(13.283)
常数项	22.293^{***}	22.427^{***}	1.477^{***}	-3.785
	(0.045)	(2.980)	(0.053)	(3.149)
个体效应	Yes	Yes	Yes	Yes
时间效应	Yes	Yes	Yes	Yes
N	801	760	820	776
R^2	0.316	0.440	0.083	0.309
F	50.575	40.125	10.277	23.504

　　列（2）和列（4）显示 *DID* 分别在5%的水平上显著为正、在1%的水平上显著为负，表明机构投资者开发大数据技术有助于提高新增投资额和降低资金损失率，净效应分别为0.148和-0.178。由此可见，开发大数据技术作为机构投资者发展大数据和金融科技的重要一环，在提高融资方画像精度、减少投资偏差上表现出积极作用。通过大数据和金融科技精准画像，一方面能缓解逆向选择问题，提高风险控制能力，降低资金损失率；另一方面能接纳更多融资方，拓宽投资范围，提高新增投资额。

2. 平行趋势检验

双重差分是否有效的一个重要前提条件是满足平行趋势假设，即处理组和对照组在政策实施前的变化趋势应该是一致的。为确保回归结果准确，本研究采用事件研究法，绘制了如图4-5所示平行趋势图。

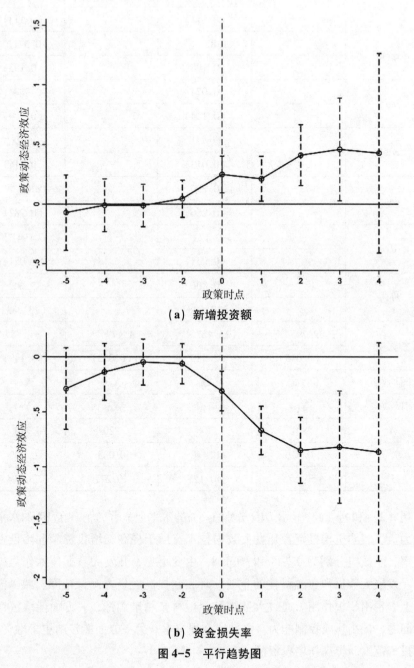

（a）新增投资额

（b）资金损失率

图4-5 平行趋势图

由图 4-5 可知，机构投资者开发大数据技术之前的回归系数取值范围不异于 0，开发大数据技术之后的第 1 至 3 期系数取值范围都显著异于 0。在开发大数据技术之前，处理组和对照组的资金损失率和新增投资额具有相同的变化趋势；开发大数据技术之后，两组之间系数变化存在显著差异，证明了大数据和金融科技减少偏差、提高新增投资额和降低资金损失率的有效性。

3. PSM-DID 回归

传统双重差分模型认为处理组和对照组之间个体并无明显差异，然而现实中各机构投资者规模、发展速度和发展规划等不一致，各机构投资者间差异较大。相比于对照组，开发大数据技术的机构投资者往往实力强、规模大，更有能力发展大数据和金融科技。处理组和对照组间的个体差异较大，导致传统双重差分模型回归结果不准确。因此，在回归之前进行数据倾向得分匹配（PSM）。选取各方面特征较为相似的机构投资者进行匹配，以消除样本偏差。本研究将机构投资者开发大数据技术的前一年作为基期，选取基期的资本充足率（cra）、资产负债率（dar）、非利息收入占比（nirr）、存贷比（dlr）和银行贷款相对规模（$loan_1$）五方面进行 1∶4 有放回匹配。[①] 匹配后处理组和对照组分别有 122 家和 26 家，匹配后处理组和对照组变量之间的标准差明显下降，并低于 10%，表明匹配效果较好。PSM-DID 回归结果如表 4-30 所示。

表 4-30　PSM-DID 回归结果

	（1）	（2）
	loan	npl
DID	0. 150**	−0. 178**
	（0. 066）	（0. 071）
liquid	2. 795	8. 575***
	（2. 233）	（2. 225）
desposit	1. 352***	−0. 887***
	（0. 206）	（0. 202）

① Abadie 等提出，一般情况下 1∶4 匹配可最小均方误差（MSE）。ABADIE A，DRUKKER D. Implementing Matching Estimators for Avererage Treatment Effects in Stata［J］. The Stata Journal，2004（3）：290–311.

	(1)	(2)
	loan	*npl*
roa	0.038	−1.033 ***
	(0.113)	(0.112)
cra	−0.020	−0.052 ***
	(0.018)	(0.018)
gdp	0.187	0.795 ***
	(0.288)	(0.289)
M_2	−0.146 ***	0.146 ***
	(0.056)	(0.056)
hhi	−9.959	−30.919 **
		(12.598)
常数项	23.140 ***	−5.907 *
	(3.121)	(3.396)
控制变量	Yes	Yes
个体效应	Yes	Yes
时间效应	Yes	Yes
N	657	679
R^2	0.442	0.303
F	33.687	19.318

DID 分别在5%的水平上显著为正和在5%水平上显著为负。与传统双重差分模型相比，显著性有所下降，但其净效应基本一致。表明传统双重差分模型回归结果是稳健可靠的。

（七）PVAR 分析

前文主要讨论了中小投资者和机构投资者的投资优化方案，接下来本研究旨在分析中小企业的投资行为。对这样的投资者来说，最优投资决策的形成不仅受当期内外部因素的影响，也会受到历史因素的影响。金融科技的发展与企业的投资行为相互影响，前者可以促进后者的发生，提高投资的金融服务水平，后者对研发投入的增加也会影响金融科技发展水平，但这一影响并不是即刻发生的，而是一个动态的发展过程，因此，本研究采用 PVAR 模型来研究变量的动态关系，讨论对于中小企业，金融科技发展程度对投资效率和投资时滞周期的影响。

本研究以 2011—2019 年在沪深交易所进行交易的 A 股公司为样本，金融科技指数来源于北京大学数字金融研究中心编制的数字普惠金融总指数。在整理数据时，为避免样本数据的不稳定性，对金融机构和银行业的数据进行了剔除，同时，也删除了样本缺失较多的企业数据，使用插值法补全个别数据。在以上基础上，为删除异常值，本研究参照主流文献的做法，对大于均值±5 倍标准差范围的数据进行了剔除，最终得到 362 家中小型上市企业的数据，数据均来自国泰安数据库和锐思数据库。

1. 研究假设

学术界对于高速发展创新的金融科技高度关注，相较于金融科技在宏观层面的影响，在微观层面的影响和应用则更加突出，本研究着重讨论金融科技及其衍生产品对企业投资效率和投资时滞周期的影响。根据前人研究文献和上述理论分析，我们提出以下研究假设。

首先，关于金融科技是否能够通过改善企业的融资受限程度来影响公司价值，学术界展开了深入的讨论。部分学者认为金融科技的发展及其衍生产品的应用可以拓宽实体经济的发展渠道，提高服务实体经济的能力，并在一定程度上降低企业的生产成本，缩短企业的建设周期，提高信息透明度，降低中小企业的融资难度，进一步提高投资效率。有研究表明，金融科技的发展无论在短期还是长期发展上都对实体经济有着正向促进作用，并采用静态和动态空间面板模型验证了这一结论的正确性。[1] 尤其是大数据在金融行业的应用，拓宽了资金的融资渠道，在大数据基础上建立的企业融资信息服务平台，对于信息不对称问题有一定的缓解作用，帮助解决我国普遍出现的融资难、融资贵的现象。部分学者则持相反观点，认为金融科技对于企业有效投资行为具有阻碍作用。金融科技的运用可能出现资源错配的问题，对于实体经济的服务效率较低。[2] 产生这一现象的原因可能是在早期金融科技发展过程中，主要对实体经济进行干预，随着科技水平的进步，金融业也出现杂乱丛生的现象，加之金融监管的缺失与部分企业的利用不当，因而对实体经济的投资效率有着负面的影响。

由于金融科技的特殊属性，本研究认为在短期内，金融科技会缓解企业融

① 张林. 金融发展、科技创新与实体经济增长：基于空间计量的实证研究 [J]. 金融经济学研究，2016（1）：14-25.

② 蔡则祥，武学强. 新常态下金融服务实体经济发展效率研究：基于省级面板数据实证分析 [J]. 经济问题，2017（10）：14-25.

资难、融资贵的问题，进而提高公司的投资效率，促进公司价值的正向增长。但从长期动态发展来看，可能存在利用不当造成的未知风险。首先，在企业引进金融科技的起步阶段，优化的融资方式、改良的金融服务有助于迅速改善企业治理环境。但在企业完成金融科技技术运用改革的过渡期后，长期来看，极有可能存在融资门槛和金融服务门槛的降低从而导致盲目投资高风险项目的问题，增加企业财务风险，影响企业价值评估。

因此，本研究提出假设1：在短期内，金融科技的发展可以缓解融资约束程度，促进公司价值的增长，但从长期来看金融科技可能是一把双刃剑。

其次，金融科技的发展与企业投资效率有显著的相关性，是影响企业投资效率的重要制约因素。在投资不足与过度投资两种非效率投资形式中，融资约束企业通常面临投资不足这一低效率投资模式的困境。结合现有研究发现，本研究推断金融科技对企业投资影响的内在机制在于金融科技通过对企业融资约束条件进行干预，缓解了融资约束程度。在竞争性市场中，当企业投资行为受限于内部现金流不足问题而不能完成时，往往转向外部市场融资以获得资金支持。而当现实条件不满足完全竞争性市场假说，存在信息不对称时，企业同样难以获取外部市场资金支持，从而因资金不足问题被迫放弃高价值的投资项目，表现为投资不足这一形式的非效率性投资行为。

欧拉方程模型也被学者应用于探究金融科技水平是否对于融资约束条件有缓解效用，其研究结果证实企业通过对金融科技的应用能显著改善所存在的投资不足问题。[1] 同时，金融科技水平的创新升级对于消费升级与产业升级有带动作用，推动投资多元化发展，提升企业投资效率。具体表现为金融科技通过对大数据、云计算等新兴技术的有效利用来搭建企业的信用评估系统、风险划分系统以及追踪监控体系，这些更新换代会在一定程度上减轻企业与投资者信息不对称的程度，使得企业能够更好地评估风险，提升金融机构配置资源的效率，进一步缓解企业投资不足的现象。

综上所述，本研究提出假设2：金融科技会提高企业的投资效率，缓解企业投资不足的现象，提升公司价值。

最后，从企业自身发展层面来看，投资行为的直接效应和间接效应作用于资金投入建设项目、形成生产能力这一连续过程中，对于经济增长的影响是动态变化的，其作用的完全体现需要在长期中逐渐明晰。在这一前提下，投资时

---

① 李红，谢娟娟. 金融发展、企业融资约束与投资效率：基于2002—2013年上市企业面板数据的经验研究 [J]. 南开经济研究，2018 (4)：36-52.

滞的存在对企业价值评估结果造成了极大的干扰。部分学者通过机制分析，研究了投资时滞期数与投资速度的相关关系，得出随着投资时滞增加，企业投资阈值降低，投资速度提高，对公司价值提升有正向作用的结论。而另一些学者持有不同观点，部分研究表明投资时滞对企业价值提升这一进程有延缓作用。Deng 和 Zhao 的研究认为受到融资约束的企业投资行为与公司价值呈负向相关关系，投资不足的现象在融资约束企业中普遍出现，并且投资时滞期较长。投资时滞的产生主要归因于投资技术和项目特征，投资时滞期长短的决定性因素包括项目施工技术水平、公司管理能力以及企业现金流状况。在这一过程中，通过对金融科技的合理高效利用，响应国家数字化转型号召，积极搭建数字化业务管理系统，充分发挥金融科技服务实体经济的巨大潜能，同时对长期的投资时滞所可能导致的潜在不确定性风险进行规避。①

综上所述，提出假设 3：企业投资行为对金融科技的冲击有正响应，金融科技可以缩短投资时滞期数，对企业投资不足现象有缓解作用。

2. PVAR 模型设定

由于投资以及金融科技发展程度等因素对公司价值的影响是呈动态变化的，因此该模型可能存在内生性问题。而传统的计量方法可能会由于变量的内生性问题增加参数估计与推断的难度，也无法动态分析变量间的相关关系。VAR 模型是由多个时间序列变量组成的向量自回归模型，PVAR 模型是研究面板数据的 VAR 方法，在包含三维变量特征的同时，又兼具 VAR 模型动态联立多种关联变量的能力，可以较好地处理变量的内生性问题和个体异质性所导致的估计偏差问题。因此，本研究构建 PVAR 模型来检验投资行为、金融科技发展程度与公司价值之间的关系。PVAR 模型的基本表达形式见公式（4.11）。其中 Y_{it} 为内生变量，β 是待估计的参数矩阵，γ_t、h_i 分别为时间效应和个体效应，j 为根据信息准则确认的回归滞后期数，ε_{it} 为干扰项。本研究通过"组内均值差分法"和"前向均值差分法"两种计量方法来消除时间效应和个体效应的影响。PVAR 模型的主要计量步骤：第一，对回归滞后阶数进行明确；第二，进行 SGMM 估计，得出回归拟合结果；第三，通过脉冲响应函数对变量之间的动态关系进行判断与描述。该模型的基本形式表示为

$$Y_{it} = \sum_{j=1}^{P} \beta_j Y_{it-j} + h_i + \gamma_t + \varepsilon_{it} \tag{4.11}$$

由于在 PVAR 模型中是通过选取内生变量的滞后项作为工具变量，因而需

① DENG L, ZHAO Y. Investment lag, financially constraints and company value：Evidence from China [J]. Emerging markets finance and trade, 2022（11）：3034-3047.

要采用（AIC、BIC、HQIC）信息准则对最优滞后阶数进行再次判定，根据表4-31可知融资约束企业的最优滞后阶数为1阶。

表4-31 滞后阶数的确定

lag	AIC	BIC	HQIC
1	−1.1292*	3.0981*	0.4045*
2	−0.0349	4.8321	1.7447
3	9.3885	15.118	11.503
4	5.4195	12.382	8.0177

因此，本书面板向量自回归模型的具体表达式为

$$tobinq_{it} = \alpha_{0t} + \alpha_{it}tobinq_{it-1} + \rho_{it}inv_{it-1} + \tau_{it}Fintech_{it-1} + \sum_{n=1}^{k}\xi X_{nit-1} + h_i + \gamma_t + \varepsilon_{it} \quad (4.12)$$

其中，$i=1, \cdots, N$；$t=1, \cdots, T$。被解释变量 $tobinq_{it}$ 代表 t 时期企业 i 的公司价值；根据信息准则确定的最优滞后阶数为1阶，因此解释变量包含公司价值 $tobinq_{it-1}$、投资支出 inv_{it-1} 和金融科技发展程度 $\ln(Fintech)_{it-k}$ 的滞后一阶项；X_{nit} 为控制变量，主要对公司规模（size）和企业成长性（growth）进行了描绘；α_{ot}、α_{it}、ρ_{it}、τ_{it} 以及 ξ_n 为待估参数，采用 SGMM 方法获得待估计参数的一致有效估计量。

3. 变量的定义与度量

被解释变量。本研究用 tobinq 作为公司价值的代理变量，从市场价值和重置成本两个角度对企业价值进行了衡量，变量反映了企业未来预期利润和对风险的自动调整，是投资者对于企业未来预期发展情况的综合体现。

核心解释变量。本研究围绕公司投资行为、金融科技运用与企业价值相关关系两个主旨开展研究。通过利用投资支出（inv）这一指标对融资约束企业的投资行为进行描述，深入探究企业投资决策选择与企业价值在投资时滞作用下的相关关系。本研究选取北京大学数字金融研究中心编制的数字普惠金融指数的总指数维度，作为金融科技发展程度（Fintech）的代理变量。该指数源于蚂蚁金服的交易账户底层数据，能够从多维度、多层级对中国各个地区的金融科技发展水平进行描绘。

控制变量。本研究对公司规模（size）和企业成长性（growth）的影响进行了控制，同时将行业虚拟变量与年度虚拟变量引入回归模型。由于企业投融资

行为受公司规模影响与制约，本研究通过公司总资产的自然对数对企业规模进行衡量，并且通过本年度营业收入减去上年度营业收入再除以上年度营业收入这一计算公式来衡量企业成长性。

融资约束的度量。关于融资约束的度量学术界尚未形成一个统一的结论，分歧主要集中产生于用以衡量融资约束程度指标的不同所导致的差异化研究结论。本研究综合借鉴了 Hubbard 的处理方法，通过结合在文献中被广泛使用的三种标准，即公司规模、股利分配率和负债率，来对企业融资约束进行综合评价。[①] 通过计算公司规模、股利分配率以及负债率在 2011—2013 年样本区间的平均值，以第 66 百分位作为分界点，将公司规模、股利支付率和负债率指标小于第 66 百分位的公司划分为融资约束组（FC），最终得到 362 家融资约束公司。公司规模是在近期文献中使用最为广泛的融资约束衡量指标之一，其原因在于公司规模更大，一定程度上也说明了公司发展更加成熟，经营状况与信誉记录更多，因而更易获得外部资金，企业的融资约束程度更小；当外部融资成本显著大于内部融资成本时，公司不会支付大量的股息，因为这不符合利润最大化的原则。股利支付率越低，企业发放的股利在净收益中占有的比例越低，这说明当前企业资金需求较大，需要将企业净收益留于内部备用，因此企业当前受到的融资约束程度越大。余静文的研究表明，受融资约束的企业倾向于较低的股利支付率；由于中国的债券市场还不够发达，信贷歧视的存在，能够提供贷款的主体主要是银行，高负债的公司实际是易获得外部融资的公司，其融资约束程度也较低。[②]

表 4-32 详细介绍了具体的变量的定义与测量。

表 4-32　变量的定义与测量

	变量名	变量符号	计算方法
被解释变量	公司价值	*tobinq*	（股票市值+净债务）/有形资产现行价值

---

① HUBBARD R G. Capital-market imperfections and investment [J]. Journal of economic literature, 1998 (1): 193-225.

② 余静文. 信贷约束、股利分红与企业预防性储蓄动机：来自中国 A 股上市公司的证据 [J]. 金融研究, 2012 (10): 97-110.

续表

	变量名	变量符号	计算方法
解释变量	投资支出	*inv*	以购置固定资产、无形资产及相关长期资产所支付的现金扣除当年处置固定资产、无形资产和其他长期资产收到的现金后的余额除以期初总资产来表示
	金融科技水平	ln（*Fintech*）	数字金融指数的总指数的自然对数
控制变量	公司规模	*size*	总资产的自然对数
	成长性	*growth*	（本年度营业收入-上年度营业收入）/上年度营业收入
划分公司的标准	股利分配率	*Dividend Declared Ratio*	普通股每股现金股利/普通股每股收益额
	负债率	*Debt Asset ratio*	总负债/总资产
	公司规模	*size*	总资产的自然对数

4. 实证结果分析

（1）描述性分析

为保证样本数据选择的科学性与可靠性，首先对融资约束企业的数据样本进行描述性统计分析，结果见表4-33。在样本数据描述性统计结果中，*inv* 的极差为0.3778，个体差异较大，表明投资支出 *inv* 受企业自身条件差异和融资约束程度影响显著。金融科技发展程度 *Fintech* 的极差为391.97，且标准差达到94.62，这一结果表明我国各地区之间金融科技发展不均衡，存在较为明显的区域性差异。对金融科技发展程度 *Fintech* 指标进行对数化处理后可以有效减小变量样本标准差。

表4-33　各变量的描述性统计结果

变量名称	观测数	平均数	标准差	最小值	最大值
inv	3258	0.051	0.0526	0.0002	0.378
Fintech	3258	223.5	94.62	18.33	410.3
ln（*Fintech*）	3258	5.303	0.516	4.123	6.017

续表

变量名称	观测数	平均数	标准差	最小值	最大值
size	3258	22.29	0.915	20.90	26.44
growth	3258	0.178	0.641	-0.214	24.00
tobinq	3258	1.920	0.979	0.692	7.999

（2）单位根检验

为保证变量平稳，获得有效平稳变量回归结果，首先要对各变量进行单位根检验，面板数据可用单位根检验方法主要有 LLC、IPS、ADF-F、Fisher、PP-F 等，综合考虑与比较各个检验方法的优劣后，为有效提高检验效力，避免伪回归，本研究选择 IPS 和 Fisher 检验方法对各个变量进行单位根检验。

表4-34　单位根检验结果

	IPS	Fisher
tobinq	-0.7455***	-25.138***
Inv	-0.6938***	-31.003***
ln（*Fintech*）	-0.5429***	-52.845***
size	-0.2413***	-19.914***
growth	-1.0938***	-31.814***

由表4-34 单位根检验结果表明，各变量经过两种单位根检验后，均在1%的显著水平上拒绝面板包含单位根的原假设，因此不存在单位根问题，平稳变量回归结果有效，不需要额外进行协整性分析。

（3）SGMM 回归结果分析

通过综合考虑模型扰动项可能存在的异方差和自相关问题，变量 *inv* 与 *tobinq* 之间可能存在的内生性问题，本研究选取 SGMM 估计对模型进行回归。根据表4-31，所采用（AIC、BIC、HQIC）信息准则所判定得出的最优滞后阶数结果，本研究对362家融资受限企业进行一阶 SGMM 回归。对变量进行前向差分处理，旨在消除异质性与个体效应，回归结果如表4-35 所示。本研究在后续稳健性检验部分，综合采用混合 OLS 回归（Pool OLS）和面板固定效应模型进行回归估计，进一步对 SGMM 估计的可靠性与有效性进行验证。

表 4-35　SGMM 回归结果

	回归系数	标准差	Z 值	P 值
$tobinq_{t-1}$	0.4030^{***}	0.0564	7.14	0.000
inv_{t-1}	-2.7005^{***}	0.6830	-3.95	0.000
$\ln(Fintech)_{t-1}$	0.9265^{***}	0.1377	6.73	0.000
$size_{t-1}$	-1.6630^{***}	0.2272	-7.32	0.000
$growth_{t-1}$	-0.0026	0.0767	-0.03	0.973
$Observations$	2534	2534	2534	2534

变量 inv 对 $tobinq$ 的回归系数为 -2.7005，在 1% 的水平上显著，站在企业投资行为的研究视角可以发现，滞后一期的企业投资支出与公司价值呈现显著负向关系。在实际的社会生产生活中，由于投资时滞的存在，从资金的投入使用，到项目的初步建设，再到形成生产能力，最后到获得经济收益这一完整投资—收益链条中，投资的直接效应和间接效应作用时间有所延迟，因此，在企业投资决策与实行这一动态变化的过程中，常常出现投资成本不能及时回流转化为投资收益的现象。受融资约束的企业通常规模较小，受信息不对称影响，获得外部融资的投入产出比较低，更为普遍地面临着现金流断裂的风险，受诸多因素影响更倾向于表现出投资不足的非效率投资行为。以上是对在表 4-35 SGMM 估计回归结果中所表现出的投资支出负向影响当期公司价值的有力解释。

从金融科技发展程度与企业价值的相关关系视角出发，$\ln(Fintech)$ 对 $tobinq$ 的回归系数为 0.9265，在 1% 的水平上显著，这一回归结果表明金融科技发展水平的深化，对融资约束企业的整体价值评估有显著的提升作用。这一结果的出现可以从以下几种路径出发来进行经济学意义上的解释。其一，从技术路径出发。金融科技的深化发展对资本市场体系做出了补充与完善，通过大数据、云计算、万物互联等新兴科学技术与金融市场服务相结合的模式，对支付方式、支付手段进行了创新，对财富管理效率进行了提升。通过对金融科技的合理运用，企业充分释放金融科技对实体经济的服务作用潜能，改善企业自身管理条件和发展前景。其二，金融科技对于提升企业风险鉴别能力有正向作用。企业通过合理高效利用大数据、人工智能以及区块链等金融科技协助进行投资项目价值评估，提升企业投资水平，将资金用在"刀刃"上，提高投资效率。其三，金融科技能放松严格的融资约束条件，降低企业融资门槛。金融科技有助于打破企业面临的信息不对称融资困境，通过大数据对市场各类需求进行整合分配，提高资金配置效率，提高信贷市场活跃度，增加信贷总量，加速资金的高效流通与运转，增加企业获取融资的机会。综上所述，研究假设1成立，金融科技对于打破企业融资约束有积极意义，有助于拉动企业价值成长。

（4）脉冲响应函数

脉冲响应函数以随机扰动项的一个标准差对变量进行冲击，以时间维度上的影响轨迹为衡量标准，对变量间作用的时滞关系进行动态描述，为研究者提供参考。本研究选用脉冲响应函数对变量间可能存在的时滞关系展开研究。脉冲响应函数如图4-6所示，中间的实线部分代表冲击程度，上下两条虚线分别代表95%置信区间的上下界，横坐标是冲击作用引起的滞后期数，纵坐标反映了脉冲响应程度。通过图4-6，能够一直观察到未来10期内金融科技对企业价值影响的动态轨迹。根据图4-6的动态作用轨迹，金融科技的作用效果可划分为三个不同的阶段。在第一阶段，即时滞的第0期到第1期之间，金融科技对企业价值的拉动作用持续加速。时滞期的第1期到第3期被划分为金融科技对企业价值影响作用的第二阶段，在这一阶段，金融科技对企业价值的拉动速度放缓，仍保持正效应，但作用效果逐渐减弱。第三阶段从第3期开始，此时金融科技对企业价值的影响由正效应转变为负效应，最大值约为-0.01，随后负效应作用随着时滞期数的增加而逐渐减弱，脉冲响应程度趋于零。以上三阶段反映出金融科技对企业价值影响的完整过程，这一过程不是简单的短期单一作用，而是存在多期的动态变化轨迹。第三阶段从正效应到负效应的转变，也强化了金融科技"双刃剑"作用的研究依据。金融科技不仅具有能降低金融市场准入门槛、提供便利化金融服务等正效应，运用不当也会带来各类风险。因此，企业应定时对自身金融科技发展路线进行评估审查并及时做出相应调整，充分发挥其积极效应，规避或减弱负向影响效应。以上得出的动态变化结论对于本研究提出的假设1进行了有效的验证。

通过图4-7金融科技与投资的脉冲响应函数，可以发现金融科技对企业投资的冲击作用整体趋势与金融科技对企业价值的冲击作用整体趋势保持一致，且正效应作用期数延长至时滞期第4期。以上结果表明，对于现金流短缺的融资约束企业，金融科技的运用能有效缓解企业投资不足问题，促进投资行为的发生。通过对大数据、人工智能以及供应链网络等金融科技技术的运用，企业有助于改善信息不对称问题，降低企业融资成本与门槛。以上结论对本研究提出的假设2进行了有效的验证。

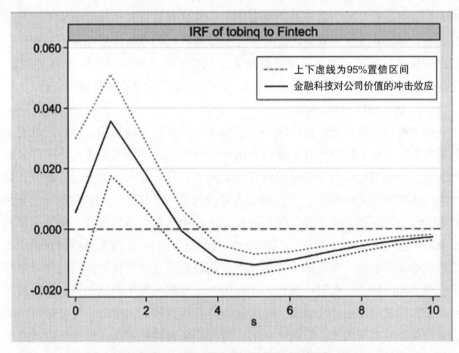

图4-6　金融科技与公司价值的脉冲响应函数

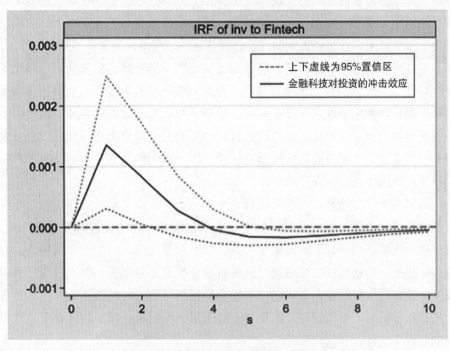

图4-7　金融科技与投资的脉冲响应函数

为深入研究金融科技发展与企业投资时滞期数的相关关系，本研究分别制作了
两组脉冲响应图，一组不将金融科技的运用对于企业投资的影响与冲击纳入考
虑范围（图4-8），另一组则对金融科技的发展程度进行控制（图4-9）。当不
对金融科技水平进行控制时，$tobinq$ 受到 inv 一单位标准差的冲击后，受到明显
负向影响，且作用时间较长，作用效果直到时滞期第 8 期才逐渐消失。在考虑
金融科技水平可能带来的干预后，发现 inv 一标准差的扰动项冲击迅速作用于公
司价值评估，使企业价值评定偏低，但负效应作用时间相较于前者迅速缩短，
仅持续 3 期，负效应作用强度也持续下降，并在第 3 期后转为正效应作用。这
一结果也对 SGMM 估计中滞后一期 inv_{t-1} 对当期 $tobinq$ 负相关的结论再次进行了
可靠性与科学性验证。负效应冲击的出现，一方面是由于存在投资时滞，投资
项目的收益并非一蹴而就，存在长期的回报过程，因此企业在进行投资决策时
不应局限于投资项目当期收益，而应对未来收入价值进行充分考虑并正确评估，
规避企业过低估值而导致的错过优质投资项目的风险。另一方面，当企业受到
融资约束，现金流短缺时，容易面临投资不足导致的投资效率低下这一投融资

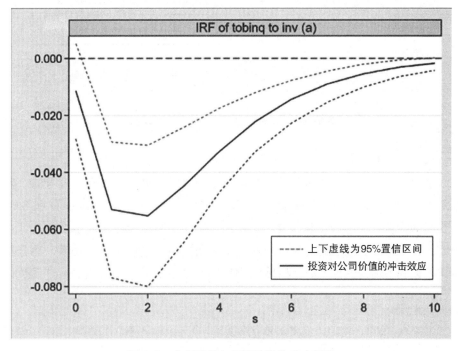

图 4-8　公司价值与投资的脉冲响应函数

困境，损害公司价值，该结论与陈耿等①的研究相一致。根据图 4-9 不难发现，在第 3 期后，投资支出对企业价值的作用方向发生了改变，由负效应转向正效应。通过对比研究，金融科技的运用改变了这一作用关系和进程。综上所述，本研究所提出的假设 3 验证成立。

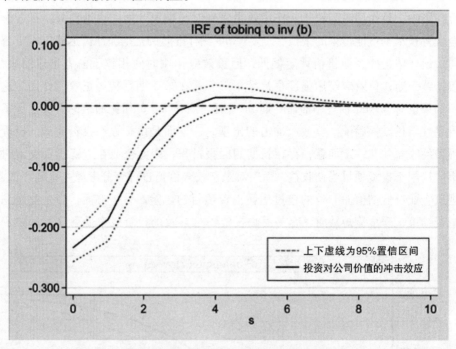

图 4-9　公司价值与投资的脉冲响应函数

（5）稳健性分析

从 PVAR 模型设置中可以看出，该模型的解释变量含有被解释变量的一阶滞后项，为了验证 SGMM 的正确性，我们参考了 Roodman 以及 Arellano 和 Bond 所提出的检验方法进行直观检验。② 由于混合 OLS 回归和面板固定效应估计会分别由于未考虑面板数据特殊结构和忽略因变量与误差项的相关关系，而分别得出上偏和下偏的估计系数。如果 SGMM 对因变量的滞后一阶项的估计系数位

① 陈耿，刘星，辛清泉. 信贷歧视、金融发展与民营企业银行借款期限结构［J］. 会计研究，2015（4）：40-46.

② ROODMAN D. A note on the theme of too many instruments［J］. Oxford bulletin of economics and statistics，2009（1）：135-158；ARELLANO M，BOND S. Some tests of specification for panel data：Monte carlo evidence and an application to employment equations［J］. The review of economic studies，1991（2）：277-297.

于这两个有偏系数估计区间内，则表明该模型通过 SGMM 估计稳健性的检验。从表 4-36 可以看出，SGMM 估计中 $tobinq_{t-1}$ 的估算系数是 0.403，在 0.344 和 0.664 之间，所以该模型得到的结果是可靠的。

表 4-36　稳健性检验

Tobinq			
	FE	POLS	SGMM
$tobinq_{t-1}$	0.344***	0.664***	0.403***
	(16.07)	(28.15)	(7.14)
inv_{t-1}	−0.219	0.126	−2.700***
	(−0.74)	(0.49)	(−3.95)
$\ln(Fintech)_{t-1}$	1.173***	0.663***	0.927**
	(17.65)	(5.16)	(6.73)
$size_{t-1}$	−0.245***	−0.125***	−1.663***
	(−5.13)	(−7.41)	(−7.32)
$growth_{t-1}$	0.005	0.005	−0.003
	(0.21)	(0.36)	(−0.03)
ind	Yes	Yes	Yes
$Year$	Yes	Yes	Yes
$Observations$	2534	2534	2534

第五章

研究结论及政策建议

在本章，我们结合前文的理论分析与实证结果，得出有关中小投资者和机构投资者投资决策的研究结论及政策建议。其中，第一节主要对中小投资者和机构投资者在大数据背景下的投资决策的研究结果进行了总结分析，而第二节则是基于前一节的总结提出了相关政策建议。

第一节　研究结论

一、大数据背景下中小投资者决策方案优化

大数据和金融科技融合发展作为一种新型数字金融发展模式的代表，是否能对中小投资者投资起到支撑性作用？我们通过构建中小投资者投资决策的理论模型——选择自己投资或选择投资顾问帮助投资，进一步地探讨了大数据和金融科技融合发展对中小投资者投资决策的影响。一方面，理论分析表明，聘请投资顾问的门槛随着大数据发展水平的上升而降低，进一步提升了中小投资者的投资；另一方面，结合 OLS 最小二乘法和 DID 双重差分法实证检验了大数据发展的普惠性。具体而言，我们的研究结论有以下三点。

第一，数值研究表明，聘请投资顾问的投资门槛将随着大数据发展水平的提高而降低。较低的投资门槛不仅刺激已经选择投资顾问的中小投资者进行更多投资，同时也为那些原本无法负担投资顾问费用的中小投资者提供了更多投资决策方向。因此，结合理论分析和实证结果，我们认为大数据发展有利于鼓励中小投资者进行投资。同时，我们还发现长寿风险对中小投资者投资亦存在一定的促进作用，这一点在预期寿命较长的女性投资者和未患有慢性病的中小投资者身上尤为显著。此外，财富水平阈值会随着时间偏好率的增长而下降，

并随着无风险利率和管理费用加价系数的增长而增长，以及随风险厌恶系数的增加呈现先下降后上升的趋势。在均衡域选择分析中，相较于投资回报和管理费用层面，我们发现大数据发展对投资顾问的投资风险的影响能最大程度地影响中小投资者选择投资顾问的财富门槛。换句话说，投资风险对财富水平阈值的影响程度最深。

第二，我们认为大数据发展对不同财富水平的中小投资者的影响各不相同。根据理论分析中所构建的数学模型，随着金融科技的进步以及财富水平阈值的下降，财富水平相对较低的中小投资者将有机会获得新的投资选择——聘请投资顾问。与此类似，我们的实证测试结果表明，对属于贫困家庭的中小投资者而言，大数据发展对其的积极影响更为强烈，这说明大数据发展的普惠性有效地促进了财富水平相对较低的中小投资者的金融投资需求。换句话说，大数据发展具有一定的反"马太效应"，即对于原本财富水平相对较低的中小投资者的金融投资的促进作用更大。因此，提升大数据发展水平不仅可以提升中小投资者的金融资产，还有利于缓解中小投资者财富的两极分化，最终促进共同富裕。

第三，我们通过双重差分法探讨了促进大数据发展的政策冲击对中西部欠发达地区的中小投资者投资的政策效应。实证结果表明，大数据发展的政策对中西部地区的影响力更强，进一步地证实了大数据发展对中低财富水平的中小投资者的影响程度更强烈的结论。在经过平行趋势检验和安慰剂检验后，实证结果仍然有力地支持了基础回归结果。总体而言，大数据的发展能够在一定程度上将"授之以渔"的作用较好地发挥出来。大数据的发展能够降低中小投资者选择投资顾问的财富门槛，使得中小投资者更容易获得投资顾问的帮助进行金融资产投资，实现投资收益的增加，进而缓解相对贫困。

二、大数据背景下机构投资者决策方案优化

2013年以来，互联网金融的兴起给金融界带来了巨大的变革，新兴的投融资形式蓬勃发展，强烈冲击着传统金融机构，促使机构投资者在互联网发展的浪潮中寻找适合当前形势的新发展道路。机构投资者过去的以传统综合评分和面对面融资为主的投资方式已不适用于当今大数据时代。机构投资者应当积极利用大数据和金融科技，使其在投资中发挥重要作用，增强竞争力。在理论分析部分我们首先建立了机构投资者运用大数据和金融科技缓解投资偏差的模型，探讨大数据和金融科技在提高融资方画像精度和减少主观偏差方面发挥的积极

作用。此外,我们发现机构投资者运用大数据和金融科技不仅缓解投资偏差,还会带来数字鸿沟,造成新的偏差。由此,我们建立了数字鸿沟影响大数据和金融科技作用效果的理论模型,探讨其影响机制和影响路径。基于理论分析,我们对机构投资者的情况进行实证研究。采用北京大学数字金融研究中心编制的数字普惠金融指数,以机构投资者新增投资额和资金损失率两个主要指标研究银行能否利用大数据和金融科技提高对融资方的整体画像精度,减少信贷偏差。

我们通过研究得到如下主要结论:

第一,大数据和金融科技的发展能提高融资方的画像精度,有效减少投资偏差。在理论部分,我们建立了大数据和金融科技减少投资偏差的理论模型,认为大数据主要是利用互联网记录的海量"软"信息,为融资方精准画像,助力机构投资者准确识别融资方的优质产品;金融科技则是通过发展网上投资,实现全流程线上化,减少传统面对面投资形式下投资偏差。两者的运用能提高机构投资者客户画像精度,识别更多优质产品,提高新增投资额;同时,机构投资者能识别潜在盈利能力弱、发展前景差的融资方,对不同风险的融资方进行分级管理,控制风险,降低资金损失率。为验证大数据和金融科技在投资领域的作用效果,在实证分析中,我们选用机构投资者新增投资额和资金损失率为主要衡量指标进行研究。基准回归结果显示,大数据和金融科技的发展与新增投资额呈正相关关系,与资金损失率呈负相关关系,即大数据和金融科技的发展有助于扩大贷款可得性投资范围、控制风险。该结论与理论分析相一致。此外,从受偏见对象考虑,小微企业和农业作为长期以来受信贷偏见严重的两大主体,大数据和金融科技的发展有助于减轻两者的投资偏见,提高新增投资额。从侧面印证了发展大数据和金融科技降低银行信贷偏差的作用效果。

第二,大数据和金融科技提高客户画像精度,降低投资偏差的作用渠道表现在降低信息不对称、降低成本和数字化转型三方面。首先,大数据能挖掘传统综合评分识别不到的"软"信息,从而精准识别融资方的盈利能力和发展水平。在"软"信息的加持下,机构投资者纳入过去被排除在可投资范围之外的发展前景较好的融资方,从而扩大投资范围,提高投资额。其次,大数据和金融科技依托互联网技术,在前期投入资金成本开发技术后,后期可实现边际成本基本为零的优势,即在短时间内可处理大量数据和信息,并对客户资料进行分析,减少机构投资者人力财力物力的消耗,从而将资金更多用于投资选择。最后,大数据和金融科技使得机构投资者数字化转型,通过网络寻找可投资的公司，突破了地域限制，扩大了投资范围。

第三，大数据和金融科技带来了数字鸿沟，削弱了大数据和金融科技的积极作用。数字鸿沟是指在数字化进程中，由于对信息、网络技术的拥有程度、应用程度和创新能力的差别而产生的信息落差。从理论分析中可知，数字鸿沟主要表现在不同年龄和受教育程度之间。一方面，年龄较大的群体很少使用互联网，因此网络上记录的信息较少，对中老年人的软信息识别不足，造成偏差；另一方面，受教育程度较低的群体对互联网的应用程度不同，他们更多利用互联网进行娱乐活动，导致记录的有效信息少。因此，数字鸿沟削弱了大数据和金融科技的积极作用。在实证分析中，我们采用了老年人口占比和人均受教育程度作为数字鸿沟的代理变量进行分析。结果显示，年龄和教育对大数据和金融科技有负面效果，但教育的负面效果并不十分明显。

第四，不同性质和规模的机构投资者以及在大数据和金融科技的不同发展阶段具有异质性。证券类机构投资者发展大数据和金融科技提高新增投资额和降低资金损失率的作用更加明显。大规模机构投资者发展大数据和金融科技提高新增投资额和降低资金损失率的作用比小规模机构投资者显著。与被动跟随阶段相比，主动探索阶段的大数据和金融科技服务投资领域能力更强。三者都体现了大数据和金融科技的促进作用。机构投资者发展大数据和金融科技是一个漫长的过程，并且在短期内无法展现明显的优势。机构投资者发展大数据和金融科技的能力与自身实力、资源优势、发展阶段息息相关，需重视大数据与金融科技在投资领域的赋能作用。

第五，本研究以机构投资者是否开发大数据技术作为代理变量，运用双重差分模型分析在投资业务领域机构投资者有无积极发展运用大数据和金融科技。大数据技术依托大数据和金融科技，是数字化转型的主要表现。本研究认为未开发大数据技术的机构投资者，其大数据和金融科技发展程度低；开发大数据技术的机构投资者，其大数据和金融科技发展程度高。基准回归结果显示，在开发大数据技术前后，机构投资者表现存在显著差异，即发展大数据和金融科技有助于减少偏差、提高新增投资额和降低资金损失率。平行趋势检验和PSM-DID回归结果显示，该结论是稳健可靠的。大数据技术作为银行数字化转型的重要一环，需加以重视。

第六，金融科技的运用对于企业受到的融资约束可以起到缓解作用，通过增强企业现金流，补足企业投资不足问题，拉动公司价值的提升。但这一影响过程并非单一作用的，而是一个动态变化的过程，从长期来看存在损害公司价值的可能性。同时，金融科技的运用能有效缩短企业投资滞后期数，快速回收投资成本，取得投资收益，减少潜在的未来现金流不确定性风险。

第二节 政策建议

一、大数据背景下中小投资者决策政策建议

针对当前我国大数据和金融科技融合发展的基本事实，并结合上述研究结论，为促进中小投资者金融投资并提升生活幸福感，实现大数据健康持续平稳发展，我们认为可以从以下三方面入手。

（一）推进大数据和金融科技融合发展，促进中小投资者投资

大数据和金融科技的融合发展在目前增强中小投资者金融投资的层面确实显著地表现出促进作用，尤其是对于长寿风险较高以及相对财富较低的中小投资者，这一促进作用更为显著。

对政府相关部门而言，应当统筹全局，在积极推动大数据和金融科技融合发展的同时，更应着力发挥其普惠性作用，提高财富水平相对较低的中小投资者投资水平，缩小收入差距。

对金融机构而言，应联合相关政府部门和其他金融机构搭建联合协作平台，在信息共享的前提下完成对投资者的数字信用评级，以更加客观和精准地评估投资者的风险偏好和财富水平，据此利用大数据特性针对性地优化每一位投资者的投资组合。

（二）加强金融软环境建设，提升中小投资者金融素养

金融素养的提升有助于弱势群体有效借助金融市场进行风险规避，从而增强其抵御风险的能力。一方面，大数据和金融科技的增强有助于降低投资顾问的投资门槛，使其对投资者的金融素养的要求相应下降，进而激励金融素养较低的中小投资者进行金融投资提升投资收益。另一方面，随着金融普惠性的增强，金融产品层出不穷，提升中小投资者的金融素养及金融认知能力，对于促进资本市场健康稳定发展具有重要意义。

政府应当推进大数据金融平台的建设，拓宽和提升投资者的投资渠道和投资需求，真正发挥大数据发展的普惠性的特点。一方面，对财富水平较低、低金融素养以及面临较高长寿风险的特殊人群给予帮扶；另一方面，特殊人群通过低投资门槛的投资顾问的帮助，不仅优化了资产组合，降低了投资风

险和提高了投资收益，更能提升居民家庭的收入进而促进家庭财富水平的上升。

（三）加大金融基础设施建设力度，保障大数据和金融科技协调发展

从我国金融科技发展的基本事实出发，政府应当加快中西部欠发达地区的金融基础设施建设，提升中西部地区金融服务可得性，扩大数字普惠金融指数的覆盖广度，为弱势群体普及金融科技知识。此外，还需要重点关注中小投资者的数字劣势问题，防止其因大数据的发展而被社会边缘化。

例如，针对中西部欠发达地区的贫困村、镇等的通信基础设施建设发展，政府可以通过实施类似"家电下乡"的项目计划，向居民尤其是弱势群体积极地普及数字终端。同时，在5G技术的运用下，金融服务的范围也能获得极大的延伸，即便是位处偏远地区的低财富水平的中小投资者也有机会享受到原本享受不到的优质的金融服务。这也是真正利用大数据发展的普惠性，改善收入不平等和实现共同富裕的关键一环。

二、大数据背景下机构投资者决策政策建议

（一）机构投资者应积极利用大数据和金融科技深入发展投资业务

大数据能够减小机构投资者传统综合打分偏差，金融科技则可以消除借贷双方面对面投资偏差，两者均能提高机构投资者对融资方的画像精度。画像精度的提升一方面能准确识别优质融资方，提高受投资偏差的优质企业的新增投资额；另一方面能识别出更多潜在盈利能力弱、发展前景差的融资方，进而有利于机构投资者对不同风险的融资方进行分级管理，并控制机构投资者整体投资风险，降低资金损失率。

因此，机构投资者需认真思考传统业务的转型，或加强与第三方（如蚂蚁金服等）金融科技公司的合作，或投入资金创建自己独立的金融科技子公司，利用大数据资源破除传统综合打分机制，解决整个机构投资者投资偏见问题。同时，机构投资者需顺应时代的进步，将业务重心由线下逐步转为线上，运用人工智能，简化投资程序，做出更好的投资决策。

（二）国家应当加强对机构投资者投资业务的支持

机构投资者投资业务想要做大做强，离不开国家和政府的支持。

首先，国家应当要创造良好的金融市场环境，保证机构投资者杠杆平衡。投资者的失望厌恶程度对经济不确定性较高时期的股票收益影响更大，良好的市场环境有助于提高投资者的投资信心，从而降低潜在的市场风险。

其次，国家可以通过自身的信息优势建立更加完善的信息披露评价体系、更加多元的信息披露渠道以及更加完备的信息披露违法监督。这一举措可以有效地消除内幕交易和操纵市场行为，提高信息传导效率。因此，在完善的政策与法律法规的环境下，借贷双方的交易安全和借贷便利得到了保障，进一步鼓励机构投资者进行创新，发展投资业务。

最后，政府应当在保证个人隐私不被泄露的条件下，形成信息共建共享机制。机构投资者投资业务发展的障碍之一就是借贷双方信息不对称。在信息不对称情形下，投资业务的双方更容易产生道德风险和逆向选择问题，而信息贡献共享机制能有效地降低信息不对称现象。因此，政府应作为机构投资者之间沟通的平台，搭建起合作和信任的桥梁，鼓励各大互联网和传统金融机构之间开展合作，形成开放有效的数据资源。

（三）加快发展大数据和金融科技的同时也要关注数字鸿沟的扩大

我国数字鸿沟主要体现在不同受教育程度和不同年龄使用互联网差距导致的信息落差和两极分化。为减小数字鸿沟，需做到以下几点。

首先，加大对教育的投入力度。受教育程度越低，商业银行运用大数据和金融科技为客户画像的精度越低，大数据和金融科技在降低偏差方面能够产生的影响力越小。因此，一方面，九年义务教育发展为十二年义务教育需求提上日程；另一方面，教育资源还需向农村、偏远地区倾斜，进一步缩小教育差距，提高全民受教育水平。

其次，向广大居民普及互联网金融。网络已成为生活中不可或缺的一部分，向中老年人和非专业人群普及金融知识有助于他们参与金融市场，获得更优质的金融服务，减少借贷双方的信息不对称。政府和机构投资者应协同合作，在线上线下双渠道共同发力。线下渠道可以通过机构投资者和社区街道合作，在不同的社区街道设立咨询服务台，开展公益宣讲等方式向居民群体特别是老年群体宣讲金融知识；线上渠道则可以通过机构投资者和政府的工作人员在微信群、朋友圈以及公众号上进行积极宣传，向社会公众普及相关金融知识。

再次，政府需提高数字资源的可负担性。互联网连接的费用、技术设备的购置费用以及电费等高昂的使用成本是造成数字鸿沟的主要原因。国家应当推动信息技术基础设施扩展以及降低互联网的接入成本，尤其是偏远地区和农村地区。对偏远地区和农村地区的居民而言，互联网普及成本相对较高并且居民的金融素养相对较低，数字鸿沟的出现会进一步降低他们脱贫致富的可能性。因此，政府应该通过基础设施的建立，尽力减少区域之间、年龄之间的信息接入差距，实现人人可随时上网，人人可无负担上网，最终减轻收入不平等的社会现象，实现共同富裕。

最后，向不同人群提供个性化服务。机构投资者可以针对不同年龄阶段以及不同受教育水平的人群推出定制化服务，而政府及相关部门则应对贫困群体提供相应的帮扶措施以降低数字鸿沟水平，为贫困群体脱贫打下坚实的数字化、现代化基础设施建设的基础。具体而言，机构投资者可以利用大数据在向不同的群体提供服务之前收集客户的基础信息及风险偏好，进一步可以利用金融科技以及智能投资顾问技术实现专人专策，提升投资收益和家庭收入。政府则可以通过向特殊群体提供补贴和当地特色产业政策支持等措施，实现一地一策、精准扶贫，有效预防特殊群体的数字边缘化。

（四）加强机构投资者间的互帮互助

从现实情况出发，银行类机构投资者对大数据和金融科技利用程度要低于证券类机构投资者。因此，机构投资者之间可以通过深化合作，达到数字化发展双赢。

首先，国家需架起机构投资者与金融科技公司之间的合作桥梁，帮助机构投资者发展、挖掘更多优质产品，鼓励机构投资者业务创新。从机构投资者的角度来看，国家作为合作中介能够提升机构投资者和金融科技公司的信任度，为两者之间的协同合作打下基础。在深化合作和信息互通的基础上，产品和业务的创新无疑会为社会带来更多的潜在福利。

其次，机构投资者之间需互帮互助，建立资源共享平台，在数字化的浪潮中寻求适合自己的发展方向。借由资源共享平台，机构投资者和机构投资者之间构建平台能有效提升机构投资者整体的效率。大型机构投资者可以通过平台扩大自身的资源优势，在一般市场占据更有利的竞争地位。中小机构投资者可以借助大型机构投资者的资源针对性地开发和向客户提供个性化服务，避免在大型机构投资者的优势领域与其竞争。

最后，机构投资者需规范自身行为。个人投资者专业能力有限，风险承受能力较弱，容易出现一系列非理性行为；机构投资者抗风险能力更强，专业优势明显，在促进金融创新方面具有积极作用。因此，机构投资者需发挥领头羊的作用，在市场层面做好长期投资，降低市场的波动性和维护市场的稳定；在投资层面发挥自身的信息和渠道优势实现市场的合理定价，增强市场信心；在创新层面引领产品创新的新方向，为机构和个人带来稳定的红利。

（五）积极研发大数据技术和人工智能，在多样化的产品竞争中挖掘优势

我国机构投资者大数据和金融科技发展仍处于早中期，机构投资者既需要符合自身发展定位，又要注重线上投资的风险防控。

一方面，大数据技术以各机构投资者确立的白名单为基础，并未覆盖到所有融资方。因此，机构投资者需积极开发大数据和金融科技，加大对科技基础的投入，引入科技型人才，构建技术平台提升服务效率和业务收益。考虑到大数据和金融科技的发展不仅能够降低相应的偏差，同时也存在着引发数字鸿沟的风险，机构投资者在运用大数据和金融科技等技术拓展创新业务和提供更有效率的融资服务的同时，也应着力发展上述技术的普惠特性，加大对数字边缘化的人群的关注和提供相应的服务。

另一方面，实力较强、发展较快的机构投资者应当突破地域限制，提高市场竞争力。实力较弱、发展速度较慢的机构投资者需加强与外部科技公司合作，再利用科技赋能本土经济，主力区域经济快速发展。换句话说，不论是实力较强的机构投资者还是实力较弱的机构投资者，都应在自己的比较优势业务领域精细化耕耘，避免资源的浪费并提升客户对服务的体验。

（六）搭建云端共享平台，大幅提升金融服务质量与服务效率

目前我国正处于经济社会数字化转型阶段，金融科技等新兴技术与实体经济加速融合发展，对金融行业的传统金融模式造成巨大的冲击，金融机构面临冲击性改革创新要求。通过大数据、云计算、供应链等金融科技手段搭建云端共享平台，实现物流、信息流、现金流的高速转动，大幅提升金融服务质量与服务效率，有效降低金融市场准入门槛，为企业融资贷款拓宽渠道。

在国家层面，相关部门应合理把握政府管控与金融市场自主运行的边界，在做好金融市场风险监督和防范的前提下，对金融科技的发展进行充分引导，充分释放技术活力，鼓励金融市场创新发展。积极为大量中小型企业创造优质的金融市场环境，切实解决中小企业融资难的问题。同时国家可进一步扶持股票市场的发展，完善、活跃的股票交易市场能有效提高企业进行直接融资的可能性，规避间接融资时存在的金融机构信贷歧视，利用金融科技技术手段缓解实体企业融资困境，助力实体经济的平稳健康发展。

在微观个体层面，企业应及时响应国家政策，紧跟时代潮流，积极进行数字化转型，提高信息化水平。一方面，企业应从公司发展战略层面，重视金融科技的拉动潜力，充分利用金融科技对于企业价值提升的正效应，并时

刻关注潜在的负面作用。另一方面，从服务客户的角度出发，企业应着力运用大数据技术对客户进行精准画像、提供个性化的服务并满足客户的具体需求。尤其是对弱势群体而言，大数据和金融科技的运用能大幅度提升企业数字服务的范围，进而能为弱势群体获得以往无法获得的优质的金融服务开辟新渠道。

参考文献

一、中文文献

（一）著作

[1] 何平平，车云月．大数据金融与征信 [M]．北京：清华大学出版社，2017.

[2] 涂子沛．大数据 [M]．桂林：广西师范大学出版社，2012.

（二）期刊

[1] 巴曙松，白海峰．金融科技的发展历程与核心技术应用场景探索 [J]．清华金融评论，2016 (11)．

[2] 蔡则祥，武学强．新常态下金融服务实体经济发展效率研究：基于省级面板数据实证分析 [J]．经济问题，2017 (10)．

[3] 茶洪旺，胡江华．中国数字鸿沟与贫困问题研究 [J]．北京邮电大学学报（社会科学版），2012，14 (1)．

[4] 陈耿，刘星，辛清泉．信贷歧视、金融发展与民营企业银行借款期限结构 [J]．会计研究，2015 (4)．

[5] 陈国青，任明，卫强，等．数智赋能：信息系统研究的新跃迁 [J]．管理世界，2022，38 (1)．

[6] 陈剑，刘运辉．数智化使能运营管理变革：从供应链到供应链生态系统 [J]．管理世界，2021，37 (11)．

[7] 陈楠，蔡跃洲．工业大数据的属性特征、价值创造及开发模式 [J]．北京交通大学学报（社会科学版），2023，22 (3)．

[8] 程翔，张瑞，张峰．科技金融政策是否提升了企业竞争力？——来自高新技术上市公司的证据 [J]．经济与管理研究，2020，41 (8)．

[9] 邓浏睿，赵伊雯．融资约束下金融科技对投资和公司价值的影响 [J]．

湖南大学学报（社会科学版），2022，36（4）．

[10] 丁廉业．大数据金融：小微企业金融服务的创新与思考［J］．西南金融，2021（7）．

[11] 段军山，崔蒙雪．信贷约束、风险态度与家庭资产选择［J］．统计研究，2016，33（6）．

[12] 付琼，郭嘉禹．金融科技助力农村普惠金融发展的内在机理与现实困境［J］．管理学刊，2021，34（3）．

[13] 高昊宇，方锦程，李梦．金融科技的风险管理赋能：基于中国银行业的经验研究［J］．系统工程理论与实践，2022，42（12）．

[14] 郭峰，王靖一，王芳，等．测度中国数字普惠金融发展：指数编制与空间特征［J］．经济学（季刊），2020，19（4）．

[15] 胡鞍钢，周绍杰．新的全球贫富差距：日益扩大的"数字鸿沟"［J］．中国社会科学，2002（3）．

[16] 黄剑辉．商业银行互联网小微贷款业务特点及政策建议［J］．扬州大学学报（人文社会科学版），2019，23（3）．

[17] 黄益平，黄卓．中国的数字金融发展：现在与未来［J］．经济学（季刊），2018，17（4）．

[18] 黄益平，邱晗．大科技信贷：一个新的信用风险管理框架［J］．管理世界，2021，37（2）．

[19] 贾宪军．金融知识如何影响家庭参与理财市场？——基于CHFS数据的实证分析［J］．经济经纬，2020，37（4）．

[20] 赖庆晟．智能投顾：一个文献综述［J］．时代金融，2018（9）．

[21] 李红，谢娟娟．金融发展、企业融资约束与投资效率：基于2002—2013年上市企业面板数据的经验研究［J］．南开经济研究，2018（4）．

[22] 李佳，钱晨，黄之豪．大数据时代：人工智能与商业银行创新［J］．新金融，2018（12）．

[23] 李苗苗，王亮．智能投顾：优势、障碍与破解对策［J］．南方金融，2017（12）．

[24] 李倩，吴昊．大数据背景下投资者行为研究的趋势分析：基于"内涵—思路—方法"的三重视角［J］．中央财经大学学报，2017（2）．

[25] 李志赟．银行结构与中小企业融资［J］．经济研究，2002（6）．

[26] 刘满凤，赵珑．互联网金融视角下小微企业融资约束问题的破解［J］．管理评论，2019，31（3）．

[27] 刘园,郑忱阳,江萍,等. 金融科技有助于提高实体经济的投资效率吗?[J]. 首都经济贸易大学学报, 2018, 20 (6).

[28] 陆岷峰,虞鹏飞. 互联网金融背景下商业银行"大数据"战略研究:基于互联网金融在商业银行转型升级中的运用 [J]. 经济与管理, 2015, 29 (3).

[29] 吕秀梅. 大数据金融下的中小微企业信用评估 [J]. 财会月刊, 2019 (13).

[30] 马建光,姜巍. 大数据的概念、特征及其应用 [J]. 国防科技, 2013, 34 (2).

[31] 孟醒,申曙光. 证券公司财富管理业务的竞争优势、战略目标与转型路径 [J]. 南方金融, 2018 (4).

[32] 潘越,谢玉湘,宁博,等. 数智赋能、法治化营商环境建设与商业信用融资:来自"智慧法院"视角的经验证据 [J]. 管理世界, 2022, 38 (9).

[33] 钱海章,陶云清,曹松威,等. 中国数字金融发展与经济增长的理论与实证 [J]. 数量经济技术经济研究, 2020, 37 (6).

[34] 邱志刚,罗煜,江颖,等. 金融科技会颠覆传统金融吗?——大数据信贷的经济解释 [J]. 国际金融研究, 2020 (8).

[35] 饶方利. 金融科技文献综述 [J]. 江苏商论, 2020, 37 (11).

[36] 邵学峰,胡明. 金融科技有助于提升企业投资效率吗?——基于中国A股上市企业的实证研究 [J]. 学习与实践, 2022, 39 (3).

[37] 盛天翔,范从来. 金融科技、最优银行业市场结构与小微企业信贷供给 [J]. 金融研究, 2020 (6).

[38] 舒蕾. 大数据技术在私募股权投资行业的应用及影响 [J]. 金融会计, 2022 (4).

[39] 唐松,伍旭川,祝佳. 数字金融与企业技术创新:结构特征、机制识别与金融监管下的效应差异 [J]. 管理世界, 2020, 36 (5).

[40] 王达. 论全球金融科技创新的竞争格局与中国创新战略 [J]. 国际金融研究, 2018 (12).

[41] 夏琦. 大数据技术在保险公司投资与风险管理中的应用分析 [J]. 营销界, 2022 (5).

[42] 谢平,邹传伟. 互联网金融模式研究 [J]. 金融研究, 2012 (12).

[43] 徐慧中. 我国智能投顾的监管难点及对策 [J]. 金融发展研究, 2016 (7).

[44] 徐晓萍, 李弘基, 戈盈凡. 金融科技应用能够促进银行信贷结构调整吗? ——基于银行对外合作的准自然实验研究 [J]. 财经研究, 2021, 47 (6).

[45] 许缦. 区块链技术下基于大数据的共享经济发展研究 [J]. 统计与管理, 2020, 35 (12).

[46] 严雨萌, 熊熊, 路磊, 等. 从 "管中窥豹" 到 "高屋建瓴": 大数据背景下的个人投资者行为 [J]. 中国管理科学, 2023, 31 (9).

[47] 杨波, 王向楠, 邓伟华. 数字普惠金融如何影响家庭正规信贷获得? ——来自 CHFS 的证据 [J]. 当代经济科学, 2020, 42 (6).

[48] 杨丰来, 黄永航. 企业治理结构、信息不对称与中小企业融资 [J]. 金融研究, 2006 (5).

[49] 杨馥, 洪昆. 金融科技对商业银行信贷风险的影响及其机制研究 [J]. 金融发展研究, 2022 (6).

[50] 杨龙见, 吴斌珍, 李世刚, 等. "以税增信" 是否有助于小微企业贷款? ——来自 "银税互动" 政策的证据 [J]. 经济研究, 2021, 56 (7).

[51] 易行健, 周利. 数字普惠金融发展是否显著影响了居民消费: 来自中国家庭的微观证据 [J]. 金融研究, 2018 (11).

[52] 尹志超, 吴雨, 甘犁. 金融可得性、金融市场参与和家庭资产选择 [J]. 经济研究, 2015, 50 (3).

[53] 于艳华, 宋美娜. 大数据 [J]. 中兴通讯技术, 2013, 19 (1).

[54] 曾建光. 网络安全风险感知与互联网金融的资产定价 [J]. 经济研究, 2015, 50 (7).

[55] 曾玲玲, 陈建赟, 邢思远. 金融科技对家庭金融资产配置的影响 [J]. 武汉理工大学学报 (社会科学版), 2023, 36 (3).

[56] 战明华, 张成瑞, 沈娟. 互联网金融发展与货币政策的银行信贷渠道传导 [J]. 经济研究, 2018, 53 (4).

[57] 张号栋, 尹志超. 金融知识和中国家庭的金融排斥: 基于 CHFS 数据的实证研究 [J]. 金融研究, 2016 (7).

[58] 张林. 金融发展、科技创新与实体经济增长: 基于空间计量的实证研究 [J]. 金融经济学研究, 2016, 31 (1).

[59] 张一帆, 林建浩, 樊嘉诚. 新闻文本大数据与消费增速实时预测: 基于叙事经济学的视角 [J]. 金融研究, 2023 (5).

[60] 张友棠, 常瑜洺. 数字金融对科技型企业投资效率影响的实证检验 [J]. 统计与决策, 2020, 36 (16).

[61] 章贵桥，杨媛媛，颜恩点.数智化时代、政府会计功能跃迁与财政预算绩效治理 [J].会计研究，2021（10）.

[62] 赵冬梅，杨杰，黄爱白.贫富差距与数字鸿沟 [J].安徽师范大学学报（人文社会科学版），2004（5）.

[63] 周雷，许佳，菲努拉·艾尼瓦尔.数字经济时代金融科技服务实体经济高质量发展研究进展与展望 [J].金融理论探索，2023（3）.

[64] 周利，冯大威，易行健.数字普惠金融与城乡收入差距："数字红利"还是"数字鸿沟" [J].经济学家，2020，32（5）.

[65] 周正.境内外智能投顾业务模式对比 [J].银行家，2017（12）.

[66] 朱太辉.我国Fintech发展演进的综合分析框架 [J].金融监管研究，2018（1）.

[67] 庄雷，王烨.金融科技创新对实体经济发展的影响机制研究 [J].软科学，2019，33（2）.

（三）论文

[1] 邓涵尹.大数据技术在供应链金融企业中的应用研究：以京东科技为例 [D].南昌：江西财经大学，2023.

[2] 郭丽雅.大数据背景下证券经纪业务模式创新研究 [D].南京：东南大学，2020.

[3] 何欢.金融科技对企业信贷融资的影响研究 [D].南宁：广西大学，2022.

[4] 蒋若琳.金融科技与企业风险承担：基于投资效率的视角 [D].济南：山东大学，2022.

[5] 林晨.金融科技服务实体经济的作用机理研究 [D].成都：四川大学，2021.

[6] 宋真.数字普惠金融、数字鸿沟与贫困脆弱性研究 [D].西安：西北大学，2021.

[7] 熊鸿.大数据背景下缓解个人所得税征管信息不对称研究 [D].南昌：江西财经大学，2022.

二、外文文献

（一）著作

[1] AGRAWAL A, GANS J, GOLDFARB A. Prediction, Judgement, and

Complexity: a Theory of Decision-Making and Artificial Intelligence [M]. Chicago: U-niversity of Chicago Press, 2019.

[2] KLASS J L, PERELMAN E L. Transformation of investment advice: digital investment advisors as fiduciaries [M] //AGNEW J, MITCHELL O S. The disruptive impact of Fintech on retirement systems. Oxford: Oxford University Press, 2019.

[3] SHEN D, CHEN S H. Big data finance and financial markets [M] // CHEN S H. Big data in computational social science and humanities. Berlin: Springer Cham, 2018.

（二）期刊

[1] AGARWAL R, DHAR V. Big data, data science, and analytics: the opportunity and challenge for IS research [J]. Information systems research, 2014, 25 (3).

[2] AGARWAL S, CHUA Y H. Fintech and household finance: a review of the empirical literature [J]. China finance review international, 2020, 10 (4).

[3] AIGNER D J, CAIN G G. Statistical theories of discrimination in labor markets [J]. Industrial and labor relations review, 1977, 30 (2).

[4] ALSTON J M, PARDEY P G, SERFAS D, et al. Slow magic: agricultural versus industrial R&D lag models [J]. Annual review of resource economics, 2023, 15 (1).

[5] ALVAREZ L H R, KEPPO J. The impact of delivery lags on irreversible investment under uncertainty [J]. European journal of operational research, 2002, 136 (1).

[6] ARELLANO M, BOND S. Some tests of specification for panel data: Monte Carlo evidence and an application to employment equations [J]. The review of economic studies, 1991, 58 (2).

[7] BAG S, DHAMIJA P, LUTHRA S, et al. How big data analytics can help manufacturing companies strengthen supply chain resilience in the context of the COVID-19 pandemic [J]. The international journal of logistics management, 2023, 34 (4).

[8] BALI T G, BECKMEYER H, MOERKE M, et al. Option return predictability with machine learning and big data [J]. The review of financial studies, 2023, 36 (9).

[9] BALYUK T. Fintech lending and bank credit access for consumers [J].

Management science, 2023, 69（1）.

［10］BARBER B M, LEE Y T, LIU Y J, et al. Just how much do individual investors lose by trading?［J］. The review of financial studies, 2009, 22（2）.

［11］BAR-ILAN A, STRANGE W C. Investment lags［J］. The american economic review, 1996, 86（3）.

［12］BAROCAS S, SELBST A. Big Data's disparate impact［J］. California law review, 2016, 104（3）.

［13］BARTLETT R, MORSE A, STANTON R, et al. Consumer-lending discrimination in the Fintech era［J］. Journal of financial economics, 2022, 143（1）.

［14］BENARTZI S, THALER R. Heuristics and biases in retirement savings behavior［J］. Journal of economic perspectives, 2007, 21（3）.

［15］BLACKBURN M, ALEXANDER J, LEGAN J D, et al. Big data and the future of R&D management: the rise of big data and big data analytics will have significant implications for R&D and innovation management in the next decade［J］. Research-technology management, 2017, 60（5）.

［16］BOLLAERT H, SILANES F, SCHWIENBACHER A. Fintech and access to finance［J］. Journal of corporate finance, 2021, 68（2）.

［17］BOUBAKER S, LIU Z, MU Y. Big data analytics and investment［J］. Technological forecasting and social change, 2023, 194（10）.

［18］BUCHAK G, MATVOS G, PISKORSKI T, et al. Fintech, regulatory arbitrage, and the rise of shadow banks［J］. Journal of financial economics, 2018, 130（3）.

［19］BUSHMAN R M, SMITH A J. Transparency, financial accounting information, and corporate governance［J］. Economic policy review, 2003, 9（6）.

［20］BYUN J, KO H, LEE J. A privacy-preserving mean-variance optimal portfolio［J］. Finance research letters, 2023, 54（4）.

［21］CAMPBELL M. What a difference a year makes: time lag effect of information technology investment on firm performance［J］. Journal of organizational computing and electronic commerce, 2012, 22（3）.

［22］CHEN H, CHIANG R H L, STOREY V C. Business intelligence and analytics: from big data to big impact［J］. MIS quarterly, 2012, 36（4）.

［23］CHEN Y C, HSIEH T C. Big data for digital government: opportunities, challenges, and strategies [J]. International journal of public administration in the digital age, 2014, 1 (1).

[24] CHENG Y, KUANG Y, SHI X. Sustainable investment in a supply chain in the big data era: an information updating approach [J]. Sustainability, 2018, 10 (2).

[25] CHIU J, KOEPPL T. Blockchain-based settlement for asset trading [J]. Review of financial studies, 2019, 32 (5).

[26] CHOI T M, LAMBERT J H. Advances in risk analysis with big data [J]. Risk analysis, 2017, 37 (8).

[27] D' ACUNTO F, PRABHALA N, ROSSI A. The promises and pitfalls of robo-advising [J]. Review of financial studies, 2019, 32 (5).

[28] DAS S R. The future of Fintech [J]. Financial management, 2019, 48 (4).

[29] DENG L, LV Y, LIU Y, et al. Impact of Fintech on bank risk-taking: evidence from China [J]. Risks, 2021, 9 (5).

[30] DENG L, ZHAO Y. Investment lag, financially constraints and company value-Evidence from China [J]. Emerging markets finance and trade, 2022, 58 (11).

[31] DOBBIE W, LIBERMAN A, PARAVISINI D, et al. Measuring bias in consumer lending [J]. Review of economic studies, 2021, 88 (6).

[32] DONG J, YIN L, LIU X, et al. Impact of Internet finance on the performance of commercial banks in China [J]. International review of financial analysis, 2020, 72 (11).

[33] EBERLY J, REBELO S, VINCENT N. What explains the lagged-investment effect? [J]. Journal of monetary economics, 2012, 59 (4).

[34] FERRARIS A, MAZZOLENI A, DEVALLE A, et al. Big data analytics capabilities and knowledge management: impact on firm performance [J]. Management decision, 2019, 57 (8).

[35] FEUERRIEGEL S, GORDON J. Long-term stock index forecasting based on text mining of regulatory disclosures [J]. Decision support systems, 2018, 112 (8).

[36] FUSTER A, PLOSSER M, SCHNABL P, et al. The role of technology in mortgage lending [J]. The review of financial studies, 2019, 32 (5).

[37] GIMPEL H, RAU D, RÖGLINGER M. Fintech - Geschäfts modelle im

Visier［J］. Wirtschaftsinformatik and management, 2016, 8（3）.

［38］ GOLDFARB A, TUCKER C. Digital economics ［J］. Journal of economic literature, 2019, 57（1）.

［39］ GOLDSTEIN I, SPATT C S, YE M. Big data in finance ［J］. Review of financial studies, 2021, 34（7）.

［40］ GOMES M A S, KOVALESKI J L, PAGANI R N, et al. Transforming healthcare with big data analytics: technologies, techniques and prospects ［J］. Journal of medical engineering & technology, 2023, 47（1）.

［41］ GREGOR S, MARTIN M, FERNANDEZ W, et al. The transformational dimension in the realization of business value from information technology ［J］. The journal of strategic information systems, 2006, 15（3）.

［42］ GROVER P, KAR A K. Big data analytics: a review on theoretical contributions and tools used in literature ［J］. Global journal of flexible systems management, 2017, 18（3）.

［43］ HAO M. Of competitive advantage: kinetic and positional ［J］. Business horizons, 2000, 43（1）.

［44］ HASAN M M, POPP J, OLAH J. Current landscape and influence of big data on finance ［J］. Journal of big data, 2020, 7（1）.

［45］ HE W, HUNG J L, LIU L. Impact of big data analytics on banking: a case study ［J］. Journal of enterprise information management, 2023, 36（2）.

［46］ HOCHBAUM D S, BAUMANN P. Sparse computation for large-scale data mining ［J］. IEEE transactions on big data, 2016, 2（2）.

［47］ HOFACKER C F, MALTHOUSE E C, SULTAN F. Big data and consumer behavior: imminent opportunities ［J］. Journal of consumer marketing, 2016, 33（2）.

［48］ HOFMANN E. Big data and supply chain decisions: the impact of volume, variety and velocity properties on the bullwhip effect ［J］. International journal of production research, 2017, 55（17）.

［49］ HUANG J. The customer knows best: the investment value of consumer opinions ［J］. Journal of financial economics, 2018, 128（1）.

［50］ HUANG S, CHAOVALITWONGSE W A. Computational optimization and statistical methods for big data analytics: Applications in neuroimaging ［J］. Tutorials in operations research, 2015, 2（1）.

[51] JEBLE S, DUBEY R, CHILDE S J, et al. Impact of big data and predictive analytics capability on supply chain sustainability [J]. The international journal of logistics management, 2018, 29 (2).

[52] JIANG R, HAN S, YU Y, et al. An access control model for medical big data based on clustering and risk [J]. Information sciences, 2023, 621 (3).

[53] KARIM R A, RABIUL M K, TASKIA A, et al. Millennial customer engagement with Fintech services: the mediating role of trust [J]. Business perspectives and research, 2023, 11 (3).

[54] KELLERMAN D, DICKASON-KOEKEMOER Z, FERREIRA S. Analysing investment product choice in South Africa under the investor lifecycle [J]. Cogent Economics and Finance, 2020, 8 (1).

[55] KITCHENS B, DOBOLYI D, LI J, et al. Advanced customer analytics: Strategic value through integration of relationship -oriented big data [J]. Journal of management information systems, 2018, 35 (2).

[56] KITCHIN R. Big data, new epistemologies and paradigm shifts [J]. Big data and society, 2014, 1 (1).

[57] KLIEVINK B, ROMIJN B J, CUNNINGHAM S, et al. Big data in the public sector: Uncertainties and readiness [J]. Information systems frontiers, 2017, 19 (2).

[58] KOU G, AKDENIZ Ö O, DINÇER H, et al. Fintech investments in European banks: a hybrid IT2 fuzzy multidimensional decision-making approach [J]. Financial innovation, 2021, 7 (1).

[59] KREMER A, LIESE F, HOMOELLE S, et al. Optimal consumption and portfolio choice of retirees with longevity risk [J]. Journal of pension economics & finance, 2014, 13 (3).

[60] KUC-CZARNECKA M, OLCZYK M. How ethics combine with big data: a bibliometric analysis [J]. Humanities and social sciences communications, 2020, 7 (1).

[61] LAI K P Y. Financial advisors, financial ecologies and the variegated financialisation of everyday investors [J]. Transactions of the institute of british geographers, 2016, 41 (1).

[62] LAI X, YUE S, GUO C, et al. Does Fintech reduce corporate excess leverage? Evidence from China [J]. Economic analysis and policy, 2023, 77 (1).

［63］LAVALLE S, LESSER E, SHOCKLEY R, et al. Big data, analytics and the path from insights to value ［J］. Mit sloan management review, 2011, 52（2）.

［64］LEE C C, LI X, YU C H, et al. Does Fintech innovation improve bank efficiency? Evidence from China, s banking industry ［J］. International review of eco-nomics and finance, 2021, 74（4）.

［65］LEE I, SHIN Y J. Fintech: ecosystem, business models, investment de-cisions, and challenges ［J］. Business horizons, 2018, 61（1）.

［66］LI L, GONG Y, WANG Z, et al. Big data and big disaster: a mecha-nism of supply chain risk management in global logistics industry ［J］. International journal of operations & production management, 2023, 43（2）.

［67］LIN C, KUNNATHUR A. Strategic orientations, developmental culture, and big data capability ［J］. Journal of business research, 2019, 105（12）.

［68］LIN M, PRABHALA N R, VISWANATHAN S. Judging borrowers by the company they keep: Friendship networks and information asymmetry in online peer-to-peer lending ［J］. Management science, 2013, 59（1）.

［69］LIU L, LI Y, JIANG T. Optimal strategies for financing a three-level sup-ply chain through blockchainplatform finance ［J］. International journal of production research, 2023, 61（11）.

［70］LIU P, YI S. Investment decision-making and coordination of a three-stage supply chain considering Data Company in the Big Data era ［J］. Annals of oper-ations research, 2018, 270（1）.

［71］LU X, GUO J, ZHOU H. Digital financial inclusion development, invest-ment diversification, and household extreme portfolio risk ［J］. Accounting & finance, 2021, 61（5）.

［72］LUTFI A, ALRAWAD M, ALSYOUF A, et al. Drivers and impact of big data analytic adoption in the retail industry: a quantitative investigation applying struc-tural equation modeling ［J］. Journal of retailing and consumer services, 2023, 70（1）.

［73］LV P, XIONG H. Can Fintech improve corporate investment efficiency? Evidence from China ［J］. Research in international business and finance, 2022, 60（2）.

［74］MEDEIROS M M, MAÇADA A C G. Competitive advantage of data-driven analytical capabilities: the role of big data visualization and of organizational agility

［J］. Management decision, 2022, 60 (4) .

［75］ MERTON R C. Optimum consumption and portfolio rules in a continuous-time model ［J］. Journal of economic theory, 1971, 3 (4) .

［76］ MIKALEF P, BOURA M, LEKAKOS G, et al. Big data analytics capabilities and innovation: the mediating role of dynamic capabilities and moderating effect of the environment ［J］. British journal of management, 2019, 30 (2) .

［77］ MILOVIDOV V. Information asymmetry and big data: should financial market paradigm be revised? ［J］. World Economy and international relations, 2017, 61 (3) .

［78］ MIRZA N, UMAR M, AFZAL A, et al. The role of Fintech in promoting green finance, and profitability: evidence from the banking sector in the euro zone ［J］. Economic analysis and policy, 2023, 78 (1) .

［79］ NAM Y, LEE S T. Behind the growth of Fintech in South Korea: digital divide in the use of digital financial services ［J］. Telematics and informatics, 2023, 81 (6) .

［80］ NARDO M, PETRACCO-GIUDICI M, NALTSIDIS M. Walking down wall street with a tablet: a survey of stock market predictions using the web ［J］. Journal of economic surveys, 2016, 30 (2) .

［81］ NOBANEE H. A bibliometric review of big data in finance ［J］. Big data, 2021, 9 (2) .

［82］ NOURALLAH M. One size does not fit all: young retail investors, initial trust in financial robo-advisors ［J］. Journal of business research, 2023, 156 (4) .

［83］ OLAWOYIN A M, LEUNG C K, HRYHORUK C C J, et al. Big data management for machine learning from big data ［J］. Advanced Information Networking and Applications, 2023, 661.

［84］ PAPPAS I O, MIKALEF P, GIANNAKOS M N, et al. Big data and business analytics ecosystems: paving the way towards digital transformation and sustainable societies ［J］. Information systems and e-Business management, 2018, 16 (3).

［85］ PI T, HU H, LU J, et al. The analysis of Fintech risks in China: based on fuzzy models ［J］. Mathematics, 2022, 10 (9) .

［86］ PIEHLMAIER D M. Overconfidence and the adoption of robo-advice: why overconfident investors drive the expansion of automated financial advice ［J］.

Financial innovation, 2022, 8 (1).

[87] RAGUSEO E, VITARI C. Investments in big data analytics and firm performance: an empirical investigation of direct and mediating effects [J]. International journal of production research, 2018, 56 (15).

[88] RAZZAQ A, YANG X. Digital finance and green growth in China: Appraising inclusive digital finance using web crawler technology and big data [J]. Technological forecasting and social change, 2023 (4).

[89] ROODMAN D. A note on the theme of too many instruments [J]. Oxfordbulletin of economics and statistics, 2009, 71 (1).

[90] SERRANO W. Intelligent recommender system for big data applications based on the random neural network [J]. Bigdata and cognitive computing, 2019, 3 (1).

[91] SHAMIM S, ZENG J, KHAN Z, et al. Big data analytics capability and decision-making performance in emerging market firms: The role of contractual and relational governance mechanisms [J]. Technological forecasting and social change, 2021, 161 (7).

[92] SHYNKEVICH Y, MCGINNITY T M, COLEMAN S A, et al. Forecasting movements of health-care stock prices based on different categories of news articles using multiple kernel learning [J]. Decision support systems, 2016, 85 (5).

[93] SIGANOS A, VAGENAS-NANOS E, VERWIJMEREN P. Divergence of sentiment and stock market trading [J]. Journal of banking & finance, 2017, 78 (5).

[94] STAINES Z, MOORE C, MARSTON G, et al. Big data and poverty governance under Australia and Aotearoa/New Zealand's "social investment" policies [J]. Australian journal of social issues, 2021, 56 (2).

[95] SUN C. Research on investment decision-making model from the perspective of "Internet of Things and Big data" [J]. Futuregeneration computer systems, 2020, 107 (6).

[96] SUNG J, HANNA S D. Factors related to risk tolerance [J]. Financial counseling and planning, 1996, 7 (1).

[97] TAN G K S. Robo-advisors and the financialization of lay investors [J]. Geoforum, 2020, 117 (12).

[98] TENE O, POLONETSKY J. Big data for all: privacy and user control in the age of analytics [J]. Northwestern journal of technology and intellectual property, 2013, 11 (5).

[99] TIRUNILLAI S, TELLIS G J. Does chatter really matter? Dynamics of user-generated content and stock performance [J]. Marketing science, 2012, 31 (2).

[100] TOKIC D. BlackRock Robo-Advisor 4.0: when artificial intelligence replaces human discretion [J]. Strategicchange, 2018, 27 (4).

[101] TUT D. Fintech and the COVID-19 pandemic: evidence from electronic payment systems [J]. E mergingmarkets review, 2023, 54 (1).

[102] WALLER M A, FAWCETT S E. Data science, predictive analytics, and big data: a revolution that will transform supply chain design and management [J]. Journal of business logistics, 2013, 34 (2).

[103] WANG G, CHEN Y. Construction of the legal framework of Chinese funded enterprises, agricultural investment under big data technology [J]. Acta agriculturae Scandinavica Section B-Soil & plant science, 2021, 71 (9).

[104] WANG H, MAO K, WU W, et al. Fintech inputs, non-performing loans risk reduction and bank performance improvement [J]. International review of financial analysis, 2023, 90 (6).

[105] WANG J. Performative innovation: Data governance in China's Fintech in-dustries [J]. Big data & society, 2022, 9 (2).

[106] WEI Y C, LU Y C, CHEN J N, et al. Informativeness of the market news sentiment in the Taiwan stock market [J]. The north American journal of economics and finance, 2017, 39 (1).

[107] WENG B, AHMED M A, MEGAHED F M. Stock market one-day ahead movement prediction using disparate data sources [J]. Expert systems with applications, 2017, 79 (1).

[108] WU Y H, BAI L, CHEN X. How does the development of Fintech affect financial efficiency? Evidence from China [J]. Economic research-Ekonomska istraživanja, 2023, 36 (2).

[109] YANG L, YANG Y, MGAYA G B, et al. Novel fast networking approaches mining underlying structures from investment big data [J]. IEEE transactions on systems, man, and cybernetics: systems, 2020, 51 (10).

[110] YANG W, SUI X, QI Z. Can Fintech improve the efficiency of commercial banks? ——an analysis based on big data [J]. Research in international bus-iness and finance, 2021, 55 (1).

[111] YIN F, JIAO X, ZHOU J, et al. Fintech application on banking stability using Big Data of an emerging economy [J]. Journal of cloud computing, 2022, 11 (1).

[112] ZAMANI E D, SMYTH C, GUPTA S, et al. Artificial intelligence and big data analytics for supply chain resilience: a systematic literature review [J]. Annals of operations research, 2023, 327 (2).

[113] ZHANG A, LV N. Research on the impact of big data capabilities on government, s smart service performance: E mpirical evidence from China [J]. IEEE access, 2021, 9 (2).

[114] ZHANG X, ZHANG Y, WANG S, et al. Improving stock market prediction via heterogeneous information fusion [J]. Knowledge-based systems, 2018, 143 (1).

[115] ZHOU Z, GAO M, XIAO H, et al. Big data and portfolio optimization: A novel approach integrating DEA with multiple data sources [J]. Omega, 2021, 104 (10).

[116] ZHU C. Big data as a governance mechanism [J]. Review of financial studies, 2019, 32 (5).

（三）其他

[1] ABRAHAM F, SCHMUKLER S L, TESSADA J. Robo - advisors: Investingt hrough machines [R/OL]. The World Bank, 2019-02-26.

[2] BECCHI S M, HAMALOGLU U, AGGARWAL T, et al. The evolution of robo-advisors and advisor 2.0 model: the future of investment management and financial advisory [R/OL]. Ernst and Young Global Limited, 2018-12-31.

[3] KAYA O. Robo-advice: a true innovation in asset management [R/OL]. Deutsche bank research, 2017-08-10.

[4] PETRALIA K, PHILIPPON T, RICE T N, et al. Banking disrupted? Financial intermediation in an era of transformational technology [R/OL]. Geneva reports on the world economy, 2019-09-24.

[5] MANYIKA J, CHUI M, BROWN B, et al. Big data: The next frontier for innovation, competition and productivity [R/OL]. McKinsey global institute, 2011-05-01.

［6］ MANIKANDAN N, TADIBOINA S N, KHAN M S, et al. Automation of smart home for the wellbeing of elders using empirical big data analysis ［C/OL］. 2023 3rd International Conference on Advance Computing and Innovative Technologies in Engineering（ICACITE）, 2023-07-24.

［7］ ZHAO X. Big data and price discrimination ［C/OL］. 2020 IEEE 5th International Conference on Cloud Computing and Big Data Analytics（ICCCBDA）, 2020-05-19.

附　录

附录 1：结论 1 的证明

通过式（2.24）我们可以得到

$(\mu_2-r)\,\xi_2\varphi_2+r\varphi_2-r\lambda\xi_2\varphi_2 \leqslant r\,(c_{t,1}-c_{t,2})+(\xi_2\,(\mu_2-r-r\lambda)\,-\xi_1\,(\mu_1-r)\,)\,W_t$

结合命题 1，我们认为

$$(\mu_2-r)\,\frac{\mu_2-\lambda-r}{\gamma\sigma_2}\varphi_2+r\varphi_2-r\lambda\,\frac{\mu_2-\lambda-r}{\gamma\sigma_2}\varphi_2-r\varphi_2\,\frac{k-\Lambda_2}{\gamma}$$

$$\leqslant rW_t\,(\frac{k-\Lambda_1}{\gamma}-\frac{k-\Lambda_2}{\gamma})+(\frac{\mu_2-\lambda-r}{\gamma\sigma_2}\,(\mu_2-r-r\lambda)\,-\frac{\mu_1-r}{\gamma\sigma_1}\,(\mu_1-r)\,)\,W_t \qquad (\text{附}1)$$

即

$$W_{t,0}=\frac{(\mu_2-r)\,\dfrac{\mu_2-\lambda-r}{\gamma\sigma_2}\varphi_2+r\varphi_2-r\lambda\,\dfrac{\mu_2-\lambda-r}{\gamma\sigma_2}\varphi_2-r\varphi_2\,\dfrac{k-\Lambda_2}{\gamma}}{r\,(\dfrac{k-\Lambda_1}{\gamma}-\dfrac{k-\Lambda_2}{\gamma})+\dfrac{\mu_2-\lambda-r}{\gamma\sigma_2}\,(\mu_2-r-r\lambda)\,-\dfrac{\mu_1-r}{\gamma\sigma_1}\,(\mu_1-r)}$$

$$=\frac{(\mu_2-r)\,\dfrac{\mu_2-\lambda-r}{\gamma\sigma_2}\varphi_2+r\varphi_2-r\lambda\,\dfrac{\mu_2-\lambda-r}{\gamma\sigma_2}\varphi_2-r\,\dfrac{k-\Lambda_2}{\gamma}\varphi_2}{r\,(\dfrac{k-\Lambda_1}{\gamma}-\dfrac{k-\Lambda_2}{\gamma})+\dfrac{\mu_2-\lambda-r}{\gamma\sigma_2}\,(\mu_2-r-r\lambda)\,-\dfrac{\mu_1-r}{\gamma\sigma_1}\,(\mu_1-r)}\leqslant W_t$$

因此，结论 1 可以得到证明。

附录 2：备注 2 的证明

根据备注 1 可知，$0<r<1$，$\varphi>0$，$\xi_2^*=\dfrac{\mu_2-\lambda-r}{\gamma\sigma_2}>0$，因此

$$(\mu_2-r)\frac{\mu_2-\lambda-r}{\gamma\sigma_2}\varphi_2-r\lambda\frac{\mu_2-\lambda-r}{\gamma\sigma_2}\varphi_2$$

$$=(\mu_2-r-r\lambda)\frac{\mu_2-\lambda-r}{\gamma\sigma_2}\varphi_2 \tag{附2}$$

$$\geq(\mu_2-r-\lambda)\frac{\mu_2-\lambda-r}{\gamma\sigma_2}\varphi_2$$

$$\geq 0$$

相似地，很容易得到

$$r\varphi_2-r\varphi_2\frac{k-\Lambda_2}{\gamma}=r\varphi_2\left(1-\frac{k-\Lambda_2}{\gamma}\right)\geq 0 \tag{附3}$$

因此，$0<\dfrac{k-\Lambda_2}{\gamma}<1$。

根据上述结果，我们认为式（2.25）中的分子中

$$(\mu_2-r)\frac{\mu_2-\lambda-r}{\gamma\sigma_2}\varphi_2+r\varphi_2-r\lambda\frac{\mu_2-\lambda-r}{\gamma\sigma_2}\varphi_2-r\varphi_2\frac{k-\Lambda_2}{\gamma}\geq 0$$

我们从命题 1 可知 $\Lambda_2>\Lambda_1$，结合备注 1 后可得，$\dfrac{k-\Lambda_1}{\gamma}>\dfrac{k-\Lambda_2}{\gamma}$。因此，$r$

$\left(\dfrac{k-\Lambda_1}{\gamma}-\dfrac{k-\Lambda_2}{\gamma}\right)>0$。同时，我们利用备注 1 的结果得到 $\mu_2-\lambda-r>\mu_1-r$ 和

$$(\mu_2-r-r\lambda)\frac{\mu_2-\lambda-r}{\gamma\sigma_2}-(\mu_1-r)\frac{\mu_1-r}{\gamma\sigma_1}$$

$$=(\mu_2-r-\lambda+\lambda-r\lambda)\frac{\mu_2-\lambda-r}{\gamma\sigma_2}-(\mu_1-r)\frac{\mu_1-r}{\gamma\sigma_1} \tag{附4}$$

$$=\frac{(\mu_2-\lambda-r)^2}{\gamma\sigma_2}-\frac{(\mu_1-r)^2}{\gamma\sigma_1}+(1-r)\lambda\frac{\mu_2-\lambda-r}{\gamma\sigma_2}>0$$

因此，式（2.25）的分子部分

$$r\left(\frac{k-\Lambda_1}{\gamma}-\frac{k-\Lambda_2}{\gamma}\right)+\frac{\mu_2-\lambda-r}{\gamma\sigma_2}(\mu_2-r-r\lambda)-\frac{\mu_1-r}{\gamma\sigma_1}(\mu_1-r)>0 \tag{附5}$$

因此，

$$W_{t,0}=\frac{(\mu_2-r)\dfrac{\mu_2-\lambda-r}{\gamma\sigma_2}\varphi_2+r\varphi_2-r\lambda\dfrac{\mu_2-\lambda-r}{\gamma\sigma_2}\varphi_2}{r\left(\dfrac{k-\Lambda_1}{\gamma}-\dfrac{k-\Lambda_2}{\gamma}\right)+\dfrac{\mu_2-\lambda-r}{\gamma\sigma_2}(\mu_2-r-r\lambda)-\dfrac{\mu_1-r}{\gamma\sigma_1}(\mu_1-r)}>0 \tag{附6}$$

备注 2 可证。

附录 3：结论 2 的证明

比较式（2.31）和（2.24）后，我们可以发现只需要使用 $\xi_{t,3}^*$ 代替 $\xi_{t,2}^*$、$c_{t,3}^*$ 代替 $c_{t,2}^*$、μ_3 代替 μ_2 和 φ_3 代替 φ_2，式（2.24）即可变化为式（2.31），求解不等式（2.31）就可以得到式（2.34）。

附录 4：结论 3 的证明

比较式（2.39）和（2.31）后，我们可以发现只需要使用 φ 代替 φ_3，式（2.31）即可变化为式（2.39），求解不等式（2.39）就可以得到式（2.43）。

为了证明式（2.44）成立，我们将式（2.40）重构为

$$(1-\xi_3^*)\, r\, (W_t-\bar{\varphi}) +\xi_3^*\mu_3\, (W_t-\bar{\varphi}) -rc_3^*-r\lambda\xi_3^*\, (W_t-\bar{\varphi}) \leq (1-\xi_2^*)\, r$$
$$(W_t-\bar{\varphi}-\, (\varphi-\bar{\varphi})\,) +\xi_2^*\mu_2\, (W_t-\bar{\varphi}-\, (\varphi-\bar{\varphi})\,) -rc_2^*-r\lambda\xi_2^*\, (W_t-\bar{\varphi}-\, (\varphi-\bar{\varphi})\,)$$

（附7）

因此，比较式（附 7）和式（2.39），我们同样可以发现只需要将式（2.39）的不等号右边的项移动至不等号的左边，式（附 7）和式（2.39）的左项式相等。当我们将 $\xi_{t,2}^*$ 替换为 $\xi_{t,3}^*$，$c_{t,2}^*$ 替换为 $c_{t,3}^*$，μ_2 替换为 μ_3，$(W_t-\varphi^-)$ 替换为 W_t 以及 $(\varphi-\varphi^-)$ 替换为 φ，式（附 7）和式（2.39）的右项式相等。求解不等式（2.40）即可得式（2.44）。

附录 5：命题 4 的证明

证明：在 x_i 的条件下 h 的期望是一元线性回归，即

$$E\, [h\mid x_i]\, =b+ax_i \tag{附8}$$

其中

$$a=\frac{\operatorname{cov}\, (h,\, x_i)}{Var\, (x_i)} \tag{附9}$$

$$b=\bar{h}-a\,\bar{x_i} \tag{附10}$$

注意：公式（2.66），我们可以展开为

$$a = \frac{\text{cov}\ (h,\ x_i)}{Var\ (x_i)}$$

$$= \frac{E\ [\ (h-\bar{h})\ (x_i-\bar{x_i})\ ]}{\sigma_h^2+\sigma_{x_i}^2}$$

$$= \frac{E\ [\ (h-\bar{h})\ (x_i+q_x^i-\varepsilon_x-\ (\bar{x_i}+q_x^i-\varepsilon_x)\ )\ ]}{\sigma_h^2+\sigma_{x_i}^2}$$

$$= \frac{E\ [\ (h-\bar{h})\ (h-\ (\bar{h}-\varepsilon_{x_i})\ )\ ]}{\sigma_h^2+\sigma_{x_i}^2} \qquad （附11）$$

$$= \frac{E\ [\ (h-\bar{h})\ (h-\bar{h})\ ]}{\sigma_h^2+\sigma_{x_i}^2}+\frac{E\ [\ \varepsilon_{x_i}\ (h-\bar{h})\ ]}{\sigma_h^2+\sigma_{x_i}^2}$$

$$= \frac{\sigma_h^2}{\sigma_h^2+\sigma_{x_i}^2}+\frac{E\ [\ \varepsilon_{x_i}\ ]\ E\ [\ h-\bar{h}\ ]}{\sigma_h^2+\sigma_{x_i}^2}$$

$$= \frac{\sigma_h^2}{\sigma_h^2+\sigma_{x_i}^2}$$

且

$$b = \bar{h}-a\ \bar{x_i}$$

$$= \bar{h}-a\ (\bar{h}-q_x^i)$$

$$= \bar{h}\ (1-a)\ +aq_x^i \qquad （附12）$$

$$= \frac{\sigma_{x_i}^2}{\sigma_h^2+\sigma_{x_i}^2}\bar{h}+\frac{\sigma_h^2}{\sigma_h^2+\sigma_{x_i}^2}q_x^i$$

因此，

$$E\ [h\mid x_i]\ =\frac{\sigma_{x_i}^2}{\sigma_h^2+\sigma_{x_i}^2}\bar{h}+\frac{\sigma_h^2}{\sigma_h^2+\sigma_{x_i}^2}\ (x_i+q_x^i) \qquad （附13）$$

令 $\rho_h=\frac{1}{\sigma_h^2}$ 和 $\rho_{x_i}=\frac{1}{\sigma_{x_i}^2}$，式（附13）可表示为

$$E\ [h\mid x_i]\ =\frac{1/\rho_{x_i}}{1/\rho_h+1/\rho_{x_i}}\bar{h}+\frac{1/\rho_h}{1/\rho_h+1/\rho_x}\ (x_i+q_x^i)$$

$$= \frac{\rho_h}{\rho_{x_i}+\rho_h}\bar{h}+\frac{\rho_{x_i}}{\rho_{x_i}+\rho_h}\ (x_i+q_x^i)$$

$$= \frac{\rho_h \bar{h} + \rho_{x_i} (x_i + q_x^i)}{\rho_{x_i} + \rho_h} \tag{附14}$$

附录6：备注7的证明

从

$$\frac{\rho_h \bar{h} + \rho_{x_B} (x_B + q_x^B)}{\rho_{x_B} + \rho_h} < \frac{\rho_h \bar{h} + \rho_{x_A} (x_A + q_x^A)}{\rho_{x_A} + \rho_h} \tag{附15}$$

我们可以得到

$$(\rho_h \bar{h} + \rho_{x_B} (x_B + q_x^B)) (\rho_{x_A} + \rho_h) < (\rho_h \bar{h} + \rho_{x_A} (x_A + q_x^A)) (\rho_{x_B} + \rho_h) \tag{附16}$$

因此

$$\rho_x \rho_{x_B} (q_x^B + x_B - x_A) + (q_x^B + x_B - \bar{h}) \rho_{x_B} \rho_h < (x_A - \bar{h}) \rho_x \rho_h \tag{附17}$$

附录7：命题5的证明

在 x_i 和 y 的条件下 h 期望值是二元线性回归，即

$$E[h \mid x_i, y] = \beta_0 + \beta_1 x_i + \beta_2 y \tag{附18}$$

我们知道

$$\beta_1 = \frac{\text{cov}(h, x_i) \text{ Var}(y) - \text{cov}(h, y) \text{ cov}(x_i, y)}{\text{Var}(x_i) \text{ Var}(y) - (\text{cov}(x_i, y))^2} \tag{附19}$$

和

$$\beta_2 = \frac{\text{cov}(h, y) \text{ Var}(x_i) - \text{cov}(h, x_i) \text{ cov}(x_i, y)}{\text{Var}(x_i) \text{ Var}(y) - (\text{cov}(x_i, y))^2} \tag{附20}$$

注意，$\text{cov}(x_i, y) = 0$，我们可以得到

$$\beta_1 = \frac{\text{cov}(h, x_i)}{\text{Var}(x_i)} \tag{附21}$$

和

$$\beta_2 = \frac{\text{cov}(h, y)}{\text{Var}(y)} \tag{附22}$$

与等式（附11）类似，我们可以得到

$$\beta_1 = \frac{\sigma_h^2}{\sigma_h^2 + \sigma_{x_i}^2} \tag{附23}$$

和

226

$$\beta_2 = \frac{\sigma_h^2}{\sigma_h^2 + \sigma_y^2} \qquad\qquad (\text{附}24)$$

且

$$\beta_0 = \bar{h} - \beta_1 \bar{x_i} - \beta_2 \bar{y}$$

$$= \bar{h} - \beta_1 (\bar{h} - q_x^i) - \beta_2 (\bar{h} + q_y)$$

$$= \bar{h} (1 - \beta_1 - \beta_2) + \beta_1 q_x^i - \beta_2 q_y \qquad\qquad (\text{附}25)$$

$$= (1 - \frac{\sigma_h^2}{\sigma_h^2 + \sigma_{x_i}^2} - \frac{\sigma_h^2}{\sigma_h^2 + \sigma_y^2}) \bar{h} + \frac{\sigma_h^2}{\sigma_h^2 + \sigma_{x_i}^2} q_x^i - \frac{\sigma_h^2}{\sigma_h^2 + \sigma_y^2} q_y$$

可以得出

$$E[h \mid x_i, y] = (1 - \frac{\sigma_h^2}{\sigma_h^2 + \sigma_{x_i}^2} - \frac{\sigma_h^2}{\sigma_h^2 + \sigma_y^2}) \bar{h}$$

$$+ \frac{\sigma_h^2}{\sigma_h^2 + \sigma_{x_i}^2} (x_i + q_x^i) + \frac{\sigma_h^2}{\sigma_h^2 + \sigma_y^2} (y - q_y)$$

$$= \frac{\sigma_{x_i}^2 \sigma_y^2 - \sigma_h^4}{(\sigma_h^2 + \sigma_{x_i}^2)(\sigma_h^2 + \sigma_y^2)} \bar{h} + \frac{\sigma_h^4 + \sigma_h^2 \sigma_y^2}{(\sigma_h^2 + \sigma_{x_i}^2)(\sigma_h^2 + \sigma_y^2)} (x_i + q_x^i)$$

$$+ \frac{\sigma_h^4 + \sigma_h^2 \sigma_{x_i}^2}{(\sigma_h^2 + \sigma_{x_i}^2)(\sigma_h^2 + \sigma_y^2)} (y - q_y) \qquad\qquad (\text{附}26)$$

$$= \frac{\sigma_{x_i}^2 \sigma_y^2 - \sigma_h^4}{\sigma_h^4 + \sigma_h^2 \sigma_{x_i}^2 + \sigma_h^2 \sigma_y^2 + \sigma_{x_i}^2 \sigma_y^2} \bar{h} + \frac{\sigma_h^4 + \sigma_h^2 \sigma_y^2}{\sigma_h^4 + \sigma_h^2 \sigma_{x_i}^2 + \sigma_h^2 \sigma_y^2 + \sigma_{x_i}^2 \sigma_y^2} (x_i + q_x^i)$$

$$+ \frac{\sigma_h^4 + \sigma_h^2 \sigma_{x_i}^2}{\sigma_h^4 + \sigma_h^2 \sigma_{x_i}^2 + \sigma_h^2 \sigma_y^2 + \sigma_{x_i}^2 \sigma_y^2} (y - q_y)$$

令 $\rho_h = \dfrac{1}{\sigma_h^2}$，$\rho_{x_i} = \dfrac{1}{\sigma_{x_i}^2}$，$\rho_y = \dfrac{1}{\sigma_y^2}$，不难证明

$$E[h \mid x_i, y] = \frac{\rho_h \bar{h} + \rho_{x_i} (x_i + q_x^i) + \rho_{x_i} (y - q_y)}{\rho_h + \rho_{x_i} + \rho_y + \rho_x \rho_y / \rho_h} + \frac{\rho_x \rho_y / \rho_h}{\rho_h + \rho_{x_i} + \rho_y + (\rho_x \rho_y / \rho_h)}$$

$$(x_i + y - \bar{h}) \qquad\qquad (\text{附}27)$$

令 $M = \rho_x \rho_y / \rho_h$，上式可写为

227

$$E\left[h \mid x_i, y\right] = \frac{\rho_h \bar{h} + \rho_{x_i}\left(x_i + q_x^i\right) + \rho_{x_i}\left(y - q_y\right)}{\rho_h + \rho_{x_i} + \rho_y + M}$$

$$+ \frac{M}{\rho_h + \rho_{x_i} + \rho_y + M}\left(x_i + y - \bar{h}\right) \qquad (\text{附}28)$$

附录8：命题8的证明

显然，

$$f(0) = (1-N)\ e^0 = 1-N \qquad (\text{附}29)$$

所以，公式（2.83）成立。

此外，

$$f(100) = (1-N)\ e^{-\frac{10000}{2\sigma^2}} \qquad (\text{附}30)$$

由于

$$\begin{cases}\sigma = \dfrac{N}{(1-N)\ \sqrt{2\pi}} \le 1 \cdot \dfrac{1}{\sqrt{2\pi}} < 1 \\[3mm] f(100) = (1-N)\ e^{-\frac{10000}{2\sigma^2}} < e^{-\frac{10000}{2\sigma^2}} < e^{-\frac{10000}{2}} < \dfrac{1}{e^{5000}} < \dfrac{1}{2.97\times10^{2171}} \approx 0\end{cases} \qquad (\text{附}31)$$

因此，$f(100)$ 非常接近 0。

$$f'\left(q_x^B\right) = (1-N)\ e^{-\frac{(q_x^B)^2}{2\sigma^2}}\left(-\frac{q_x^B}{\sigma^2}\right) < 0,\ q_x^B > 0 \qquad (\text{附}32)$$

我们认为（ii）的结果成立。

现在，我们讨论（iii）和（2.54）的结果。

令 $t = \dfrac{q_x^2}{\sqrt{2}\sigma}$，$\sqrt{2}\sigma \mathrm{d}t = \mathrm{d}q_x^2$，有

$$\int_0^{100} f\left(q_x^B\right)\ \mathrm{d}q_x^B = \int_0^{100}(1-N)\ e^{-\frac{(q_x^B)^2}{2\sigma^2}}\mathrm{d}q_x^B = (1-N)\ \sqrt{2}\sigma\int_0^{100/(\sqrt{2}\sigma)} e^{-t^2}\mathrm{d}t \qquad (\text{附}33)$$

我们有

$$\int_0^{100/(\sqrt{2}\sigma)} e^{-t^2}\mathrm{d}t = \sqrt{\int_0^{100/(\sqrt{2}\sigma)} e^{-t^2}\mathrm{d}t \int_0^{100/(\sqrt{2}\sigma)} e^{-k^2}\mathrm{d}k}$$

$$= \sqrt{\int_0^{2\pi}\mathrm{d}\theta\int_0^{100/\sigma} e^{-r^2} r\,\mathrm{d}r}$$

$$= \sqrt{2\pi\left(-\frac{1}{2}e^{-r^2}\right)\Big|_0^{100/\sigma}}$$

$$= \sqrt{\pi(1 - e^{-10000/\sigma^2})} \qquad (\text{附}34)$$

令 $\sigma=1$，e^{-10000/σ^2} 的泰勒展开是

$$e^{-10000/\sigma^2} = e^{-10000} + e^{-10000}（-10000）（-2）1^{-3}（\sigma-1）+\cdots$$

$$\approx \frac{1}{e^{10000}} + \frac{20000}{e^{10000}}（\sigma-1） \tag{附35}$$

$$\approx 0$$

因此，

$$\int_0^{100} f（q_x^B）\, dq_x^B =（1-N）\sigma\sqrt{2\pi} \tag{附36}$$

显然，当 $\sigma = \dfrac{N}{（1-N）\sqrt{2\pi}}$ 时，

$$\int_0^{100} f（q_x^B）\, dq_x^B = N \tag{附37}$$

附录 9：结论 4 的证明

与命题 4 和命题 6 相比，没有主观偏差，我们可以得到大数据减少的偏差是

$$Num_1 = \frac{\rho_{x_B} q_x^B}{\rho_{x_B} + \rho_h} \tag{附38}$$

然后，总偏差为

$$NUM_{bigdata}^1 = \int_0^{100} \frac{\rho_{x_B} q_x^B}{\rho_{x_B} + \rho_h} f（q_x^B）\, dq_x^B$$

$$= \int_0^{100} \frac{\rho_{x_B} q_x^B}{\rho_{x_B} + \rho_h}（1-N）e^{-\frac{(q_x^B)^2}{2\sigma^2}} dq_x^B$$

$$= \frac{\rho_{x_B}}{\rho_{x_B} + \rho_h}（1-N）\int_0^{100} q_x^B e^{-\frac{(q_x^B)^2}{2\sigma^2}} dq_x^B$$

$$= \frac{\rho_{x_B}}{\rho_{x_B} + \rho_h}（1-N）（-\sigma^2）e^{-\frac{(q_x^B)^2}{2\sigma^2}} \Bigg|_0^{100}$$

$$= \frac{\rho_{x_B}}{\rho_{x_B} + \rho_h}（1-N）（-\sigma^2）（e^{-\frac{10000}{2\sigma^2}}-1）$$

$$= \frac{\rho_{x_B}}{\rho_{x_B} + \rho_h}（1-N）\frac{N^2}{（1-N）^2 2\pi}（1-e^{-\frac{10000}{2\sigma^2}}）$$

$$= \frac{\rho_{x_B}}{\rho_{x_B} + \rho_h（1-N）}\frac{N^2}{2\pi}（1-e^{-\frac{10000}{2\sigma^2}}）$$

$$\approx \frac{\rho_{x_B} N^2}{（\rho_{x_B} + \rho_h）（1-N）2\pi} \tag{附39}$$

同样，可以得到

$$NUM^2_{bigdata} = \frac{\rho_z}{\rho_h + \rho_z + \rho_y + \bar{M}} \frac{N^2}{(1-N)} \frac{1}{2\pi} (1 - e^{-\frac{10000}{\frac{\sigma}{1-N}\pi}}) \approx \frac{\rho_{x_h} N^2}{(\rho_h + \rho_z + \rho_y + \bar{M})(1-N) 2\pi}$$

（附40）

附录10：命题9的证明

容易得到

$$\widehat{F}(0) = (1-K) e^0 = 1 - K \tag{附41}$$

注意

$$\widehat{F}(-100) = \widehat{F}(100) = (1-K) e^{-\frac{(100)^2}{2\hat{\sigma}^2}} \tag{附42}$$

可以认为

$$\widehat{F}(-100) = \widehat{F}(100) \approx 0 \tag{附43}$$

这与（附31）相似。

此外，类似于（附32），我们可以得到

$$\widehat{F}'(q_y) = (1-K) e^{-\frac{q_y^2}{2\hat{\sigma}^2}} \left(-\frac{q_y}{\hat{\sigma}^2}\right) \tag{附44}$$

当 $q_y > 0$ 时，$\widehat{F}'(q_y) < 0$；当 $q_y < 0$ 时，$\widehat{F}'(q_y) > 0$。也就是说，当 $|q_y|$ 增加时，$\widehat{F}(q_y)$ 将减少。此时，

$$\int_{-100}^{100} \widehat{F}(q_y) \, dq_y$$
$$= \int_{-100}^{100} (1-K) e^{-\frac{q_y^2}{2\hat{\sigma}^2}} dq_y$$
$$= (1-K) \sqrt{2}\hat{\sigma} \int_{-100/(\sqrt{2}\hat{\sigma})}^{100/(\sqrt{2}\hat{\sigma})} e^{-t^2} dt \tag{附45}$$
$$= 2 (1-K) \sqrt{2}\hat{\sigma} \int_{0}^{100/(\sqrt{2}\hat{\sigma})} e^{-t^2} dt$$

由（附36）和（附37），可以得到

$$\int_{-100}^{100} \widehat{F}(q_y) \, dq_y = 2 (1-K) \hat{\sigma} \sqrt{2\pi} \tag{附46}$$

当 $\hat{\sigma} = \dfrac{K}{2 (1-K) \sqrt{2\pi}}$ 时，

$$\int_{-100}^{100} \widehat{F}(q^y) \, dq_y = K \tag{附47}$$

附录 11：结论 5 的证明

$$NUM_{Fintech} = \int_{-100}^{100} \frac{\rho_{x_B} q_x^B}{\rho_{x_B} + \rho_h} f\left(q_x^B\right) \, dq_x^B$$

$$= \int_0^{100} \frac{\rho_{x_B} q_x^B}{\rho_{x_B} + \rho_h} \left(1-N\right) e^{-\frac{(q_x^B)^2}{2\sigma^2}} dq_x^B$$

$$= \frac{\rho_{x_B}}{\rho_{x_B} + \rho_h} \left(1-N\right) \int_0^{100} q_x^B e^{-\frac{(q_x^B)^2}{2\sigma^2}} dq_x^B$$

$$= \frac{\rho_{x_B}}{\rho_{x_B} + \rho_h} \left(1-N\right) \left(-\sigma^2\right) e^{-\frac{(q_x^B)^2}{2\sigma^2}} \Big|_0^{100}$$

$$= \frac{\rho_{x_B}}{\rho_{x_B} + \rho_h} \left(1-N\right) \left(-\sigma^2\right) \left(e^{-\frac{10000}{2\sigma^2}} - 1\right)$$

$$= \frac{\rho_{x_B}}{\rho_{x_B} + \rho_h} \left(1-N\right) \frac{N^2}{(1-N)^2 2\pi} \left(1 - e^{-\frac{10000}{\frac{N^2}{(1-N)^2 2\pi}}}\right)$$

$$= \frac{\rho_{x_B}}{\rho_{x_B} + \rho_h} \frac{N^2}{(1-N) \ 2\pi} \left(1 - e^{-\frac{10000}{\frac{N^2}{(1-N)^2 2\pi}}}\right)$$

$$\approx \frac{\rho_{x_B} N^2}{(\rho_{x_B} + \rho_h)\ (1-N)\ 2\pi} \tag{附48}$$